Loren Cunningham is with Jesus

로렌 커닝햄 (1935~2023)
Youth With a Mission(YWAM)의 설립자 로렌 커닝햄은 세계 선교의 선구자였습니다.

로렌은 역사상 처음으로 그리스도와 대명령을 위해 지구상의 모든 주권 국가, 모든 종속 국가, 100개 이상의 영토를 여행한 사람이었습니다(막 16:15).
이제 그는 낡은 여권에 하나의 "스템프"를 더 추가했습니다.
HEAVEN!

대명령을 발전시키고 모든 사람이 성경을 접할 수 있도록 하려는 그의 헌신은 영원한 영향을 미칠 것입니다.

하나님, 정말 당신이십니까?

당신이 하나님을 더 깊이 알아가고 더 널리 알리는 사람이 되는 것, 이 책에 담겨진 예수전도단의 마음입니다. 말씀을 통해 저자가 깨닫고, 원고를 통해 저희가 누릴 수 있었던 그 감동이 책을 통해 당신에게도 전해지기 원합니다. 그리고 당신을 통해 그 기쁨과 은혜가 더 많은 이들에게 계속해서 흘러가기를 기도하겠습니다. 이 책을 통해 당신이 받은 은혜를 다른 분들께도 나눠주십시오. 사랑하고 축복합니다.

Is That Really You, God?
copyright ⓒ 1984, 2001 by Loren Cunningham
Second Edition

Published by YWAM Publishing
P.O.Box 55787, Seattle, WA 98155

All rights reserved. No part of this publication may be reproduced, stored in a retrieval system, or transmitted in any form by any means without the prior permission of the publisher.

Korean Translation Copyright ⓒ 1989 by YWAM Publishing, Korea

하나님의 음성을 듣는 법
하나님, 정말 당신이십니까?

로렌 커닝햄 · 제니스 로저스 지음

예수전도단

추천의 글

예수님을 전심으로 사랑하기

YWAM(Youth With A Mission)의 설립자인 로렌 커닝햄 목사는 매사에 "하나님, 정말 당신이십니까?"라고 물으며 전적으로 순종하며 살려는 주님의 종이다. 그런 그를 통하여 셀 수 없는 기적과 표적들이 나타나게 되었고, 수많은 사람들이 훈련받으며 온 세계에서 복음을 전하게 되었다.

이 책을 읽으면 예수님을 정열적으로 사랑하는 저자의 마음을 깊이 느낄 수 있을 것이다. 하나님은 헌신된 한 젊은이에게 큰 파도가 전 세계를 덮는 환상을 보여주셨다. 그것은 예수 그리스도를 믿는 수많은 젊은이들이 일어나서 전 세계로 복음을 들고 들어가게 될 것이라는 비전이었다.

하나님은 그 비전을 이루는 한 방법으로 1960년에 YWAM을 창설케 하셨고, 136개국에 지부를 세우게 하셨다. 예수전도단은 한국교회를 섬기는 것과 세계 복음화를 위해 1973년에 설립되었고 보다 효과적으로 선교하기 위해 1980년에 YWAM과 연합하게 되었다.

독자들이 이 책을 통해 도전받고 하나님이 각자에게 말씀하시는 것이 무엇인지 듣고 순종하여 세계 복음화에 기여하는 큰 복을 누리게 되기를 기원한다.

오대원(David E. Ross)
한국 예수전도단 설립자, 안디옥 선교훈련원, 북한선교연구원 원장

들어가는 글
초자연적인 사건에 대하여

이 책에는 초자연적인 일들이 계속 나오는데 나는 그 사건들이 모두 실제적으로 일어난 것임을 믿고 있다.

부흥 운동의 초기에 아내 엘리자베스와 함께 서문을 써주었던 『십자가와 깡패』(보이스사 역간), 『복음은 철의 장막을 뚫고』(생명의말씀사 역간), 『주는 나의 피난처』(생명의말씀사 역간) 등의 책에도 신비와 기적에 관한 내용들이 있다. 이는 사람들의 관심을 끌기 위해서가 아니라, 그러한 신비와 기적이 없이는 우리가 전하고자 하는 사건들이 일어날 수 없었기 때문에 실리게 된 것이다. 미국 출판계에서는 지난 10년 동안 그리스도인들의 개인적인 헌신과 제자로서의 삶을 강조해 왔다.

그러나 이제 대세는 진리의 한 축인 인간의 책임에서 또 다른 축인 하나님의 주권으로 다시 옮겨지고 있다. 이 책에는 오늘날에도 우리의 삶에 역사하시는 하나님의 주권에 대한 증거들이 가득 차 있다. 말로 설명하기 어려운 그 놀라운 체험들 때문에 로렌과 제니스와 나는 중대한 결단을 내렸다. 정확성을 위해 다시 내용을 살피며 하나님의 기적 중 성경적 기준인 '두세 증인'에 의해 확증될 수 없는 사건들을 제외시킨 것이다.

내가 그 결정에 동참하게 된 것은 전 세계의 113개 YWAM 지부들을 돌며 한 번에 한 곳에서 몇 주 동안 머물며 이 책을 쓰는 것을 감독했던 편집고문이었기 때문이다. 실제로 일을 하면서 배우는 것은 내게는 새로운 시도였는데, 로렌의 여동생인 제니스 로저스라는 훌륭한 새 작가를 발견하는 기쁨도 얻게 되었다. 작가는 모든 그리스도인들에게 있어서 가장 중요한 주제인 '하나님의 음성을 어떻게 분별할 수 있는가?'를 흥미로운 이야기와 성경적 원칙을 통해 가르친다.

그런데 우리 세 사람으로서도 결코 해결할 수 없는 문제가 또 있었다. 훌륭한 이야기와 빠뜨릴 수 없는 인물이 너무나도 많다는 것이었다. 결국에는 내가 객관적인 입장에 서서 이야기를 선택해야 하는 별로 달갑지 않은 일을 했다. 여기에 실린 내용은 많은 풍성한 이야기들의 일부분임을 밝힌다.

YWAM을 이미 알고 있어서 그 즐거웠던 경험과 기억을 여기서 다시 만나보길 원한다면 찾지 못할 수도 있다. 만약 YWAM을 모른다면 새로운 모험을 기대해도 좋다. 삶 가운데 능력으로 임하시며, 우리에게 초대되기를 기다리시는 하나님을 제일 먼저 만날 수 있을 것이다.

존 쉐릴
Chosen Books 원로 편집장

CONTENTS

추천의 글   5
들어가는 글   6

1. 번쩍이는 모든 것이 금은 아니다   11
2. 가족으로부터 받은 유산   21
3. 인생을 바꿔놓은 어린 소녀   33
4. 밀려오는 파도처럼   45
5. 소박한 시작   57
6. 동역자, 아내, 친구   77
7. 당신에게 직접 말씀하신다   89
8. 푸른 물결, 거친 파도   103
9. 본격적인 시작   115
10. 하나님 앞에 정결한 마음으로   131
11. 배가(倍加)되는 인도하심   153
12. 성공의 위험   167
13. 뮌헨 : 세계의 축소판   179
14. 그늘에 묵묵히 계시던 분   187
15. 하나님의 음성 듣기   205
16. 칼라피가 집으로 돌아오다   221
17. 배를 포기하지 마라   241
18. 아무도 돌보는 사람이 없는가?   255
19. 물고기 이야기   267
20. 하나님을 알아 간다는 것   277

부록 | 하나님의 음성을 듣기 위해
꼭 기억해야 할 12가지 요점   285

01 번쩍이는 모든 것이 금은 아니다

하나님, 정말 당신이십니까? · Is that really you, God?

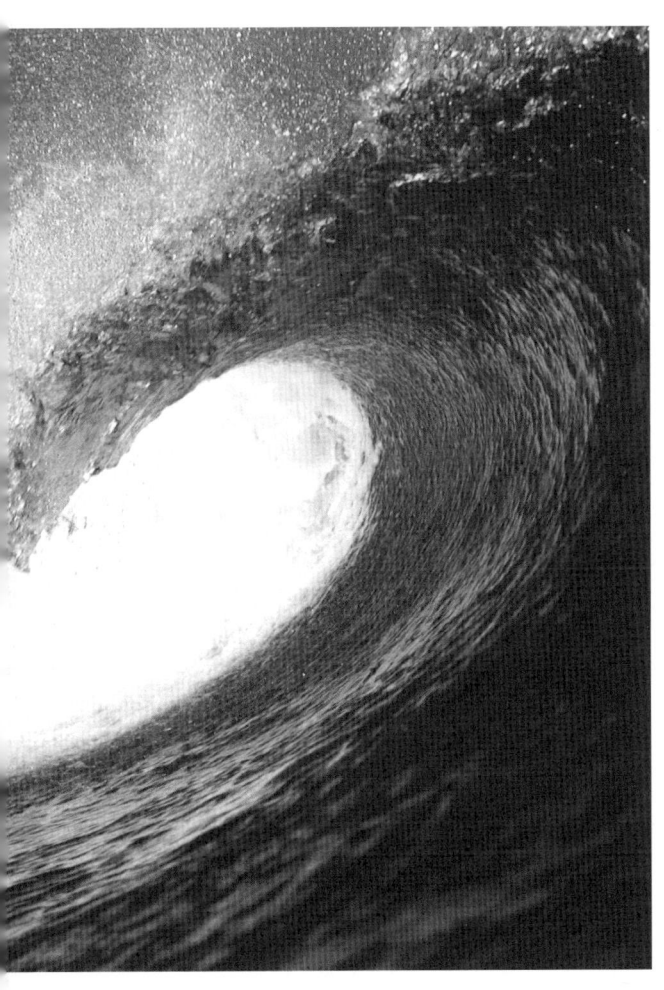

번쩍이는
모든 것이
금은 아니다

나는 산드라 고모가 있는 팜비치 저택의 넓은 대리석 계단을 뛰어올라갔다. 밴더빌트 가문의 한 사람으로부터 사들인 그곳은 레이크 워드에 위치해 있었다. 그 큰 집의 높은 창문에서 흘러나오는 황금색 불빛과 열대 식물의 넓은 잎 사이에서 비치는 조명으로 인해 플로리다의 밤은 아름다웠다.

나는 이중문 앞에 서서 초인종을 눌렀다. 냉정하면서 격식을 차리는 편인 호킨스 씨가 빗장을 열고서 조각품들과 그리스 도자기들로 품위 있게 장식된 대리석 홀로 안내했다.

"안녕하세요, 로렌 주인님!" 호킨스 씨는 언제나 스물여섯 살밖에 안 된 나를 '로렌 주인님'이라고 불렀다. "미한 부인께서 서재에서 만나겠다고 이야기하셨습니다."

"고마워요, 호킨스. 잘 지내시는 것 같아 보여요."

호킨스 씨는 가볍게 답례하고 나를 서재로 안내한 후 고모에게 알리려고 갔다. 나는 산드라 고모 부부가 겨울 동안 머무르는 이 별장의 20여 개의 방 중에서, 페르시아 양탄자가 깔려 있고 책으로 꽉 찬 책장들이 있는, 녹색과 갈색이 부드럽게 조화된 이 서재를 제일 좋아했다. '너는 결코 이곳에 어울리지 않아.' 나는 안락의자 뒤에 걸린 거울에 비친 내 모습을 흘끔 쳐다보면서 작은 소리로 말했다.

조명 빛 때문에 20대 중반인 내 얼굴에는 10대에 났던 여드름 자국이 여실히 드러났다. 산드라 고모가 원하던 대로 내가 여기서 함께 살았더라면 벌써 고급 피부과 전문의에게 치료를 받았을 것이다. 나는 약간 진한 갈색의 곱슬머리인데 팜비치에서 태양을 즐기던 대부분의 사람들은 머리에 블리치(부분 염색)를 했다. 나는 산드라 고모처럼 늘씬했지만 사실, 그건 내가 이번 세계 여행 기간 동안 충분히 먹지 못했기 때문이었다.

조지 미한 고모부가 가장 좋아하는 짙은 색 가죽 의자 옆에 놓인 커다랗고 매끈한 지구본이 내 눈에 들어왔다. 짧은 순간, 스무 살 때부터 지금까지 6년 동안 종종 나타났던 특이한 환상을 다시 보았다. 내가 그랬던 것처럼, 선교에 헌신된 10대부터 20대 초반의 젊은이들이 파도의 한 물결 한 물결이 되어 세계의 모든 대륙으로 행진해 들어가는 모습이었다.

내가 성급하게 주님의 명령이라고 생각한 것일까?

많은 사람들이 '비전'을 가지고 있다. 그런데 나의 비전이 하나님께서 큰 역사를 일으키실 특별한 인도하심일까? 만약 내가 이 이야기를 꺼낸다면 이성적인 산드라 고모는 무척 놀랄 것이다.

게일이라 부르는 개와 함께 산드라 고모가 들어왔다. "돌아와서 반갑구나." 산드라 고모는 페르시아 양탄자를 미끄러지듯 걸었다. 나에게 펄쩍 뛰어올라 반가움을 표시하는 게일과는 대조적으로 고모는 기품 있고 우아했다. 각 지역을 돌아다니며 부흥회를 인도하는 목사였던 가난한 할아버지 밑에서 자란 아버지와 산드라 고모의 어린 시절은 우아함과는 거리가 멀었다.

"네가 여기까지 와 주어 정말 기쁘다. 고모부도 곧 돌아오실 거야." 고모부는 틀림없이 아직 클럽에 계실 것이다. 고모부는 방직업계에서 성공하여 많은 돈을 벌었다. 그래서 여름에는 레이크플래시드에서, 겨울에는 팜비치에서, 봄과 가을에는 로드아일랜드의 프로비던스에 머물며 생활을 즐겼다. 고모부에 대한 가장 생생한 기억은 커다란 여름 별장에서 골프 연습을 위해 한 바구니나 되는 공을 호수 속으로 쳐내던 것이다.

"로렌, 피곤하겠지만 자기 전에 뭘 좀 먹어야 되지 않겠니?" 나는 고모네 음식을 매우 좋아하므로 가정부가 들여온 음식을 허겁지겁 먹었지만 고모는 조금씩 드셨다. 나는 내가 하나님께로부터 받은 비전을 제대로 이해하기 위해 세계를 답사했던 여행에 대해 나누었다.

산드라 고모는 별로 흥미가 없어 보였다. 고모는 어렸을 때 신앙으로 인해 상처를 많이 받았기 때문에 그런 일들을 싫어하셨다. 고모는 멍하니 얘기를 듣다가 내가 잠시 말을 멈추자 일어선 채 재빨리 말했다.

"네 말을 들으니 참 기쁘구나, 로렌. 젊은 사람들이 이런 일을 한다는 것은 참 좋은 일이지. 서로 할 얘기는 많지만 몹시 피곤해 보이는구나. 내일 아침에 다시 얘기하기로 하자."

나는 내 방으로 정해준 이층의 침실로 올라가면서 생각했다. 나는 고모가 나에게 하려는 이야기를 너무 잘 알고 있었다. 그것은 고모부의 관대한 제의일 것이다. 그러나 나는 그것에 관심이 없었다. 푸른 달빛이 비추는 방에서 깨끗한 실크 이불을 덮고 누운 채로 고민했다. 내일은 주님이 내게 말씀하신 것을 고모에게도 말해야만 한다.

나는 팔베개를 한 채 어두운 천장을 바라보았다. 하나님의 음성이라는 것으로 인해 이미 상처 입은 사람에게 나도 주님의 음성을 들었다는 것을 어떻게 설명할 수 있을까? 고모에게 말하기 전에 하나님의 인도하심에 대해서 다시 한 번 확인하고 이전에 산드라 고모에게 상처를 주었던 부분까지 포함하여 모든 것에 대해 정말 정직하게 바라보기로 했다.

하나님의 음성을 듣고 순종하는 문제로 나와 내 가족은 여러 번

삶의 전환점에 서게 되었다. 친할아버지는 텍사스 주의 우발드라는 작은 도시에서 세탁소를 운영하며 아주 안락하게 살고 있었다. 그런데 어느 날 복음을 전하라는 '부르심'을 받았다. 할아버지는 즉시 세탁소를 팔기 위해 내놓았다. "내가 솔직히 말하지만, 너는 정말 바보다."라는 큰할아버지의 말씀에 할아버지는 이렇게 대답하셨다고 했다. "진짜 바보는 하나님의 말씀을 듣고도 순종하지 않는 사람이죠."

그 후에 일어났던 일은 언제나 나를 당혹스럽게 한다. 할아버지는 처음엔 텍사스의 여러 도시를 돌며 주중에는 파트타임으로 이런저런 일을 하고 주말에는 복음을 전하며 하나님의 부르심에 순종했다. 그러다 비극이 생겼다. 1916년, 그곳에서 천연두가 발생했고, 고모 셋을 제외하고 할머니와 두 삼촌이 천연두에 감염되었다. 할아버지는 아픈 부인과 어린 아들들과 함께하기 위해서 병원의 격리 병동으로 들어갔다.

커닝햄 할아버지는 2주 동안 부인과 아이들의 곁에서 밤을 지새웠다. 간호 덕분인지 병세는 호전되는 것처럼 보였다. 할아버지는 고모들에게 그들이 곧 돌아갈 것이므로 집을 정돈해 놓으라고 하셨다.

그러나 갑자기 할머니의 상태가 악화되어 끝내 건강을 회복하지 못한 채 세상을 떠나고 말았다. 보건 당국에서는 할머니를 병원에서 다른 곳으로 옮기지 말고 바로 장사지낼 것을 이야기했다. 몇 시간 후에 아직 충격에서 벗어나지 못한 할아버지와 두 삼촌이 할머니를 신고 돌아오기로 되어 있던 구급차를 타고 집으로 돌아왔다. 고모들은 그들을 맞이하기 위해 기뻐하며 뛰어나왔다.

"어머니는 어디 계세요?" 할아버지의 이야기를 다 듣고 난 후 큰 고모인 아르네트가 오열하며 안으로 뛰어 들어갔다. 둘째 고모인 거트루드와 셋째 고모인 산드라는 서로 부둥켜안고 울었다. 그러나 비극은 거기서 끝나지 않았다. 그날 보건 당국에서 할아버지의 집에 있는 침구와 옷들을 모두 꺼내 마당에서 불태워야 한다고 했다. 한 가족이 함께 있는 것만 빼고 하루아침에 모든 것을 다 잃어버렸다. 설상가상으로 그 다음에 일어난 일 때문에 서로의 관계마저도 깨졌다.

슬픔을 당한 지 얼마 지나지 않았을 때, 놀랍게도 커닝햄 할아버지는 복음을 전하는 일에만 전념할 것을 선포하셨다. 할아버지의 이야기 중 바로 다음 부분이 산드라 고모를 많이 힘들게 했다.

하나님의 음성을 듣는다는 것은 그렇게 어려운 일이 아니다. 주님을 안다는 것은 그분의 음성을 들은 것이다. 결국 우리는 이 내적인 인도하심으로 주님을 만나게 되는 것 아닌가! 그러나 하나님의 음성을 한 번만 듣고 만다면 우리는 그가 주시는 최상의 것을 놓칠 수도 있다. '무엇을 하라'는 인도하심 후에는 '언제'와 '어떻게'가 따른다.

할아버지는 '무엇을 하라'는 부르심-복음을 전하는 것-에는 순종했지만 구체적으로 어떻게 인도하실지에 대해서도 꾸준히 그분의 뜻을 구했다면 아마 그 후 뒤따랐던 가족들의 갈등과 고통은 훨씬 적었을 것이다.

할아버지는 순회 성경 교사로 일하기를 원했다. 그래서 늘 데리고 다닐 수 없는 다섯 명이나 되는 아이들을 처음에는 친척 집에, 나중에는 잡일을 시키려는 친구들 집에 맡겼다. 그 당시의 아이들을 키운다는 개념은 세 끼 밥과 잘 곳을 주는 것이었다. 아버지와 아버지의 형제들은 그 결정에 각각 다른 반응을 보였다. 산드라 고모와 아르네트 고모는 어린 시절의 어려움과 슬픔을 할아버지의 '어리석은 부르심'의 탓으로 돌리며 신앙에 대해서는 무관심하기로 결심했다. 그들은 커서 각자 원하는 길로 갔고 사업에 몰두하면서 최선을 다해 돈을 벌었다. 고모들에게는 그것이 어머니와 집을 잃어버린 것에 대한 보상이었다. 그들은 성공했다. 아르네트 고모도 돈을 많이 벌었지만 산드라 고모는 크게 성공하여 결국 3개의 대저택을 소유하게 되었다.

두 아들 중 맏이었던 아버지 톰은 어떠했을까?

놀랍게도 아버지는 어린 시절에 남의 집을 아홉 군데나 옮겨 다니면서 어렵게 자라왔는데도 불구하고 할아버지가 하나님의 부르심에 순종한 것에 대해 한 번도 원망하지 않았다. 오히려 열일곱 살 때 자신도 역시 부르심을 받았다는 것을 알았다. 아버지는 할아버지와 함께 여행을 다니면서 남서부 전역에서 부흥집회를 열었다.

대부분이 그렇듯 아버지가 결정을 내린 후 이것에 대한 도전이 다가왔다. 좀처럼 편지를 안 하는 마이애미에 사는 큰고모 아르네트가 연락을 해온 것이다.

아버지는 아르네트 고모가 보낸 편지를 읽었다. 그 편지에는 아버지가 고등학교를 졸업하면 공학 학위를 받을 수 있도록 대학에 보내주겠다고 씌어 있었다. 굉장한 기회였다. 그렇지만 아버지는 이 제의를 받아들이면 부르심으로부터 멀어질 것을 알았다. 그래서 아르네트 고모에게 고맙긴 하지만 그 제의를 받아들일 수 없다고 얘기했다.

아르네트 고모는 단호하고 냉혹하게 반응했다. "종교라는 것을 구실 삼아 남에게 의지해서 떠돌아다니며 살 거라면 넌 이제 나랑 끝이야."

겉으로 보기에는 고모의 말이 맞는 것처럼 보였기 때문에 아버지의 마음이 괴로웠다. 게다가 아버지가 할아버지의 목회를 돕기 시작한 이후에도 삶은 결코 더 편안해지지 않았다. 할아버지는 주로 어렵고 힘들게 살아가는 적은 규모의 교회나 모임들을 돕기 원하셨기 때문에 헌금으로 통조림 음식이나 채소 같은 것을 받으셨다. 가끔은 닭도 있었다. 어떤 때에는 2주 동안 하루 세 끼를 설탕이나 향료도 넣지 않고 끓인 사과죽만 먹고 지냈다.

3년 동안 빈약한 급료를 받으며 생활했던 아버지는 너무나 지쳤다. 열아홉 살이었던 아버지는 복음을 전해야 한다는 것을 알았지만 어느 정도 기다린 후에 그 일을 하기로 마음먹었다. 그는 할아버지를 떠나 오클라호마의 볼티모어 호텔 공사장의 높은 곳에서 작업하는 일자리를 찾아냈다.

어느 날 아버지는 24층 높이에서 6인치 넓이의 도리(서까래를 받치기 위해 기둥과 기둥 위에 가로질러 얹힌 나무-역주) 위에 앉아서 거대한 기중기가 큰 뭉치의 재목을 끌어올리는 것을 보게 되었다. 그런데 갑자기 방향을 벗어난 재목들이 아버지 쪽으로 돌진해오자 아버지는 그것을 붙잡았다. 그 다음 아버지는 공중에 떠 있게 되었다. 다른 일꾼들이 소리를 지르는 동안 아버지는 필사적으로 재목에 매달려 있었다. 아버지가 무사히 내려오게 됐을 때 아버지는 한 가지를 결정했다. 그는 상사에게 2주 동안의 여유를 주면서 새 일꾼을 구할 것을 요청했다. 그리고 순회 성경 교사로 있는 할아버지를 찾아가 다시 사역에 합류했다.

아버지는 죽을 뻔했던 경험을 잊을 수가 없었다. 두 번째 기회가 주어진 것이다. 아버지는 언젠가 하고 싶은 마음이 들 때까지 기다리는 대신 이번에는 바로 하나님의 음성에 순종하기로 결심했다.

02 가족으로부터 받은 유산

하나님, 정말 당신이십니까? · Is that really you, God?

가족으로부터
받은
유산

아버지 톰 커닝햄이 할아버지가 인도하시는 집회에서 기타를 치며 찬양을 인도하는 동안 아버지는 짙은 곱슬머리와 뚜렷한 이목구비 때문에 많은 소녀들에게 인기를 끌었다. 그러나 한 소녀는 예외였다.

어느 날 오클라호마의 작은 도시에서 집회를 하고 있을 때 또 다른 순회 전도자 니콜슨 가족도 그곳에서 집회를 열고 있었다. 그 가족의 간증은 흥미진진했다.

성미가 급하고 재치 있는 그 집의 가장 루퍼스 니콜슨 씨는 오클라호마에서 소작농으로 살고 있었다. 그러다 마흔 살 때 예수님의 부르심에 순종하여 술도 끊고 소작농으로서의 생활도 청산했다. 그때부터 지붕이 있는 짐마차에서 온 가족이 생활하면서 복음을 전하기 시작했다. 다섯 아이들 중의 셋째인 주엘은 열두 살이던 해, 어느 늦여름 오후에 시냇가 둑 위에서 기도하고 있었다. 그녀는 갑자기 하나님께서 아주 분명한 음성으로 말씀하시는 것을 들었다. 집회에서 사람들이 하나님의 음성을 듣는 경험에 대해 자주 간증했기 때문에 놀라지는 않았다. 하나님은 주엘에게 "내가 원하는 것은 네가 복음을 전하는 것이다."라고 말씀하셨다. 그 후 주엘은 열일곱 살이 되었을 때 니콜슨 일가의 또 한 사람의 설교자가 되었다.

톰 커닝햄은 주엘 니콜슨을 만난 후, 반짝반짝한 검은 눈과 말수가 적은 가냘픈 몸매의 그녀를 좋아하게 되었다. 톰은 그녀의 관심을 끌려고 노력했다. 그러나 주엘은 자신의 부르심에 최선을 다하여 전념하고 있었기 때문에 그에게 거의 관심을 보이지 않았다. 주엘은 그가 몇 달을 노력한 후에야 관심을 보이기 시작했다. 톰은 청혼을 했고 그들은 알칸사스의 엘빈에서 조촐하게 결혼식을 올렸다. 톰은 혼인신고를 하기 위해 3달러를 빌려야 했다.

신혼부부인 부모님은 이 도시, 저 도시를 다니면서 거리에서나 혹은 나뭇가지와 몇 개의 기둥으로 만든 임시 천막 밑에서 복음을 전했다.

그 당시는 넉넉지 못한 시절이어서 재산이라곤 8년 된 '쉐비'(쉐보레. 미국산(産) 자동차 이름 - 역주)와, 악기 몇 개, 옷 몇 벌, 성경책뿐이었다. 이것만으로도 그들은 하나님의 일을 온전하게 그리고 효과적으로 해낼 수 있을 것이라 기대했다.

물론 그것은 하나님의 음성을 분명히 들어야만 가능하다. 부모님은 인도하심에 대해, 사역이 열매를 맺는 데 하나님의 음성이 얼마나 중요한지에 대해 많은 이야기를 나누셨다. 부모님은 때로는 마음속의 확실한 인상으로, 때로는 분명한 소리로 다가오는 '내적인 음성'에 친숙하셨다. 또한 그들은 꿈과 환상뿐만 아니라 성경을 통해 말씀하시는 하나님의 음성을 듣는 데도 익숙했다.

아버지는 인도하심을 받는 가장 중요한 목적은 사람들에게 예수님에 대해 전하기 위해서라고 항상 말씀하셨다. 부모님이 함께 하나님의 인도하심을 구할 때면 아버지는 언제나 "우리는 예수님의 긴급 명령을 이루어 드리는 종이야."라고 말씀하셨다. "온 천하에 다니며 만민에게 복음을 전파하라."(막 16:15)는 예수님의 지상명령, 그것이 열쇠다. 만약 하나님이 우리 각자에게 모든 곳에 가서 복된 소식을 모든 사람들에게 전하라고 하셨다면 그분은 분명히 우리가 가야 할 곳도 친히 인도하실 것이다.

부모님은 하나님이 보내시는 것이라는 확신만 있으면 어디든지 갔다. 그들은 복음을 전하면서 눈보라도 만났고, 얼음처럼 차가운 비를 맞기도 했으며, 자동차 뒷좌석에서 살았던 적도 있었다. 그들은 교인들이 주는 것이나 노방 전도할 때에 사람들이 발 앞에 던져 주는 동전으로 생활을 꾸려 나갔다. 넉넉하지 못했던 생활은 그리 중요하지 않았다. 부모님은 하나님의 음성을 듣고 순종하는 것을 배우고 계셨다. 하나님의 인도하심 대로 따라가는 이런 모험심으로 그들은 오늘

날까지 존재하는 3개의 교회를 설립하게 되었다.

그동안 부모님에게도 새 가족들이 생겼다. 1933년에 필리스 누나가 태어났다. 그리고 2년 후에 캘리포니아의 타프트에서 내가 태어났다. 하지만 내가 기억하고 있는 가장 어린 시절은 모래 먼지가 휘날리는 애리조나의 사막 한가운데의 도시에서 사방이 3m밖에 안 되는 텐트에서 상자들을 가구 삼아 살았던 기억이다. 그러나 한 번도 불우하다고 느낀 적은 없었다. 오히려 자부심을 가지고 자랐다.

부모님은 60명의 교인을 위하여 교회를 짓고 있었는데 황토 벽돌을 손수 만들어 교회의 벽을 세웠다. 부모님은 이 일에 우리를 동참시키셨고 동시에 하나님 음성 듣는 것을 배우는 과정에 함께하게 해 주셨다.

아직은 매우 어린 나이인 여섯 살 때의 일이다. 어느 날 저녁 집회 후에 나는 하나님이 내게 말씀하셨다는 확신을 가졌고, 처음으로 내가 그분께 속했다는 것을 알게 되었다. 그렇지만 내게 더욱 의미 있었던 것은 날마다 일어나는 일 가운데서 하나님 음성을 듣는 것이었다. 내가 아홉 살 때 우리는 로스앤젤레스에서 동쪽으로 56킬로미터 떨어진 곳에 있는 귤나무가 가득한 조그만 마을, 캘리포니아의 코비나에 살고 있었다.

저녁 먹을 무렵, 집으로 뛰어들어가는 내 뒤로 문이 쾅 소리를 내며 닫혔다. 열한 살인 필리스 누나는 재빨리 손가락을 입에 갖다 대며 갓난 여동생 제니스가 옆방에서 자고 있다는 것을 상기시켰다. 나는 어머니가 오븐에서 옥수수 빵을 꺼내고 있는 부엌으로 가서 난로 위에 놓여 있는 커다란 냄비 뚜껑을 열고, 붉은 콩과 소금에 절인 돼지고기에서 피어오르는 맛있는 냄새를 맡고 있었다.

"로렌, 우유가 떨어졌구나. 가게에 가서 우유 좀 사 오겠니?" 어머니에게는 잔돈이 없었고 5달러짜리 지폐뿐이었다. "이 돈은 한 주간 쓸 식료품 값이니까 조심해서 다녀오너라."

나는 바지 주머니에 지폐를 집어넣고, 휘파람으로 갈색 강아지 테디를 불러 함께 가게로 갔다. 그 가게는 조금 먼 곳에 있었다. 나는 깡통을 발로 차면서 걸어갔다. 가끔씩 병뚜껑이나 나무막대기를 수집하느라 한두 번 멈춰 서기도 했다.

나는 가게의 계단을 뛰어 올라갔다. 그 가게는 거실을 개조해서 식품점으로 꾸민 것이었다. 나는 우유 두 병을 골라 계산대에 앉아 있는 아줌마 앞으로 갔다. 그러나 돈을 꺼내려고 주머니에 손을 넣었을 때 나는 심장이 멎는 것 같았다. 돈이 없었다. 바지 안쪽 주머니와 뒷주머니, 윗옷 주머니까지 샅샅이 뒤졌지만 찾을 수가 없었다.

"돈을 잃어 버렸어요." 나는 거의 울음 섞인 목소리로 말했다. 우유병을 거기에 두고 왔던 길로 다시 되돌아갔다. 내가 멈췄다고 기억되는 곳으로 가 미친 듯이 찾았지만 소용없었다. 아무 곳에도 돈은 없었다. 이제 집으로 돌아가서 돈을 잃어버렸다고 어머니에게 솔직히 말할 수밖에 없었다.

나는 뒷문으로 들어가서 아주 조용히 문을 닫았다. 어머니는 아직도 부엌에 계셨다. 어머니는 내 시무룩한 얼굴을 보고 금세 무엇인가 잘못되었다는 것을 눈치채셨다. 돈을 잃어버렸다는 것을 말씀드렸을 때 어머니의 얼굴은 어두워졌다. 그것은 우리에게 그만큼 큰 손실이었다. 그렇지만 금세 어머니의 표정이 밝아지셨다.

"얘야, 이리 와서 그 돈이 어디에 있는지 하나님께서 보여주시도록 기도하자."

어머니는 선 채로 손을 내밀어 내 가냘픈 어깨에 얹고 하나님께 이렇게 기도했다. "주님, 주님은 그 5달러가 정확히 어디에 숨겨 있는지 아십니다. 이제 우리가 기도합니다. 어디에 있는지 가르쳐 주세요. 우리의 생각 속에 말씀해 주세요. 그 돈이 한 주간의 저희 가족 식료품비라는 것을 주님은 아십니다."

어머니는 눈을 감은 채 기다렸다. 끓고 있는 냄비 뚜껑이 딸그락거리는 소리가 들렸다.

갑자기 어머니는 내 어깨를 꽉 쥐면서 "로렌, 방금 하나님께서 그 돈이 수풀 아래에 있다고 말씀하셨다." 어머니가 조금 낮은 목소리로 말씀하셨다. 어머니는 즉시 문을 열고 밖으로 나가셨고 나도 그 뒤를 따라서 뛰었다.

날은 점점 어두워졌다. 나는 아까 왔던 길을 찬찬히 밟아가면서 수풀과 울타리를 뒤졌다. 어머니가 상록수들이 있는 길에서 바다를 내려다보며 멈춰 섰을 때는 너무 어두워서 거의 볼 수가 없었다. "저 나무 밑을 살펴보자." 어머니는 나무들이 있는 곳을 똑바로 쳐다보면서 흥분해서 소리쳤다. 우리는 나무 밑으로 가 샅샅이 뒤졌다. 그루터기 나무 아래쪽에 구겨진 5달러짜리 지폐가 있었다.

그날 저녁 콩과 옥수수 빵을 먹은 후 큰 잔에 가득 담긴 우유를 마시면서 어머니와 나는 필리스 누나와 아버지에게 하나님이 그날 우리를 어떻게 돌보아 주셨는지 간증했다. 물론 갓난아기에게도 전했다! 당시에는 전혀 인식하지 못했지만 지금 돌이켜볼 때 우리 가족은 하나님을 의지하는 것을 배우고 경험하는 하나의 학교였다. 이것은 이후 내가 자라면서 더 많이 감사했던 우리 부모님의 풍족한 유산이 되었다.

하나님의 음성을 듣고 잃어버린 식료품비를 찾은 경험을 한 지 석 달 후인 2월의 어느 아침, 우리 형제들은 앞으로 계속해서 우리의 삶에 적용되는 또 다른 원칙을 배웠다. 우리가 아침식사 식탁에 둘러앉았을 때 아버지는 며칠 동안 집을 떠나 있어야 한다고 말씀하셨다. 아버지는 내가 열 살이 된 이후로 아버지가 집에 안 계실 때는 내가 가족들을 돌봐야 한다고 말씀하셨다. "나는 미조리의 스프링필드에 다녀오려고 한다. 대륙 중부라 멀긴 하지만 전화가 있으니까 아주 연락이 끊기지는 않을 게다."

그런데, 바로 그 전화로 우리는 슬픈 소식을 듣게 되었다. 아버지가 맹장염에 걸리셨는데 그곳에 있는 사람들은 수술해 줄 수 없는 형편이었다. 그것은 복막염으로 이미 번졌을 가능성이 컸고 전쟁 기간이라 페니실린도 없는 상황이므로 아버지가 돌아가시는 것은 시간문제라는 것이었다.

어머니는 전화기를 내려놓으시고 우리가 열심히 기도해야 한다고 하셨다. 나는 천천히 소파 뒤로 가서 몇 시간 동안 기도했다. 이틀이 지난 후에도 아버지의 상태는 여전했다. 우리는 하나님의 음성을 듣기로 했다. 우리가 붙잡아야 할 하나님의 말씀이 필요했다. 그때 내가 결코 잊을 수 없는 사건이 발생했다.

아버지가 병에 걸리셨다는 소식을 들은 지 3일 후에 누군가 우리 집에 찾아왔다. 약간 쌀쌀했으나 맑은 2월의 아침이었다. 나는 어머니가 현관문을 여는 것을 지켜보았다. 현관문 밖에는 교회에서 온 어떤 남자가 서 있었다. 그는 전에 한 번 보았던 장례식을 집행하는 사람을 연상시켰다. 수심에 찬 눈동자와 일그러진 표정으로 서 있는 모습이 엄숙해 보였다. 그는 벨벳 모자를 손으로 만지작거리면서 무엇인가 말해야 할 것을 말하기가 두려운 듯 서 있었다.

"무슨 일인가요?" 어머니는 침착한 어조로 재촉하듯이 물었다.

"커닝햄 자매님." 그 수척한 남자는 드디어 입을 열었다. "하나님께서 제 꿈에 당신의 남편이 관에 실려 집에 오는 것을 보여주셨습니다."

나는 말문이 막히고 입이 딱 벌어진 채로 어머니의 얼굴을 살폈다. 어머니는 잠시 생각하더니 이렇게 말했다. "감사합니다, 선생님." 어머니의 목소리는 부드러웠지만 아주 단호했다.

"여기까지 오셔서 이렇게 일러주시니 정말 감사합니다. 얼마나 어려운 걸음이었는지도 이해하구요. 그렇지만 저는 하나님께 여쭤보고 그 꿈이 하나님께로부터 온 것인지 알아보겠어요. 이것은 아주 중요한 문제니까 하나님께서 직접 제게 말씀하시지 않겠어요?"

이것은 질문이라기보다는 어머니의 의사를 단호히 표현하는 것이었다. 그리고 그 남자에게 다시 한 번 감사의 뜻을 전한 후에 현관문을 닫으셨다. 그러고는 기도하기 시작하셨다. "하나님, 정말 당신이십니까? 만약 그 꿈이 당신께로부터 온 것이라면 그대로 받아들이겠습니다. 단지 그것만 알려주세요. 그게 제가 알고 싶은 전부입니다."

어머니는 하나님을 깊이 신뢰하고 계셨다. 그래서 그렇게 중요한 문제에 하나님께서 아버지다운 부드러운 방법으로 직접 대답해 주실 것을 추호도 의심하지 않고 기대했다. 우리는 모든 것을 하나님께 맡기고 잠자리에 들었다.

다음 날 아침, 따뜻한 오트밀이 놓인 아침식사 식탁에서 어머니는 제니스를 아기 의자에 앉히면서 좋은 소식을 알려주겠다고 하셨다. "어젯밤에 꿈을 꾸었단다." 어머니는 필리스 누나와 나에게 말씀하셨다.

우리는 조용히 물었다. "어떤 꿈이었어요?"

"꿈에서 아버지는 잠옷 차림으로 기차를 타고 집에 오셨단다."

그리고 그 일이 정확하게 일어났다. 아버지가 집으로 오셔도 될 만큼 회복되셨다는 소식이 왔다. 전쟁 중이어서 군의 수송이 우선이었기 때문에 탑승 예약을 하기가 무척 어려웠으나 친구를 통해 기차의 침대칸을 구하셨다. 그래서 아버지는 어머니의 꿈처럼 기차를 타고 잠옷 차림으로 도착했다. 기차역에서 아버지는 잠옷 위에 바지를 더 입으셨다. 우리는 침실용 실내화를 신은 채로 약간 떨고 있는 아버지를 부축하며 승강장을 내려왔다. 사람들이 우리 식구들을 큰 구경거리처럼 쳐다보았지만 조금도 상관하지 않았다. 아버지가 집에 돌아오셨기 때문이다.

후에 어머니는 하나님의 인도하심을 구하는 데 있어서 중요한 면을 지적하셨다. "다른 사람을 통해 하나님의 인도하심을 받는다는 것은 위험한 일이야. 다른 사람으로부터 하나님의 인도하심을 확인할 수는 있지. 하지만 만약 하나님께서 무엇인가 중요한 것을 말씀하시려고 한다면 우리에게 직접 말씀하실 거야."

가족으로부터 이러한 유산을 이어받은 나 역시 "온 천하에 다니며 만민에게 복음을 전파하라."는 부르심을 받았다는 것은 당연한 일이었다. 사실 그 부르심을 받고 일하는 동안 내가 하나님의 인도하심에 대해 알고 있었던 지극히 작은 지식까지도 모두 활용되었다.

03 인생을 바꿔놓은 어린 소녀

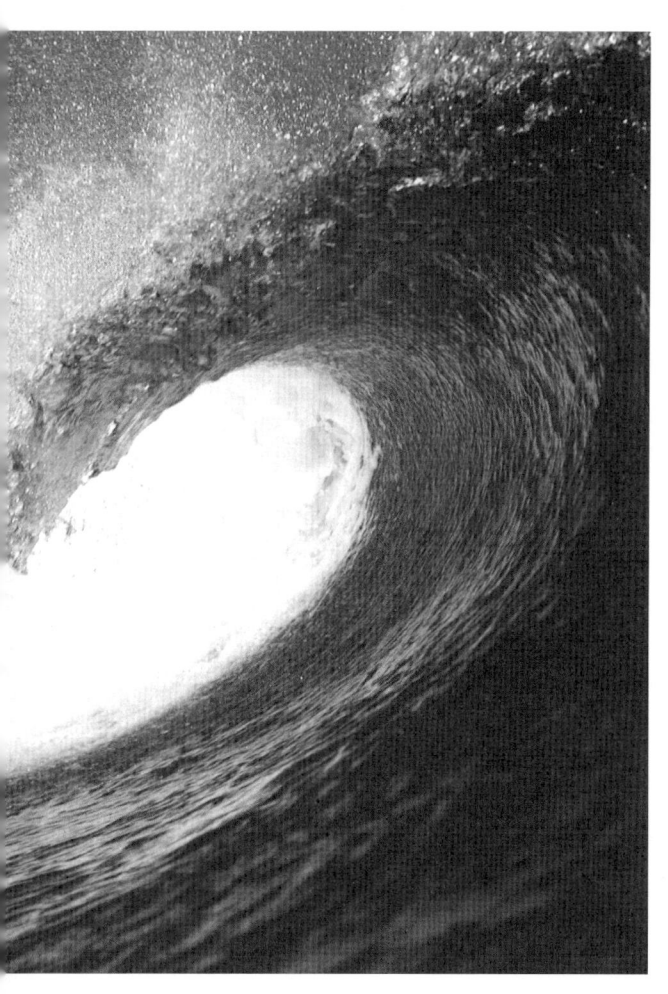

하나님, 정말 당신이십니까? · Is that really you, God?

인생을
바꿔놓은
어린 소녀

하나님의 인도하심을 되돌아보면서 그분의 재치를 느낄 때가 있다. 한 가지 예로 한 십대 소년이 전한 딱딱하고 어설픈 10분 정도의 설교가 오랫동안 내 삶의 주제가 될 줄은 꿈에도 몰랐던 것이다.

그 어설픈 설교의 장본인은 바로 나였다.

내가 열세 살이 됐을 때 외가 친척들과 만나기 위해 서부 로스앤젤레스의 새집을 떠나 알칸사스 스프링데일로 갔다. 아버지는 겨우 며칠 동안 머무셨고 어머니는 계속 우리들과 함께 계셨다. 아버지와 어머니 두 분 다 하나님의 성회에서 목사 안수를 받으셨는데 삼촌은 어머니에게 자신의 교회에서 청년들을 위해 부흥회를 인도해 달라고 부탁하셨다(외가에서는 한 분만 제외하고는 모두 설교자였다).

어느 날 저녁 어머니의 설교가 끝난 후에 나는 성찬대 옆에 무릎을 꿇고 있었다. 그런데 갑자기 내 몸이 하늘 어딘가에 있는 느낌을 가졌다. 내 눈 앞에는 굵은 글씨로 "온 천하에 다니며 만민에게 복음을 전파하라."고 쓰여 있었다. 바로 마가복음 16장 15절의 지상명령이었다! 눈을 떠도 여전히 말씀이 내 눈앞에 있었다. 다시 눈을 감았다. 그런데도 불타오르는 것 같은 그 말씀은 여전히 거기에 있었다.

복음을 전하는 일에 부르심을 받았다는 것에 대해서는 전혀 의심이 없었는데 아마도 좀 더 정확히 해외 선교사로 부르신 것 같았다. 왜냐하면 내 앞에 쓰여 있던 그 말씀은 '온 천하에 다니며'라고 되어 있었기 때문이다.

나는 성찬대에 둘러앉아 주님을 찬양하는 사람들을 지나 어머니를 찾았다. 어머니 곁에 무릎을 꿇고 앉아서 내게 일어났던 일을 조그만 목소리로 속삭였다. 어머니는 나를 보며 싱긋이 웃고는 내 어깨를 감싸 안았다. 어머니는 그날 밤에 많은 말을 하지 않았지만 다음 날 내가 나눈 것에 관해 어떻게 느꼈는지 말해 주셨다.

"얘야, 나와 함께 가자." 어머니는 늘 그랬던 대로 직선적으로 말씀하셨다. 우리는 스프링데일의 중심가로 가서 신발 가게로 들어갔다. "이 아이에게 이 가게에서 제일 좋은 구두를 보여주세요." 그 말을 듣고 나는 놀라서 어머니를 바라보았다. 내 신발은 아직 신을 만했다. 지금 신고 있는 신발은 학교나 교회에 갈 때 외에는 결코 신지 않았고 사촌들과 놀 때에는 항상 맨발이었다. 최대한 신발을 아끼려고 맨발로 살았던 것이다. 어머니는 내 눈을 들여다보며 미소를 지었다.

3. 인생을 바꿔놓은 어린 소녀

"우리가 널 축하하는 거야, 로렌! '좋은 소식을 전하며 평화를 공포하며 복된 좋은 소식을 가져오며 구원을 공포하며 시온을 향하여 이르기를 네 하나님이 통치하신다 하는 자의 산을 넘는 발이 어찌 그리 아름다운가'(사 52:7) 하는 성경 말씀처럼 아빠와 엄마가 얼마나 기뻐하는지 보여주고 싶은 조그만 표시란다."

가족들은 내가 복음 전파의 소명을 받았다는 소식을 듣고 몹시 기뻐했다. "네가 만약 복음을 전하는 사람이 된다면 지금처럼 너의 소명을 연습하기에 좋은 기회는 없단다." 어머니의 말에 삼촌도 동의했다. 그래서 다음 주 목요일 저녁 설교를 어머니 대신 내가 하기로 결정했다. 꼭 일주일 후였다.

설교단 위에 서서 태양에 그을린 주름진 얼굴의 알칸사스 농부 아저씨들에게 복음을 전할 것을 생각하니 최선을 다해야겠다는 생각이 마음에 가득했다. 그날 저녁부터 설교를 위하여 기도하기 시작했다. 며칠 동안 적합한 성경 구절을 택할 수 있도록 도와주시기를 기도했고 하나의 주제가 떠올랐다. '광야에서 예수님이 받으셨던 시험에 대한 설교!' 그 주제는 내가 생활에서 인도하심을 받는 데 아주 중요한 역할을 한 것이었다.

어른들 앞에서 '시험을 받는 것'에 대해 설교한다는 것은 약간 건방져 보이는 것 같았다. 내가 아는 시험이란 기껏해야 겨우 열세 살짜리가 겪을 수 있는 극히 개인적인 유혹들 뿐이었다. 사실 모든 유혹이라는 것이 그럴 것이다. 물론 나도 10대 소년들이 갖는 정상적인 성적 충동을 느꼈지만 절제할 수 없는 정도는 아니었다. 때때로 길모퉁이에서 담배를 피우라고 유혹해 오는 친구들도 있었지만, 아주 어리석은 일처럼 여겨졌고 내가 거절하면 그들도 금방 포기했다.

첫 설교를 앞둔 한 주간 동안 기도하면서 하나님께로부터 오는 것이 아닌 '다른 음성들', 즉 내 또래의 소년들에게 뒤지지 않으려는 충동이 전보다 훨씬 더 교묘하게 나를 유혹하는 것을 알 수 있었다. 그것은 그들과 어울리려는 것뿐만 아니라 그들보다 더 우월해지려는 것이었다. 남보다 탁월하길 원하는 것은 잘못이 아니다. 그러나 그것이 우리를 왜곡하기 시작하면 그것은 유혹인 것이다.

단지 남들에게 받아들여지기 위해 그들과 어울리려는 노력은, 평상시에는 내가 잘 하지 않는 일을 하도록 유혹했다. 예를 들면, 차들이 바로 옆에서 쌩쌩 소리를 내며 지나가는 넓은 6차선 도로의 중앙선을 자전거를 타고 달리는 것이다. 위험을 무릅쓰고 이런 일을 했다. 그리고 그들과 어울리기 위해서는 옆 가르마를 탄 머리가 이마를 적당히 덮도록 살짝 내려오게 하고, 뒤쪽은 머릿기름을 잔뜩 바른다. 바지 끝부분을 몇 번 접고 셔츠의 팔 부분은 정확히 한 번 접고 멋진 구두를 신어야 친구들에게 존경을 받을 수 있었다. 나는 이 모든 것을 신문배달해서 번 돈으로 사야만 했다.

그러나 하나님은 이 모든 것들에 관해 무엇이라고 말씀하실까?

복잡한 대로의 중앙선을 자전거를 타고 지나가는 것과 머릿기름을 바르는 것과 멋진 구두에 대해 관심이 있으실까? 사역을 시작할 때 친구들을 기쁘게 하려는 이런 노력이 내게 문제가 된다면 하나님도 틀림없이 그것에 관심이 있으실 것이었다.

나는 이런 경험에 비추어서 유혹에 관한 설교를 했다. 나의 설교가 10분밖에 안 걸렸기 때문에 어머니는 나머지 시간을 메울 무언가를 재빨리 생각해내야 했다. 인내심 많은 농부 아저씨들은 친절하게도 나의 설교에 대해 칭찬해 주었다. 그렇지만 집에 돌아가서는 사실을 좀 과장해서 칭찬한 것에 대해 회개하는 시간을 갖지 않았을까 하는 생각이 들었다. 어쨌든 나는 그 경험을 통해 정말 중요한 것이 무엇인지를 배웠다. 소속감은 내게 어떤 의미가 있는 것일까? 나는 그동안 사람들이 나를 어떻게 생각하느냐를 얼마나 중요하게 여겼는가! 특히 내가 존경하는 사람들일 경우에는 더욱 그랬다. 나는 언젠가는 이런 유혹의 음성들이 시험거리가 될 것이라는 걸 알고 있었다.

어느 날 우리는 우리의 인생을 바꿔놓을, 태양에 그을린 거무스름한 피부를 가진 소녀에 관해서 듣게 되었다.

솔직히 말해서 그날 아침에 교회에서 설교를 그다지 주의 깊게 듣고 있지 않았다. 그날은 마침 나의 열다섯 번째 생일 전날이었다. 나는 서부 로스앤젤레스에 있는 우리 교회 본당의 극장식 나무 의자에 앉아서 아버지의 설교를 듣고 있었지만 다른 생각을 하고 있었다. 어떤 중고차 추첨에 관해서였다. 수개월 동안 나는 차를 살 돈을 모으기 위해 신문배달을 하고 있었다. 내가 꼭 사고 싶은 차는 39년형 '쉐비'였다. 차를 산 후에 나는 다른 사람들처럼 황색의 칠을 전부 벗겨서 금속 빛이 도는 파란색으로 칠하고, 차의 뒷부분을 더 낮출 작정이었다.

갑자기, 나는 아버지가 말씀하시는 설교의 어떤 부분에 정신을 집중하게 되었다. 아버지는 한 아랍 어린아이에 대해 말씀하고 계셨다. 아버지는 남성 성경공부반에서 보내준 아버지의 첫 해외여행이었던 성지순례를 마치고 며칠 전에 돌아오셨다. 내 정신을 번쩍 들게 한 것은 아버지의 감정 섞인 목소리였다. 평상시에는 낮게 울리던 큰 목소리가 아주 작아졌고, 조절하려 했지만 감정이 복받쳐 목이 메었다.

"아랍 소녀는 누더기를 걸치고 더러운 손을 내밀며 구걸하는 한 거지에 불과했지만, 나는 평생 그 아이의 얼굴을 결코 잊을 수가 없을 것 같습니다."

팔레스타인의 난민촌에서 나와 아버지에게 구걸했던 그 소녀는 여덟 살쯤 되어 보였으며 기름에 찌든 머리에 초라한 누더기를 걸치고 자기보다 더 어린아이를 등에 업고 있었다.

아버지는 고개를 숙인 후 목소리를 가다듬고 계속 말했다.

"우리를 안내하는 이들은 그들에게 동냥을 주는 것이 오히려 더

거지 노릇을 하도록 부추긴다고 주지 말라고 말렸지만 그래도 나는 그 어린 소녀를 그냥 지나칠 수 없었습니다. 나는 주머니에서 동전 몇 개를 꺼내 그 아이에게 주었습니다."

나는 그때 아버지가 울고 계신다고 생각했다. 교회는 쥐죽은 듯 조용해졌다. 아버지는 그날 밤 머무르던 호텔 침대 곁에서 무릎을 꿇었다고 하시면서 계속 말씀을 이어 나가셨다. 갑자기 태양에 얼굴이 그을린 지저분한 얼굴의 팔레스타인 아이가 아버지 앞에 떠올랐다. 아버지는 눈을 감았다. 그러나 그 소녀는 여전히 거기 있었고 다시 손을 내밀어 구걸하였다. 아버지가 구걸하는 그 아이의 눈을 들여다 보고 있을 때 그 아이는 단순히 동전 이상의 더 깊은 것을 요구하는 것처럼 보였다고 했다. 그 아이는 위로, 격려, 사랑, 미래에 대한 희망 등을 요구하고 있었다. 그것은 복음이었다.

아버지의 말씀을 들으며 우리 모두는 눈물을 흘렸다. 나는 설교를 들으면서 내가 신고 있는 비싼 부츠를 내려다보았다. 아버지는 그날 밤 그 소녀의 얼굴을 떨쳐버릴 수가 없어서 밤새 잠을 못 이루셨다고 했다. "여러분께 말씀드릴 것이 있습니다." 아버지는 자세를 바르게 가다듬으면서 말씀하셨다. "그날 밤부터 나는 변화되기 시작했습니다. 해외의 형제, 자매들에게 도움이 필요하다는 것을 사람들에게 알리며 남은 생을 보내고 싶습니다. 그리고 그들을 도와주는 데 동참하고 싶습니다."

"그동안 세계 선교라는 말은 너무나 막연했지만 이제는 달라졌습니다. 이제부터 선교는 그 아랍 아이의 얼굴같이 구체적인 것입니다."

열다섯 살이 된 나는 새로운 흥분으로 가슴이 벅찼다. 변화된 사람은 아버지 혼자만이 아니었다. 1년 전, 알칸사스에 있는 삼촌의 교회에서 보았던 그 구절이 갑자기 내 생각 속에 떠올랐다. "온 천하에 다니며 만민에게 복음을 전파하라."

내가 지금 당장 할 수 있는 일이 무언가 있을 것이다. 나는 차에 대해 더 이상 생각하지 않기로 했다.

그날부터 아버지는 사역의 우선순위를 바꾸어서 더욱 많은 헌금을 해외 사역을 위해 작정했다. 그로 인해 지역 사역을 위한 돈도 해결되었다. 교회에는 평소보다 30% 더 많은 헌금이 들어오고 있었다.

아버지는 놀랍게 일을 진행시켜 나갔다. 아버지는 우리 모두가 큰 관심을 가질 때까지 우리에게 아프리카에서 사역하는 한 선교사가 당하는 어려움이나 생활에 대해 거듭 이야기를 하셨다.

그리고 어느 주일, 아버지는 교회 바로 앞에 새 지프차를 갖다 놓으셨다. 만약 우리가 그 차를 살 돈을 모으게 되면 바로 아프리카 선교사에게 보낼 수 있게 되는 것이다.

마침내 나는 내가 하고 싶은 일을 찾아냈다. 나는 두 달 동안 신문배달을 해서 번 40달러를 그 사업을 위해 헌금하기로 했다. 꼭 사고 싶었던 '쉐비'를 사지 않고 지구 반대편에 있는 한 선교사를 돕기로 한 것이다.

　나중에 차를 살 생각을 다시 하게 되었다. 아버지를 설득해서 신문배달 외에 두 가지 일을 더 하는 것을 허락받았다.

　그해 여름, 처음으로 내 차를 사기에 충분한 돈을 모았고 결국에는 아버지의 칭찬을 받게 되었다. 내가 원하던 바로 그 차를 샀다.

　중고차 39년형 '쉐비'는 11년이나 되었고 뒷문은 둘 다 부서져 겨우 움직일 수 있을 정도였다. 나는 칠을 다 벗겨내고 친구의 도움을 받아 금속 빛이 도는 파란색으로 칠했다.

　그렇지만 세미한 무엇인가가 내 마음을 요동시키고 있었다. 조용하면서도 계속되는 내적인 음성은 내 인생이 자동차나 친구들과 어울리는 것, 그 이상이 되어야 한다고 말하고 있었다.

　3년 후에 부활절 방학을 이용해 열 명의 친구들과 다녀온 멕시코 여행은 그것을 결정적으로 확인시켜 주었다. 나와 대부분의 친구들은 열여덟 살이었다. 우리는 다른 문화권의 사람들과 만나 이야기하는 것이 어떤 것인지 잘 몰랐지만, 고등학교에서 배운 스페인어를 써 가면서 이 세상에서 들을 수 있는 가장 중요한 메시지를 그들에게 전하려고 노력했다. 놀랍게도 약 20명가량의 멕시코인들이 이 복음을 받아들였고, 그들은 예수님을 더 알기를 원했다. 어떤 이들은 길거리 한가운데서 무릎을 꿇고 기도했다. 비록 그 전도여행은 별로 영광스럽지 못하게 끝나긴 했지만—나와 다른 두 명의 친구가 이질에 걸려 병원에 입원했었다.—나는 이 여행을 통해 하나님께서 나를 어디로 인도하시는지 그 방향을 잡게 되었다.

무엇인가 확실하게 이해할 수 없는 것이 내 안에서 싹트고 있었다. 내가 미주리의 스프링필드에 있는 '하나님의 성회' 신학대학에 가기로 결정한 것도 멕시코 여행의 영향 때문이었을 것이다.

내가 열아홉 살이 되던 1954년 가을에 필리스 누나와 나는 더 좋아진 내 48년형 '닷지'에 짐을 실었다(누나 역시 센트럴 성경신학교에 가기로 결정했다).

부모님과 열 살 된 제니스는 승마용 신발을 신고 서부 로스앤젤레스의 집 앞 보도에서 짐 싣기를 마칠 때까지 기다리며 서 있었다. 아버지께서 우리가 영육 간에 안전하도록 기도해 주시는 동안 우리 다섯 식구는 동그랗게 모여 완전히 하나가 되었다.

차를 운전해 모퉁이를 돌아갈 때에는 눈물을 참기 위해 입술을 깨물어야 할 만큼 가슴이 뭉클했다.

하지만 내 차가 240킬로미터나 떨어진 스프링필드를 향해 고속도로를 달리기 시작했을 때, 나는 일생 동안 하게 될 어떤 모험의 세계로 막 발을 들여놓고 있었다.

04 밀려오는 파도처럼

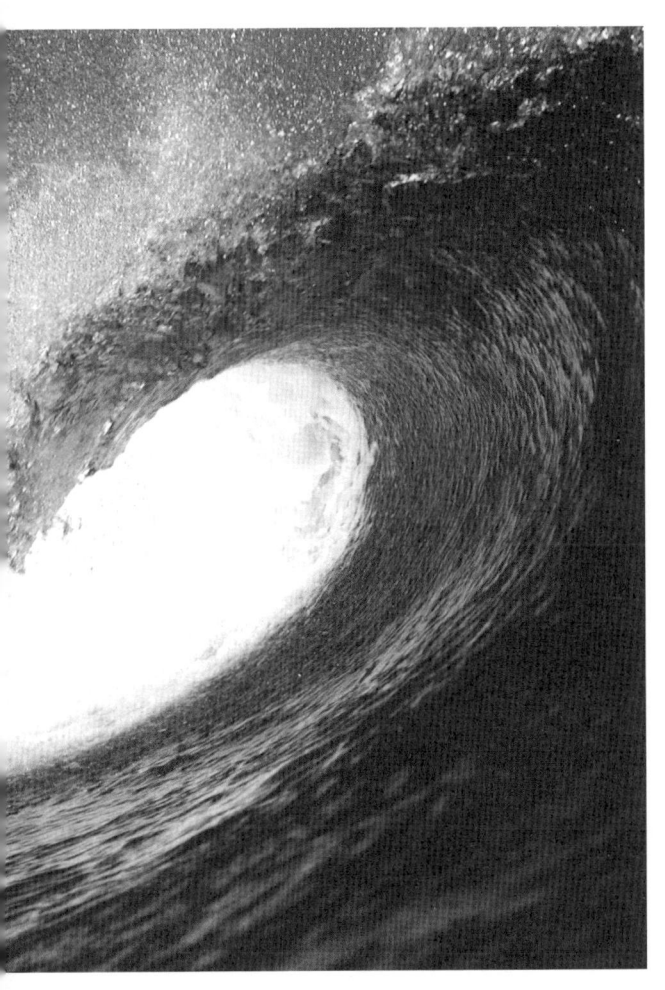

하나님, 정말 당신이십니까? · Is that really you, God?

밀려오는 파도처럼

바하마에 다녀온 것은 단순한 여행이었지만 하나님의 인도하심에 대한 독특한 체험은 내 인생의 방향을 바꾸었다.

미주리 주에서 학교에 다니는 동안 나와 세 명의 친구들은 복음을 전하며 찬양을 부르는 사중창단을 만들었다. 우리는 방학을 이용해서 가까운 스프링필드 지역을 벗어나 좀 더 먼 곳으로 자주 여행했는데, 한 번은 바하마 제도의 수도인 나소에 갔었다.

1956년 6월에 맥키 항공을 타고 마이애미에서 나소까지 가면서 전에는 한 번도 본 적이 없는 아름다운 색조의 바다 위에 일련의 섬들이 떠 있는 것을 보았다.

우리를 맞으러 나온 그곳의 선교사와 함께 공항을 나오면서 열여덟 살 때 십여 명의 친구들과 함께 멕시코에 갔을 때의 흥분이 되살아나는 것을 느꼈다(벌써 2년 전의 일이라는 것이 믿어지지 않았다). 내가 이렇게 흥분이 되는 이유는 그 섬의 독특한 색깔이나 꽃들, 열대 지방에 어울리는 특유의 제복과 인도 헬멧을 쓴 교통순경 때문만은 아니었다. 마음속 깊은 곳에서부터 무언가 가슴 벅참이 느껴졌다.

찬양 중간에 우리는 바하마에서 사역하고 있는 선교사들과 이야기를 했다. 그들은 그곳의 한 섬에서 일어났던 불미스런 사건에 대해 말해 주었다. 세 명의 십대 청소년들이 선교를 하기 위해 자기들끼리 이곳에 왔다. 그런데 그들은 이곳 바하마 섬에서는 이성과 데이트하는 것이 미국처럼 평범하지 않다는 것을 알지 못하고 그 섬 소녀들과 만났다. 그래서 그 섬에는 온갖 좋지 못한 소문이 퍼지게 되었다.

나는 착잡한 심정으로 그 이야기를 들었다. 그들이 그 지역 문화를 이해하지 못하고 지혜롭게 행동하지 못한 것에 대하여 안타까운 생각이 들었다. 그러나 마음 한 구석에는 '젊은이들이 선교를 하러 여기에 온다!'는 착상이 기막히다는 생각이 들었다.

그날 밤 찬양 공연이 끝난 후 나는 작은 액자 외에는 아무 장식이 없이 흰 벽으로만 되어 있는 선교사 사택의 숙소로 돌아왔다. 베개를 겹쳐서 머리에 베고 누워 성경을 펼쳤다. 그리고 늘 하던 대로 하나님이 내 마음 가운데 말씀해 주시도록 기도했다. 그러나 그 다음에 일어난 일은 전혀 일상적인 것이 아니었다.

갑자기 내 눈앞에 세계 지도가 펼쳐졌다. 그런데 그 지도는 마치 살아 있는 것처럼 움직였다! 나는 일어나 앉았다. 머리를 흔들고 눈을 비비면서 다시 보았다. 마치 영화의 한 장면처럼 마음속에 생생하게 그려졌다. 모든 대륙을 한눈에 볼 수 있었다. 파도가 대륙으로 밀려 들어왔다가 밀려 나가고, 그리고 더 깊이 밀려 들어와서는 마침내 그 대륙을 완전히 뒤덮었다.

나는 숨을 죽였다. 내가 그 장면을 지켜보는 동안 그것은 또 다른 장면으로 바뀌었다. 그 파도들은 내 나이 정도의 젊은 사람들과 나보다 어린 사람들로 변하여 그 대륙들을 덮고 있었다. 그들은 거리에서, 음식점에서 혹은 집집마다 찾아가서 복음을 전하고 있었다. 마치 나의 아버지가 돈 한 푼을 구걸하는 어린 아랍 소녀를 돌보는 것같이 가는 곳곳마다 사람들을 돌보는 모습이었다. 그리고 그 장면은 사라졌다.

'우와!' 나는 생각했다. '이게 무슨 의미일까?'

젊은 사람들이 파도처럼 밀려오던 벽을 다시 바라보았다. 그렇지만 내가 볼 수 있는 것은 나무들의 값싼 액자밖에 없는 흰 벽뿐이었다. 내가 환상을 본 것일까, 아니면 하나님이 미래에 일어날 일들에 관해 보여주신 것일까?

"하나님, 정말 당신이십니까?" 나의 미래가 이 젊은이들의 파도와 무슨 관련이 있는 것일까? 나는 여전히 놀란 채로 벽을 바라보고 있었다. 놀라운 일이었다. 젊은 청년들이 선교사로 나아간다는 것은 너무나 멋진 일이었다. 나는 섬으로 선교하러 왔던 세 명의 청소년들을 떠올렸다. 그들이 아무 생각 없이 보통의 미국 청소년들처럼 행함으로써 끼친 좋지 못한 영향에 대해서도 생각했다. 이 환상이 정말 하나님께로부터 온 것이라면 이러한 문제들을 피할 수 있으면서도 젊은이들의 열정을 세계 선교와 연결시킬 어떤 길이 있을 것이었다.

'왜 하나님이 내게 이 환상을 보여주셨을까? 내 미래는 이 젊은이들로 된 파도와 무슨 연관이 있는 것일까?' 나는 생각에 잠겨 오랫동안 허공을 바라보면서 누워 있었다.

한 가지 확실한 것은 아무에게도 이 환상에 대해 이야기하지 말아야 한다는 것이었다. 먼저 그 환상이 무엇을 의미하는지 나 스스로 이해하기 전까지는.

어떤 상황이 반복되고 있는 것을 깨닫기 시작했다. 하나님이 나에게 말씀하시고 어떤 확실한 부르심을 주신 후에는 그것에 대한 시험의 기간이 있다는 것이다. 내가 십대 소년이었을 때 하나님은 구걸하던 어린 소녀의 모습을 통해 그런 이들의 필요를 채워주는 것이 복음이라는 것을 보여주셨다. 값비싼 부츠를 신고 39년형 '쉐비'를 굴리며 친구들과 어울릴 것인가, 아니면 주님의 부르심에 순종할 것인가 하는 것은 나의 선택이었다.

파도에 관한 놀라운 비전을 보고 나서 이틀 후에 나는 더 큰 시험의 초기 단계에 들어갔다. 우리 가족들이 아픈 과거의 상처를 치유하고 관계를 회복해가는 등 좋은 일들이 일어나는 중이었는데, 결과적으로는 나에게 또 다른 단계의 시험이 왔다는 역설적인 사실이다.

우리는 다음 일정을 위해 다시 마이애미로 돌아와서 모텔에서 묵게 되었는데 친구들은 밖에 나가 식사를 한다고 했다. 친구들은 나에게 같이 나갈 것을 권유했지만, 난 방에 머무르기로 했다.

비행기가 마이애미에 착륙하기 전부터 마음속에 부담감이 있었다. 친구들과의 식사보다 더욱 중요한, 깨어진 관계가 된 가족이 있었다. 나는 아버지가 전도자가 되기로 결심한 후로부터 27년간 관계를 끊고 있었던 아르네트 고모가 여기에 살고 있다는 것을 알았다. 다른 친척들은 아르네트 고모가 돈을 잘 벌어서 가구 공장을 소유하게 되었고, 소매 가구 상점도 몇 개 갖고 있다고 했다. 산드라 막내 고모의 거처는 아무도 모르는 듯했다. 아르네트 고모에게 아직까지 원망하는 마음이 있다는 것은 아버지를 통해 알고 있었다. 3년 전 할아버지가 돌아가셨을 때 간신히 연락이 닿은 고모는 "장례식이 엎어지면 코 닿을 곳에 있어도 가지 않겠어요."라며 단번에 거절하고 참석하지 않았다.

내가 갑자기 전화하면 고모가 어떤 반응을 보이실지 궁금했다. 나만 남게 되자 옆에 있는 서랍을 열어 전화번호부를 꺼냈다. 흥분으로 몸이 떨렸다. 거기에는 고모와 똑같은 이름이 있었다. 아르네트 커닝햄. 아르네트 고모가 맞을까! 나는 천천히 다이얼을 돌렸다.

"여보세요?"

고모의 목소리다! 나는 한 번도 그 목소리를 들어본 적이 없지만 어딘가 친숙한 데가 있었다. 목소리에 커닝햄 일가다운 면이 있었다.

"여보세요, 저 로렌 커닝햄인데요, 토머스 세실 커닝햄이 저의 아버지예요. 혹시 제가 조카가 맞으면 한 번 만나 뵐 수 있을까요?"

침묵이 흘렀다. 잠시 후 "아니요, 나는 너무 바빠요!" 하고 전화가 끊겼다.

이튿날은 토요일이었다. 친구들이 수영을 하러 갔지만, 나는 바다를 매우 좋아함에도 불구하고 또다시 모텔에 남기로 한 내 자신에게 놀랐다. 침대에 누워 전화기를 바라보았다. 나는 어제 고모와 나눈 짧은 몇 마디를 잊을 수 없었다. 그 대화는 내 가족에 대한 여러 가지 기억을 새롭게 했다.

나는 침대 머리에 기대어 조그만 방을 뚫어지게 바라보고 있었다. 그동안 우리가 고모에게 보낸 편지는 뜯지도 않은 채 되돌아 왔고, 전화를 걸면 늘 통화도 못하고 거절당했었다. 그러나 낯설면서도 어딘가 모르게 친숙한 그 목소리 때문인지 다시 한 번 전화를 걸고 싶은 마음이 생겼다. 나는 수화기를 들었다.

"여보세요, 저 로렌인데요, 자꾸 전화해서 죄송하지만 내일이면 저는 이곳을 떠나요. 한 번 만나 뵐 수 있을까요?"

"미안하지만 오늘은 우리 직원들이 나를 위해서 생일 파티를 열기로 했기 때문에 만나기 힘들겠네요."

아르네트 고모는 다시 전화를 끊어버렸다. 그러나 약간의 발전은 있었다. 적어도 이번에는 고모가 나를 만날 수 없는 이유를 내게 말해 주었으니 말이다. 그러자 나에게 좋은 생각이 떠올랐고, 곧장 쇼핑을 하기 위해 모텔을 나섰다.

전혀 알지도 못하는 부인의 생일 선물을 살 때 도대체 무엇을 사야 할까? 나는 어머니가 좋아하시던 레이스가 많이 달린 린넨 손수건을 사기로 했다. 그리고 카드를 골라 너무 감상적이지 않도록 "생일 축하해요, 고모"라고 썼다.

주일 정오쯤 우리는 떠날 준비를 끝냈다. 나는 비스케인 대로에서 공중전화로 고모에게 전화를 걸고, 우리가 이곳을 떠나기 전 몇 분 동안이라도 고모를 만나 뵐 수 있는지 물어보았다. 이번에는 아르네트 고모가 나를 만나줄 것을 허락했는데 아마도 순전히 호기심에서였던 것 같았다.

우리는 야자나무 거리를 지나 열대 지방의 풍경 속에 아늑하게 자리한 집들이 있는 곳으로 갔다. 마침내 회청색으로 된 호화로운 저택 앞에 차를 세웠다. 아르네트 고모가 비꼬면서 아버지에게 "종교를 구실 삼아 자선금으로 살아가는 떠돌이"라고 했던 말이 생각났다. 나는 급히 백미러에 머리 모양을 비춰보고, 넥타이를 고쳐 매었다.

친구들을 기다리게 하고 혼자 차에서 내릴 때 나는 어떤 부인이 현관에서 이쪽을 바라보고 있는 것을 보았다. 나는 조심스럽게 계단을 걸어 올라갔다.

곧 나는 아버지와 꼭 닮은 부인과 마주 서게 되었다. 고모의 머리는 잘 매만져져 있었고 손가락에는 다이아몬드들이 반짝이고 있었지만, 왠지 우리는 한 핏줄이라는 느낌이 들었다.

"안녕하세요, 저는 톰의 아들이에요."

아르네트 고모는 하나하나 뜯어보듯 나를 자세히 보았다. 계단에 서서 그렇게 고모와 나는 둘 다 오랫동안 말이 없었다.

"약소하지만 생일 축하드려요." 마침내 내가 말문을 열었다. 그리고 손수건이 사이에 끼워져 있는 카드를 건네드렸다.

아르네트 고모는 카드를 받아들고서 "넌 아버지를 쏙 빼닮았구나."라며 부드럽게 말씀하셨다. "갈색 머리와 눈도 똑같고 웃는 모습까지 꼭 닮았어. 그런데 키는 네가 좀 더 크지?" 아주 잠시 적막이 흘렀다. 고모는 손을 저으시며 웃으시다가 갑자기 눈에 눈물이 가득 고였다. "세월이 정말 많이 흘렀구나!"

고모는 나에게 어서 안으로 들어오라고 하시면서 밖에서 기다리는 친구들도 데려오라고 했다. 친절한 초대는 감사했지만 난 정말로 몇 분 정도의 여유밖에는 없다고 말하면서 안으로 들어갔다. 나는 부모님에 대한 고모의 짧은 질문들에 답하고, 나도 목회자가 되기 위해 준비하고 있으며, 미주리에 있는 학교에 다니면서 여름방학을 이용해 찬양단으로 여행하고 있고 지금은 바하마에서 오는 길이라고 설명했다. 고모는 우리에게 북부는 어디까지 가느냐고 물었고 나는 대답했다. 고모는 다시 아무 말 없이 나를 찬찬히 바라보았다. 그리고 그녀는 조심스럽게 "너에게 고모가 또 한 분 있단다. 산드라 고모에 비하면 난 가난뱅이지." 나는 내 주위를 둘러보며 고모의 말에 놀랐다. 우리가 산드라 고모의 여름 별장 가까운 곳까지 여행할 것을 안 아르네트 고모는 산드라 고모에게 연락해 보라고 권하셨다.

나는 시계를 보았다. 떠나야 할 시간이 되었다. 악수를 하며 고모는 나에게 어떻게 연락하면 되느냐고 물었다. 나는 고모에게 우리의 여행 일정표를 한 장 드렸다.

며칠 후, 여행 중 머무르던 곳으로 아르네트 고모가 전화를 하셨고, 산드라 고모와 만나도록 연락했다고 말씀하셨다. 산드라 고모는 뉴욕 레이크플래시드의 여름 별장으로 나를 초대하며 우리가 집회를 갖고 있던 오순절교회까지 차를 보내주셨다. 산드라 고모 부부는 내가 전혀 알지 못했던 매혹적인 세계에서 살고 있었다. 하지만 무엇보다도 가장 인상 깊었던 것은 바로 산드라 고모였다. 늘 웃는 듯한 회색 눈과 짧은 갈색 곱슬머리를 가진 고모는 쉰 살이라는 나이가 믿어지지 않았다. 고모는 아주 친절했고 필리스 누나를 생각나게 할 정도로 나를 정말 편하게 대해주었다. 마치 오랫동안 잃어버렸던 아들을 다시 만난 것 같이 나를 대해주었다. 키가 크고 서글서글한 뉴잉

글랜드 사람인 조지 고모부도 나를 따뜻하게 대해주었다.

그들의 환대는 내가 센트럴 성경학교 졸업반이 될 때까지도 계속되었다. 부모님과 나는 어떻게 내 등록금을 마련할 것인가 걱정하고 있었다. 그런데 산드라 고모와 고모부는 내가 학교를 계속 다닐 생각이라면 교육에 필요한 비용을 다 대주시겠다는 편지를 보내왔다.

그 다음 해에 아버지와 아르네트 고모와 산드라 고모는 다시 만나서 화해하셨다. 정말 행복한 재회였다. 나는 혼자서 빙그레 웃었다. 그러나 그 재회가 나에게 중요한 시험의 단계가 되리라고는 꿈에도 생각지 못했다.

05 소박한 시작

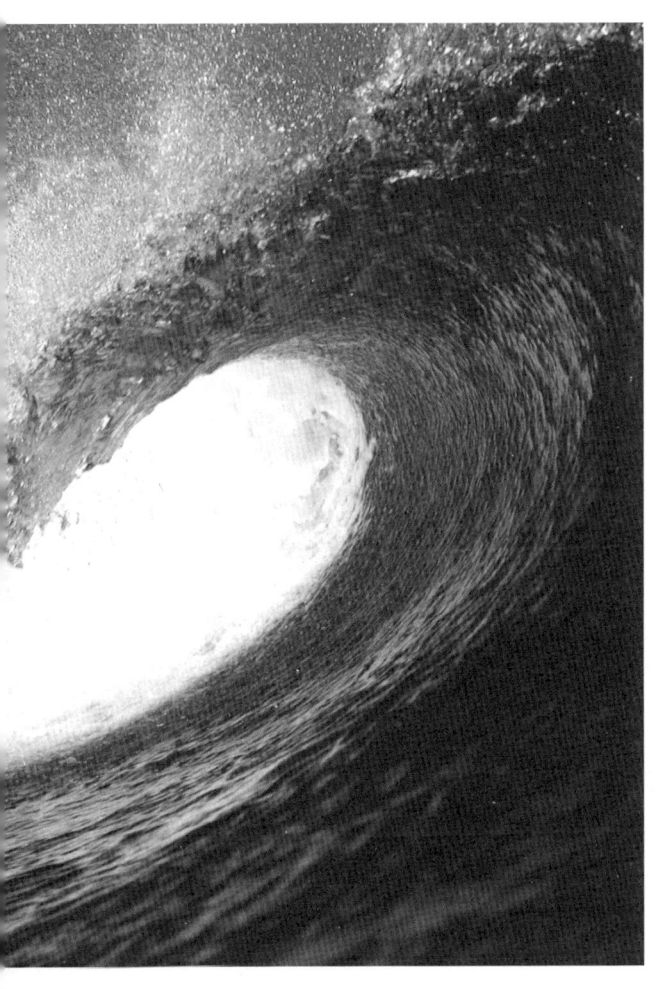

하나님, 정말 당신이십니까? · Is that really you, God?

소박한 시작

"너무 빨리 큰 것 아니니!" 내가 옷장에서 윗옷을 찾고 있을 때 어머니가 이렇게 말씀하셨다. 나는 스물네 살이었고, 대학을 마치고 캘리포니아로 돌아온 지 3년이 되었다. 몬테레이 공원의 언덕에 살고 있는 가족들에게로 돌아와서 함께 편안하게 지내고 있었다.

"네." 나는 건성으로 대답했다. 어머니가 하신 말씀이 칭찬이라는 확신은 없었지만 나를 지켜보고 계셨다는 사실이 기뻤다.

"그렇지만 얘야, 모든 것을 주님께 올려 드려야 한다. 네가 교만해지면 하나님께서 너를 쓰실 수 없단다. 그걸 명심해라!"

어머니가 방을 나가신 후, 나는 창가로 가서 창밖에 있는 선인장들을 바라보았다. 지난 한 해 동안의 학교생활에 대한 생각이 머리를 스치고 지나갔다. 학교 졸업반이었을 때 학생회 회장이었고, 졸업생 대표였고, 하나님의 성회 목사로서 안수도 받았다. 또 로스앤젤레스

지부의 청년부 지도자라는 좋은 직업을 갖고 지금까지 일하고 있다.

이 모든 것들에 대해 기뻐하고 있었지만 그래도 교만이라니? 어머니는 정곡을 잘 찌르시지만 이번만은 잘못 보신 게 아닌가 싶었다. 그러나 어머니의 말씀이 옳았다는 사실을 몇 년 지나서야 깨달았다.

지금 당장은 내 마음이 편치 않다는 것에 훨씬 더 신경이 쓰였다. 도대체 무엇이 잘못된 것일까? 나는 나의 일을 즐거워하고 있었고 젊은이들도 모두 똑똑하고 열심이었다. 그러나 지금 와서 보면 내가 젊은이들을 위해 세운 활동 계획들의 대부분이 껍데기뿐이었다는 것을 인정할 수밖에 없다. 도전이 없었기 때문에 젊은이들의 마음을 놓친 것이다. 우리 모두가, 특히 10대와 20대 초반의 젊은이들이 갈망하고 있는 것은 바로 큰 도전이라는 것을 말이다.

나는 바하마 섬에서 보았던 그 젊은이들의 파도가 온 세상을 덮는 환상을 다시 기억했다. 벌써 4년 전의 일이다. 그 비전과 내가 지금 이곳 LA에서 하고 있는 작은 일들을 비교해 보면 비참할 정도였다. 무엇인가 해야 할 때가 왔다.

며칠이 지난 후에 나는 10대 청소년들을 데리고 하와이로 선교를 가려는 생각에 대해서 지역 책임자와 의논하였다. 지역 책임자로부터 허락을 받았고 우리는 106명의 청소년들과 함께 하와이로 갔다! 하지만 결과는 반반이었다. 그들 중 반은 해변에서 즐기기를 원했고 나머지 반만 복음을 전하고 싶어 했기 때문이었다. '두 가지 다른 동기를 가지고 선교여행을 할 수는 없어, 로렌.' 여행 후 나는 자신에게 말했다.

나는 놀랍게도 그 경험을 통해 머릿속에 몇 가지 사항들을 정리하고 있는 내 자신을 보게 됐다. 첫째는 바하마 섬에서 선교여행 중에 그 지역 아가씨들과 데이트를 함으로써 물의를 일으켰던 세 명의 소년들의 이야기를 통해서 선교여행 중의 이성교제는 금물이라는 것이고, 둘째는 하와이 여행을 통해 관광과 혼동하지 말고 전도라는 목적으로 한마음이 되어야 한다는 것이다.

나는 왜 이런 사항들을 기억하려는 것일까? 그리고 왜 바하마 섬에서 보았던 그 파도가 밀려오는 환상을 자꾸 떠올리는 것일까? 그 특이한 기억은 그냥 사라져 버리지 않았다. 그것은 내 일상적인 활동에도 영향을 미치는 것 같았다. 영원의 문제가 걸려 있었고, 나는 그 지상명령의 한 부분을 감당해야 한다.

그 경험이 무엇을 의미하는지, 그를 통해 하나님이 내가 무엇을 하기를 원하시는지 알아봐야만 했다. 가장 좋은 방법은 나 혼자 여행하면서 해외의 복음 전도 가능성들에 대해 알아보는 것이었다. 여행사에서는 세계 일주 비행기 표를 아주 싸게 구해 주었고, 나는 그 비용을 위해 차를 팔았다. 청년부 지도자의 직책도 내려놓고 고통 가운데 있는, 예수님이 필요한 세계의 곳곳을 돌아보기 위해 출발했다. 첫 번째로 방문했던 나라에서부터 내가 관광 목적으로 여행하고 있는 게 아니라는 사실을 상기했다. 물론 나는 그 모든 새로운 경험들을 정말 즐겼다. 하지만 나는 내가 아직 보지 못한 무엇으로부터 인도함을 받고 있다는 왠지 모를 확신이 있었다.

내가 여행 중에 가장 크게 깨닫게 된 것은 어느 곳에 가든지 사람들은 다 같다는 사실이다. 다만 사람들을 구분하는 각각의 다른 '믿음 체계'라는 울타리로 둘러싸여 있을 뿐이다. 인도 시골에 있는 한 외딴 마을에서의 경험을 통해 수백만 명의 사람들이 나와 전혀 다른 믿음, 신앙 체계를 갖고 있다는 사실을 피부로 느낄 수 있었다.

무척 어둡고 더운 밤이었다. 묵고 있는 호텔로 돌아가다가 사람들 속에서 나는 섬뜩한 통곡 소리를 들었다. 무슨 일인지 알아보기 위해 사람들 사이를 헤집고 들어가자 얼핏 쌓인 장작더미가 보였다. 횃불을 들고 있던 남자가 불을 붙였고 장작더미 위의 타오르는 불길들 사이로 사람의 가는 다리와 아직 어리게 보이는 소년의 얼굴이 보였다. 누군가 영어로 "열여섯 살짜리 소년이 칼싸움하다가 죽임을 당해서 장례를 치르는 것"이라고 했다. 나는 사람들과 같이 장작불 옆에 서 있었다. 애곡하는 소리가 하늘을 찔렀다. 이 소년이 예수 그리스도를 알지도 못하고 영원한 지옥으로 사라졌다는 깨달음이 내 마음을 무겁게 했다. 무겁고 답답한 절망감이 구역질날 것만 같은 살 타는 지독한 냄새와 섞여 그곳에 감돌았다.

나는 슬픔에 잠겨 장작불 주위에 서 있던 사람들에게서 본 절망감을 잊을 수 없을 것이다.

"소망이 있습니다. 그분의 이름은 예수입니다." 나는 가슴속에서부터 이렇게 외치고 싶었다.

그 마을을 떠나서 인도 여행을 계속하는 동안 그때의 장면이 마음속에서 지워지지 않고 계속 남아있었다. 그리고 그 여행 중에 나는 내 안에서 또 다른 변화가 일어나고 있음을 느꼈다.

그것은 훨씬 더 개인적인 일이었다. 나를 사랑하고 돌봐주는 가족이 있음에도 불구하고 처음으로 나는 철저히 혼자이고 불완전하다는 것을 절감하기 시작했다. 스프링필드의 대학 시절에 많은 여학생들과 데이트를 할 때도, 남 캘리포니아 대학에서 석사 과정을 밟을 때도 그랬다. 그러한 교제 중 몇몇 경우는 꽤 심각한 관계였는데도 그 이상은 진전되지 않았다.

그런데 이제 갑자기, 나는 삶에서 중요한 부분이 빠져 있다고 느꼈다. 왜 내가 이곳에서 혼자서 이 모든 일을 하려고 하는 것일까? 그 웅장한 타지마할을 방문했을 때는 더 강하게 그 느낌을 갖게 되었다. 화려하게 장식된 열쇠 구멍처럼 생긴 반원형의 문을 지날 때 나는 숨소리조차 낼 수 없었다. 거대한 직사각형의 연못에는 인도의 뜨거운 햇빛에 반짝이는 웅장한 타지마할 묘당이 그대로 반사되어 빛났다. 이 위대한 건축물은 바로 한 여인에 대한 남자의 사랑으로 인해 지어졌던 것이다.

나는 아치형의 길을 걸으면서 외로움에 휩싸였다. 누군가에게 "정말 아름답지?"라고 말하고 싶었지만 곁에는 아무도 없었다.

'나는 이렇게 혼자 여기서 무엇을 하고 있는 것일까?' 태양빛이 반사되어 반짝거리는 연못가를 거닐면서 나의 외로운 모습을 비춰보고 다시 생각했다. 나에게는 왜 같이 나눌 사람이 없는 걸까. 타지마할뿐만 아니라, 나의 비전, 꿈-희망이 필요한 이들에게 복음을 전하는-을 나눌 수 있는 사람….

나는 자신의 아들을 지옥의 영겁으로 보내며 절규하던 부모의 모습을 회상해 보았다. 꼭 아버지가 하셨던 것처럼 나는 내 주머니를 털어서 가능한 한 많은 아이들에게 동전을 쥐어주었다. 그렇지만 언제든지 동전을 받지 못한 빈손들이 있게 마련이다. 인도에서 본 가난의 정도는 엄청난 것이었다. 나는 동반자에게 이렇게 말하고 싶었다. '틀림없이 이 사람들을 도와줄 길이 있을 거야. 그들 마음속의 필요와 물질적인 필요를 채울 수 있는 길이 있을 거야.'

하지만 이런 나의 마음을 이해해 줄 여자를 어디서 찾을 수 있단 말인가. 젊은이들이 선교사로서 파도처럼 전 세계로 퍼져가는 나의 비전을 이해해 줄 여자를 어디에서 찾을 수 있을까? 누가 이곳저곳을 나와 함께 돌아다니며 이 비전이 주님께로부터 온 것인지 알아보려고 할 것인가? 그런 여자는 어머니가 언제나 말씀하시는 것처럼 자신의 '부르심'을 분명히 가진 여성이어야 한다. 그리고 어머니를 생각했다. 아주 개성 있고, 생기 있고, 강한 우리 가족과 어울릴 만큼 대담한 여성이 누구일까? 특히 어머니를 생각하며 나는 혼자 빙그레 웃었다.

마침내 나는 가족들이 있는 캘리포니아로 돌아왔다. 다시 혼자라는 생각을 뼈저리게 하면서 나는 내가 경험했던 것들에 대해 나누며 국내를 돌아다녔다. 나는 청년들에게 극히 원시적이고 전혀 깨끗하거나 편리하지도 않지만 무엇인가 중요한 일을 할 수 있는 기회가 세상에는 많이 있다는 것을 말하는 데 중점을 두었다. 그렇지만 실제로 '무엇을' 그들이 할 수 있는가를 이야기할 차례가 되면 나는 좀 막연해졌다. 아직도 내게 확실한 무언가가 잡혀있지 않기 때문이었다.

여행에서 돌아온 지 한 달 후에 캘리포니아의 베이커스필드에 있는 한 교회에 말씀을 전하러 갔다가 그 교회 청년인 달라스와 래리를 만나게 되었다. 럭비선수 같은 체구를 지닌 스물한 살의 달라스 무어는 약간 각진 턱과 반짝이는 파란 눈과 갈색 상고머리가 특징이었다. 래리 핸드릭스는 그의 친구로, 그 역시 스물한 살이었다. 우리는 함께 샌드위치를 먹으러 음식점으로 갔다. 두 젊은이 모두 중장비 운전사들로 불도저와 땅 파는 기계와 기중기를 모두 다룰 수 있었다.

그러나 우리가 음식점으로 차를 몰고 갈 때는 중장비에 대해 이야기하지 않았다. 우리의 화제는 자동차에 관한 것이었다. 달라스가 갖고 있던 자동차는 56년형 옥색과 흰색의 '벨 에어 쉐보레 Bel Aire Chevolet'였다. 차는 지문 자국 하나 없이 깨끗했고 하얀 의자 커버가 잘 씌워져 있었다. 나는 내 39년형 쉐비를 기억해 내고 10년 전에 내가 그 차를 얼마나 중요하게 여겼던가를 생각했다.

무엇인가 잘못되었다는 느낌이 들었다. 그들이 트윈 캠이나 이중 엔진 배기관이나 삼중의 카뷰레터에 관해 얘기하고 있을 때, 나는 그들의 대화에서 동떨어져 있었다. 나는 더 이상 차에 흥미를 갖지 못했다. 우리는 음식점에 들어갔고, 점원이 물을 갖다 주고 갔다.

나는 내 물 잔을 들고 쳐다봤다. 물은 차갑고 깨끗했다. 박테리아가 있을지도 모른다는 생각을 할 필요가 없었다. 다른 자리들을 둘러보았다. 음식점은 햄버거나 감자튀김을 맛있게 먹고 있는 사람들로 가득 차 있었다. 달라스와 래리는 내가 갑자기 조용해진 것을 눈치채지 못했다. 이곳에 있는 사람들은 마치 거대한 공간 안에 갇혀 살고 있는 사람들 같았다. 바깥세상은 굶주린 사람들과 구걸하는 사람들로 가득 차 있는데 이곳에서는 사람들이 즐겁게 먹고 마시며 살고 있다.

나는 견디기 힘들었다. 나는 갑자기 대화의 주제를 바꾸어 달라스와 래리에게 나의 여행에 관해 이야기하기 시작했다. 구걸하는 아이들, 화장(火葬)용 장작더미 위에서 타고 있던 열여섯 살의 소년, 그 주위에 서 있던 사람들의 절망감과 통곡 등 모든 것을 다 얘기했다. 그리고 달라스와 래리를 바라보았는데, 그들의 눈이 반짝이고 있었다. 그들은 나를 통해 그 모든 것을 보고 있는 것 같았다.

"그런데 정말 가슴 벅찬 일은 그런 상황을 변화시키기 위해 우리가 할 수 있는 일이 많다는 거야."라고 나는 말했다.

그들은 내 말에 동의했다. 그러나 곧 피할 수 없는 질문을 했다. "그래 로렌, 우리도 돕고 싶은데 어떻게 해야 하죠? 우리는 선교사가 아니에요, 우리는 불도저를 모는 사람들이에요."

그렇다. '어떻게' 도와주는가가 문제였다.

달라스와 래리와 얘기한 지 한 달쯤 후에 나는 친구들과 태평양 연안 고속도로를 달려 로스앤젤레스로 가고 있었다. 함께 가는 친구는 밥과 로레인 팃지 부부였다. 밥은 큰 키에 아직도 소년티가 남아 있는 40세의 사업가였다. 그 부부는 내가 잉글우드에 있을 때 섬겼던 교회의 교인들이었다.

파도가 해변에 밀려와 부서지는 것을 가깝게 볼 수 있는 간선도로로 천천히 내려갈 때 나는 내 딜레마에 대해 생각하기 시작했다.

어디에서나 달라스와 래리같이 준비된 청년들을 만났다. 그들은 무엇인가 중요한 일을 하기를 갈망했다. 어느 청년은 쪽지에 이렇게 적어 보냈다. "나는 예수님을 위해 죽을 각오가 되어 있습니다." 나는 그 쪽지를 손에 쥐고 있다가 갑자기 내가 실수를 저지르고 있다는 것을 알았다. 나는 젊은이들에게 그들의 삶을 그리스도에게 바치라고 권유해 왔지만 현재로서는 우선 수년 동안의 신학교 과정을 마쳐야 한다. 그러나 신학교를 마칠 때쯤이면 처음의 불타는 열정은 식고 말 것이다. 나는 교육을 받는 것에 대해서는 찬성한다. 나도 대학 교육까지 마치고 남 캘리포니아 대학에서 석사 과정을 공부했었다. 그러나 나에게는 그 모든 교육을 마치기까지 나의 '부르심'을 잃지 않도록 했던 강한 동기가 있었다.

젊은이들을 위해 실제적인 길을 마련해 놓지 않고는 더 이상 그들에게 도전을 줄 수 없는 노릇이었다.

나는 창밖으로 파도가 밀려오는 것을 내다보면서 그 비전을 기억했다. 무엇인가 해야 할 때인데, 도대체 그것이 무엇일까?

"로렌, 지금 마음이 다른 곳에 있는 것 같아요." 앞자리에서 로레인이 싱긋이 웃으며 말했다.

"적어도 수천 리쯤은 가 있어요." 나는 계속해서 말했다. "젊은이들에 대해서 생각하고 있었어요. 어떻게 하면 그들이 하나님을 위해 정말 가치 있는 일을 할 수 있을까요?" 그리고 밥과 로레인에게 내가 세계 여행을 하면서 보았던 도움이 필요한 절박한 상황과, 젊은 시절의 힘과 열정을 쏠 줄 몰라 낭비하고 있는 청년들에 대해 말해 주었다. 그 말을 하는 동안 내 머릿속에 정리해 두었던 것들이 다 밖으로 나왔다. 젊은이들을 모집해서 즉시 사역지로 보내야 한다. 고등학교를 졸업하면 바로 나가도록 해서 그들이 후에 대학을 가더라도 좀 더 진지하고 새로운 목적을 갖도록 해야 한다. 몇 개월 혹은 1년 동안의 선교를 위해 그들을 보낸다. 보내진 모든 사람들은 관광을 위해 간 것이 아니라 일하러 갔다는 것을 알 것이다. 그리고 세계를 여행하듯 필요한 경비는 각자가 자비로 부담한다.

새롭고 확실한 것 한 가지가 내 마음에 떠올랐다. 어떠한 선교 사역을 하든지 교파에 제한을 두지 않고 모든 교회에서 자원 봉사자들이 나와 일할 수 있도록 개방하는 것이다.

나의 생각이 구체적이고 분명해진 것에 대해 놀랐다. 밥이 나에게 약간 몸을 돌리더니 세 마디로 짧게 말했다. "우리가 그렇게 합시다!"

나는 그 순간에 이미 무엇인가가 시작되었다는 것을 알았다.

밥은 "당신이 해 보세요."가 아니라 "우리가 그렇게 합시다!"라고 말한 것이다. 때때로 하나님은 우리에게 바하마 섬에서 본 파도의 비전같이 극적으로 말씀하시기도 하지만, 지금처럼 친구를 통해서 "우리가 그렇게 합시다."라고 세 마디로 말씀하실 수도 있다고 생각했다.

선교 단체의 이름을 Youth With A Mission으로 정하고 1960년 12월에 일을 시작했다. 첫 자원 봉사자들을 모집했다. 자원자들과 면담할 장소가 필요했기 때문에 우리 집의 내 침실을 사무실로 만들었다. "로렌, 소파용 침대를 구해 볼게요. 그러면 책상을 놓을 자리가 좀 생길 거예요." 로레인이 제안했다.

얼마 후에 밥과 나는 사무실로 변한 내 침실에 갈색 소파용 침대를 들여 놓았다. 그리고 차고에는 타자기와 중고 등사기를 설치해서 목사들이 교회의 청년들에게 배포할 수 있도록 첫 번째 안내 책자를 찍어서 발송했다.

나는 아버지, 어머니, 고등학생인 제니스에게 지금 막 찍어낸 180개의 안내 책자를 접고, 주소를 적고, 우표를 붙이는 일을 도와달라고 부탁했다. 우리는 샌 가브리엘 언덕이 보이는 거실에서 일했다. 필리스 누나는 해군 대위 레오나르드 그리스월드와 결혼하여 따로 살고 있어서 이 일에서 제외되었다. 둘 다 로스앤젤레스에 있는 학교의 교사였고, 그들의 첫 아기는 1월에 태어날 예정이었다.

"오빠, 왜 내가 보수도 안 받고 이 일을 하고 있는 거지?" 제니스가 물었다.

나는 "하늘에서 그 상을 받게 될 거야."라고 웃으며 대답했다. 함께 접고 있는 그 안내 책자에서 내가 제시한 조건들을 생각해 보았다. 보수도 없이 오히려 필요한 경비를 알아서 스스로 부담해야 하고, 관광이나 데이트도 하지 못하는 힘든 전도사역으로 사람들을 부르고 있는 것이다.

내가 조심스럽게 우리 지역 우체국장 앞에 여러 뭉치의 안내 책자를 내려놓았을 때 나는 모든 사람으로부터 받을 반응을 상상해 보았다. "왜 진작 이 생각을 해내지 못한 것일까? 너무나 멋진 아이디어

다."라고 말할 것 같았다.

금방 답장이 밀어닥쳤지만, 내가 기대하던 만큼은 아니었다. 물론 젊은이들의 반응은 뜨거웠다. 벌써부터 지원하려는 사람들로부터 답장이 오고 있었다. 그러나 아버지께서는 어떤 지도자들은 이 일에 별로 흥미가 없다는 것을 귀띔해 주셨다. 아버지는 우리 교단의 지방사무관(선교에 관한 특별한 직책)으로 선출되셨기 때문에 더 이상 목회는 하지 않고 계셨다. 나는 스프링필드에 가서 선교 담당자들과 이야기해 보기로 결정했다.

그들은 풋내기인 나를 정중히 대했지만 내 계획의 모든 문제점들을 지적했다. 그들은 경험 없는 젊은이들이 해외에서 무슨 우발적인 사고를 저지를지 아무도 장담할 수 없다고 말했다.

민족주의와 정치적인 불안정이 가속화되고 있는 이때에 교단으로서는 경험 있는 선교사들이 추방당하는 것을 막기 위해 급급해 있다고 했다. 또 문화가 다른 데서 오는 문제도 있으며 실제적인 위험과 질병도 따른다고 했다. 그들은 '진짜 선교사'들이 해야 할 가치 있는 일이 모험이나 스릴을 찾는 젊은이들로 인해 어렵게 되는 것을 정말로 원하지 않는다고 했다.

그들 중 한 사람은 내가 풀이 죽어 있는 것을 본 게 틀림없다. 그는 몸을 앞으로 구부리더니 대안을 제시했다.

"만약 당신이 전문인 자원봉사자들을 보낼 거라면, 예를 들어 그들을 잘 관리할 수 있는 제대로 된 시설들이 있는 곳이라면…." 그는 내가 자기 제안을 생각해 볼 여유를 준 후에 다시 "만약 당신이 그렇게 한다면 나도 기꺼이 도와주겠소."라고 말했다.

'그거 좋은 생각이네!' 나는 속으로 생각했다.

캘리포니아로 돌아오자마자 리베리아에 정글을 가로질러 한센병 환자들이 사는 마을까지 길을 닦기 위해 중장비 운전자들이 필요하다는 소식을 들었다. 나는 즉시로 달라스와 래리를 생각했다. 나는 베커스필드에 있는 달라스에게 전화하여 그와 래리가 우리 사역의 첫 번째 자원자가 될 의향이 있는가에 대해서 물어보았다. 그가 필요한 경비에 대해 묻자 나는 모든 비용을 그들 자신이 책임져야 한다고 말했다. 달라스는 부모님과 래리에게 말해 보겠다고 했다. 초조한 며칠을 보냈다. 마침내 그가 전화로 목사님과 부모님께 그 문제를 의논한 것에 대해 특유의 느린 어조로 이야기할 때 나는 숨을 죽이고 듣고 있었다. 그들은 그렇게 하는 것이 하나님의 뜻이라고 생각했다는 것이다.

나는 속으로 외쳤다. '할렐루야! 이제 정말 시작이구나!'

그리고 달라스는 한마디를 덧붙였다. "로렌, 경비를 위해서 내 차 쉐비를 팔기로 했어요."

로레인 툿지도 우리 모두와 마찬가지로 매일 보수 없이 일하였고 내 수입도 가끔 설교 후에 받는 사례금뿐이었다. 우리는 차츰 Youth With A Mission을 줄여 'YWAM'으로, 이곳에 자원하여 일하는 사람들은 'YWAMer'로 불렀다.

달라스와 래리가 리베리아의 한센병 환자촌으로 떠나기 위한 준비를 끝마치기도 전에 다른 선교 지역으로 갈 몇 사람의 자원봉사자가 또 선교지로 떠날 준비를 하고 있었다.

달라스와 래리가 10월에 리베리아로 떠났을 때, 나는 나이지리아에서 새로운 자원자들이 할 수 있는 또 다른 사역을 찾고 있었다. 아버지는 편지에 달라스와 래리를 파송할 때 멋진 파송식을 했다고 쓰셨다. 로스앤젤레스 공항에서 아버지와 다른 몇 사람은 달라스와 래리에게 손을 얹고 기도해 주었고, 그들은 707 TWA를 타고 리베리아로 떠났다.

'멋지다!' 나는 편지를 다시 접으면서 생각했다. 처음으로 두 명의 YWAMer가 그들의 사역에 들어섰다. 이제 시작이었다. 아직 파도를 이루진 못했지만 나는 수천 명도 더 되는 사람들이 달라스와 래리처럼 세상을 향해 나가게 될 것을 확신했다.

미국으로 돌아와서 나는 산드라 고모와 함께 하루를 보내기로 계획을 세웠다. 고모와 고모부가 나에게 할 이야기가 있으니 방문하라고 하셨기 때문이다. 아주 좋은 일자리에 대한 얘기인 줄 미리 짐작할 수 있었다. 나는 산드라 고모에게 전화해서 그리로 여행하는 중에 잠시 들르겠다고 했다.

그래서 고모 부부의 안락한 세계에 다시 한 번 초대받게 되었다.

비단 홑이불에 누운 채로 밖을 내다보니 벌써 해가 높이 솟아 있었다. 지난밤에 뒤척이다가 늦게 잠들었던 것이다. 밝은 햇살이 품위 있는 방안을 온통 환하게 비추고 있었다. 틀림없이 오늘은 산드라 고모가 그 일자리를 제안할 것이고 나는 하나님이 내게 주신 부르심을 택해야 한다고 말할 것이다. 고모의 호의를 거절하는 것이 쉽지는 않았다. 고모와 고모부가 내가 대학을 마칠 때까지 아주 많이 도와주셨기 때문이다. 문제는 내가 하나님의 인도하심에 계속적으로 순종하며 나갈 것인가 하는 것이었다.

나는 산드라 고모의 비단 이불 위에 수놓아져 있는 무늬들을 손가락으로 만져 보았다. 물론, 나는 화려하고 좋은 것들을 즐기고 싶어 한다. 나는 값비싼 부츠와 금속 빛깔의 파란 페인트로 칠해진 쉐비를 사려고 신문배달을 하면서 열심히 일해 본 이후로 좋은 '물건'들을 사서 누리고 싶은 마음이 있었다. 여기서 산드라 고모의 캐딜락을 타거나 가끔씩 직접 운전하며 지내는 것은 정말 기분 좋은 일이었다.

시계를 들여다보니 9시였다. 내가 벨을 눌러 호킨스 씨를 부르자 얼마 후 아침식사를 가지고 나타났다. 쟁반에는 멜론, 와플, 달걀, 베이컨, 큰 컵을 가득 채운 방금 짠 오렌지 주스와 같은 내가 좋아하는 것들이 가득 놓여 있었다.

나는 서둘러 아침을 먹고 아래층으로 내려갔다. 조지 고모부는 벌써 나가셨고, 고모는 테라스에서 혼자 나를 기다리고 계셨다. 고모는 내 뺨에 모닝 키스를 했다. 게일은 내 다리 주위를 맴돌며 내 손을 핥았다.

"로렌, 잘 잤니?"

"네." 나는 약간 건성으로 대답했다.

"조금 오래 잔 것 같아요."

우리는 잔디 위에 놓여 있는 의자에 가서 앉았다.

"로렌, 네가 우리 집에 와서 정말 기쁘다. 우리는 네가 조지 고모부와 함께 일하는 것에 관심이 있는지 알고 싶구나."

결국 그 순간이 왔다! 내가 이곳에 오자마자 닥칠 것을 예감했던 그 질문이었다. 나는 고모를 정말 사랑하고 또 고모부의 제의가 얼마나 관대한 것이었는지를 너무나 잘 알고 있었다. 수백만 달러 규모의 가족 사업에 나를 초청하는 것은 마치 자식에게 유산을 나누는 것이나 마찬가지다. 젊은 시절 아버지가 받았던 유혹에 나도 똑같이 직면했다는 것이 아이러니했다. 오래 전에 아르네트 고모는 아버지가 대학을 마칠 때까지 도와주려고 했었다.

이제 한 세대가 지난 후 내가 같은 제의를 받고 있는 것이다. 어떻게 대답해야 하는지 알지만 고모를 사랑하는 마음 때문에 그렇게 하기가 어려웠다.

"고모, 잠깐 걸을까요?" 나는 대답을 늦추면서 말했다.

게일은 펄쩍 뛰면서 우리보다 앞질러 달려갔다. 우리는 집 뒤편의 바로 옆에 제방과 호수가 있는 넓은 잔디밭을 거닐었다.

넓은 바다를 바라보며 잠시 멈추게 되었을 때 나는 숨을 깊이 들이마셨다.

"산드라 고모, 고모가 제안한 것은 너무 감사한 일인데요."

"하지만, 못 받아들이겠다는 말이지?"

나는 열세 살 때 어떻게 전도의 부르심을 받았는지 그때의 얘기를 들려주려고 애썼다. 또 스무 살 때 하나님이 보여주신 대륙으로 복음을 들고 가는 파도와 같은 청년들에 대한 환상도 이야기하려고 했다. 그러나 어쩐지 내 이야기는 건방지게 들릴 뿐이었다.

"이젠 알겠다, 로렌." 말씀하시는 산드라 고모의 목소리는 부드러우면서도 약간 기분이 상한 듯했다. "하지만 그냥 미국에서만 그 일을 하면 안 되겠니? 바로 여기에서도 수많은 사람이 도움을 필요로 한단다."

'그리고 너에게 많은 돈이 있다면 더 많은 사람들에게 도움을 줄 수 있지 않겠니?' 마음 한구석에서 이렇게 말하는 목소리가 들렸다.

걱정과 염려로 가득 찬 산드라 고모의 얼굴을 보자 칼로 찌르는 것처럼 마음이 아팠다. 고모를 실망시키고 싶지는 않았지만 나는 이 시험을 통과해야만 했다. 간신히 목을 가다듬었다.

"안 돼요, 고모, 그럴 순 없어요. 하나님께서 내게 원하시는 것은 온 세상으로 나가는 것이에요. 저는 순종해야 해요."

산드라 고모는 돌아서서 내 손을 잡으며 "로렌, 우리 가족은 그동안 이미 종교 때문에 얼마나 갈기갈기 찢겼는지 몰라. 다시는 그런 일이 일어나지 않도록 해보자. 네가 하는 일에 행운이 있기를 바란다. 어머니 아버지에게 사랑을 전해다오. 조지 고모부에게는 내가 좋게 이야기하겠다."

시험은 끝났다. 나는 커다란 두 개의 문을 지나서 넓은 대리석 층계를 내려갔다. 호킨스 씨가 문을 닫는 소리가 들렸다. 나는 돌아서서 서재 창가에 서 있는 산드라 고모를 다시 한 번 쳐다보았다.

저택을 떠나며 산드라 고모와 아르네트 고모와는 계속 가까이 지내겠지만 무슨 일이 있어도 나의 부르심에는 진정으로 순종해야겠다고 결심했다.

공항으로 향하며 다음 할 일과 파도에 대해 생각해 보았다. 파도라고? 이제 여섯 명의 지원자가 이미 사역지에 있든지 아니면 곧 나가려고 준비하고 있었다. 오래전 하나님께서 바하마에서 내게 보여준 그런 엄청난 파도와는 거리가 멀었다. 아직 물방울 정도일 뿐이었다.

06 동역자, 아내, 친구

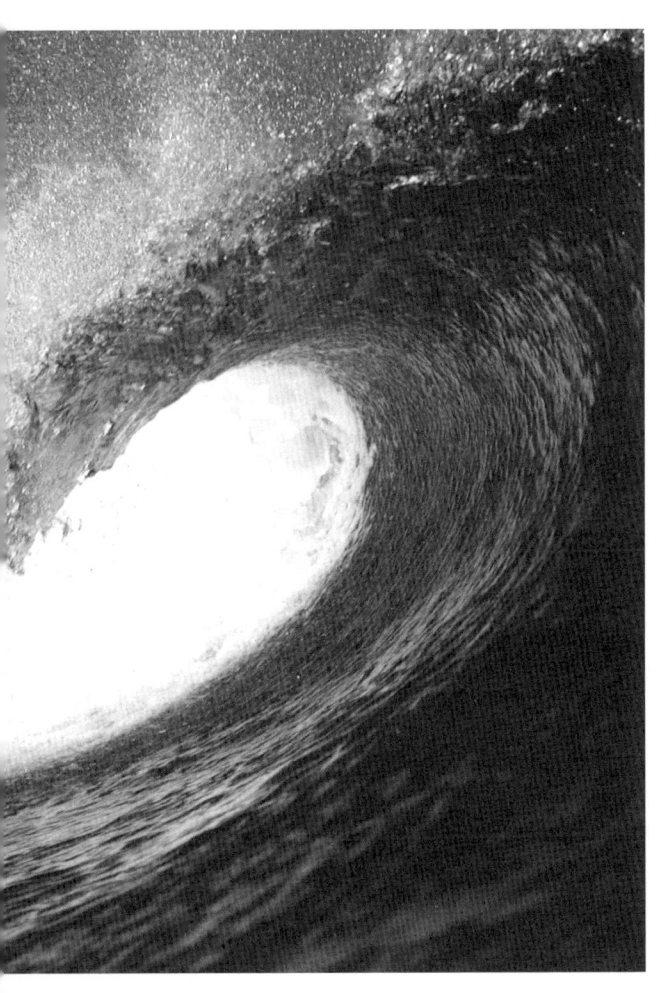

하나님, 정말 당신이십니까? · Is that really you, God?

동역자,
아내,
친구

추레한 옷차림을 한 그녀가 내게 그렇게 중요한 사람이 될 줄은 상상조차 하지 못했다.

  YWAM을 시작한 지 2년이 되던 어느 날 나는 새로운 친구 에드 스크래치의 차를 타고 그의 아내 에니드와 그들의 딸 달린과 점심을 먹기 위해 샌프란시스코만으로 갔다. 달린은 스무 살 정도 되어 보였고 금발이었다. 뒷좌석에 앉은 달린은 검정과 갈색의 체크무늬가 있는 우중충한 옷을 입고 있었는데 냉담하리만큼 조용했다. 27년 동안 많은 여학생들을 만나본 나는 이 아가씨가 매우 보수적인 여성일 거라고 추측했다.

  그런데 자꾸 그녀에게 눈길을 주고 있는 나를 발견했다. 그녀는 나를 쳐다보지 않았고 부모님과도 얘기하려고 하지 않았다. 그들 사이에 긴장감이 느껴졌다. 그녀는 매력이 있었고 아름다운 금발이었으며 수수한 옷차림도 잘 소화했다.

"로렌, 이 집은 스모가스보드(바이킹 요리, 서서 먹는 스칸디나비아식 전채(前菜) 요리로 가짓수가 많음-역주)가 유명해." 달린의 아버지인 에드가 차 안의 어색한 침묵을 깨고 말했다. 그의 말대로 정말 좋은 음식점이었다. 우리는 다양한 요리가 차려진 긴 테이블을 지나면서 맛있는 음식을 접시에 담아와 먹으며 간간이 대화를 주고받았다.

"Youth With A Mission이 뭐하는 곳이에요?" 달린이 갑자기 파란 눈으로 나를 응시하며 물었다.

"아, 나는, 아니 우리는, 많은 청년들이 파도처럼 해외 선교사로 나가기를 원해요." 나는 사실 더 이상 알려 줄 내용이 없었다. 아버지는 최근에 리베리아에 있는 달라스와 래리를 방문했다. 그들은 훌륭하게 해내고 있었다. 정글을 가로질러 한센병 환자촌으로 가는 길을 만드는 것 외에도 외딴 마을에 가서 우리를 지으신 위대하신 하나님에 대해서 전파하고 있었다. 달린에게 기술과 직업을 가진 선교사에 대해 설명하고, 그들을 파송해서 일반 선교사들의 사역을 돕는 일에 대해 이야기했다. 놀랍게도 달린은 갑자기 주의를 기울여 듣기 시작했다.

"그동안 얼마나 많은 자원자를 보냈나요?"

"10명이요."

그 대답을 할 때 내 목소리는 기어들어가는 듯했다. 내가 방금 말했던 파도의 비전에 비하면 숫자는 비참하리만큼 작아보였다. 이제 시작 단계에 있었다. 상근 간사인 로레인 텃지와 오베르돈 부인만 있을 뿐이었다. 두 명의 상근 간사와 몇 명의 지원 봉사자들, 아직 대단한 규모는 아니었다.

"제 생각에는 참 훌륭한 착상인 것 같아요. 안 그래요, 여보?" 달린의 어머니는 나를 구제하듯이 남편에게 말을 건넸다.

달린의 아버지는 약간 과장하듯 그렇다고 말하고는 식사비를 지불하러 나갔다. 우리는 다시 에드 스크래치의 교회로 돌아왔다.

주차장에 들어서는데 내 올리브색 폭스바겐 옆에 앞이 낮은 39년형 포드가 한 대 서 있었다. "저건 누구 차예요?" 나는 달린 아버지의 차 안에서 달린에게 물었다.

"제 차예요. '천둥새'(미국 포드사의 승용차 이름-역주)가 아니라서 '청둥오리'라고 부르죠!"

내가 생각했던 것처럼 그렇게 조용한 성격은 아니었다. 나는 차에서 나와 뒷문을 열려고 돌아갔다. 그때 그녀가 거울을 보며 손가락으로 머리를 매만지며 다듬고 있는 것을 보았다. 그녀가 차에서 내릴 때 나와 살짝 부딪쳤지만 신경 쓰지 않았다.

달린은 부모님이 떠난 후에도 조금도 서두르는 것 같지 않았다. 오후에는 그녀의 멋진 검은색 차에 기대어 서서 이야기를 나눴다. 태평양에서 산들바람이 불어오는 전형적인 캘리포니아의 아름다운 날이었다. 달린이 정식 간호사이고, 자기의 직업에 만족하고 있다는 것을 알게 되었다.

달린 또한 하나님의 성회 소속의 목사와 선교사들을 오랫동안 배출한 집안 출신이다. 내가 수천 명의 젊은이들을 선교지에 보내고 싶다고 했을 때 달린은 왠지 침묵을 지켰다.

마침내 그녀가 물었다. "모든 그리스도인이 부르심을 받았다고는 생각지 않죠? 모든 사람이 목사가 될 수는 없잖아요?"

"모두가 목사가 될 수는 없지만 모든 그리스도인에게는 각자 받은 '부르심'이 있다고 생각해요." 나는 잠시 말을 중단했다가 덧붙이고 싶은 말이 떠올랐다. "당신에게도 부르심이 있을 거예요. 달린, 그 길을 가는 데 어느 누가 방해할지라도 부르심에 순종해야만 해요."

또 한 번의 침묵이 흘렀다. 어디선가 아이들이 공놀이를 하며 웃는 소리가 들렸다. 그녀의 기분을 상하게 한 것은 아닌지 걱정이 되었다. 마침내 그녀는 싱긋이 웃으면서 "당신이 전적으로 옳아요!"라고 말했다.

나는 그녀가 마음에 들었다. 수줍어하지도 않고 밀고 당기는 게임을 벌이지도 않았다. 왜 갑자기 타지마할이 생각나는 것일까?

달라스와 래리는 리베리아에서 1년의 사역을 마치고 돌아왔다. 그들을 만나기 위해 때맞춰 남부 캘리포니아로 돌아올 수 있어서 기뻤다. 그들과 함께 차를 타고 가면서 그동안의 얘기를 들었다. 정글을 뚫어 길을 만들고 주말에는 복음을 전한 이야기를 하는 달라스의 얼굴은 흥분으로 빛나고 있었다. 그는 인생에 있어 가장 중요한 모험을 했던 순간이라고 말했다.

나는 그들이 앞으로 무슨 일을 하게 되든지 이제 그것은 새로운 차원을 넘어서게 될 것이라는 사실을 알았다. 바로 자신들이 온 세계에 복음을 전하는 데 한 부분을 담당했다는 깨달음 때문이다. 우리가 첫 자원 선교사들과 함께 성공적으로 일을 잘 해내긴 했지만 앞으로 더 큰 과제가 놓여 있다는 것을 생각하게 되었다.

집으로 돌아오면서 달라스와 래리를 파송하기 전에 선교 기회를 알아보기 위해 떠났던 첫 아프리카 여행에서의 설레던 경험이 생각났다. 방문했던 부락은 예수 그리스도의 복음을 한 번도 듣지 못한 곳이었다. 추장은 내가 통역사를 통하여 하나님이 이 세상을 위해 그 아들을 주셨다는 것을 이야기했을 때 고개를 끄덕이며 동의를 표했다. 그 추장과 다른 몇 사람은 예수님을 받아들이는 것에 대해 진지하게 논의했다.

몇 주 후에 귀국하기 위해 콩고에서 비행기를 탔다. 기내에서 창밖을 내다보니 가느다란 연기 기둥이 하늘로 올라오는 것이 보였다. 내가 방문했던 마을과 비슷한 조그만 마을에서 피우는 저녁 모닥불이었다. 모닥불이 하나둘씩 늘어가기 시작했다. 이윽고 수많은 곳에서 모닥불 연기가 올라오고 있었다. 그것을 보고 있자니 "온 천하에 다니며 만민에게 복음을 전파하라."고 하신 예수님의 명령이 내 마음에 시각적으로 새겨졌다.

달라스와 래리는 베이커스필드로 돌아갔다. 나는 내가 또다시 달린에 대해 생각하고 있다는 것을 깨달았다. 그런데 그녀에게 전화하면 그녀는 친절하지만 여전히 뭔가 거리를 두고 있는 것 같았다. 전화도 하고 편지도 했지만 함께 만날 기회를 만들 수가 없었다. 결국 나는 방법을 바꾸기로 했다. 달린이 그녀의 고모를 만나기 위해 로스앤젤레스에 오려던 계획이 취소된 것을 알게 됐기 때문이다.

나는 달린에게 전화를 걸어서 "만나고 싶습니다. 이번 금요일 8시에 샌프란시스코를 출발하는 PSA 항공의 비행기가 있는데 로스앤젤레스 공항에서 기다리고 있겠어요. 만약 그 비행기로 오지 않는다면 내가 그곳으로 가겠습니다."라고 말했다.

그렇게 해서 우리는 처음으로 정식 데이트를 하게 되었다. 고운 금발 머리의 달린은 노란 원피스 차림이었는데 참 아름다웠다. 그러나 그녀는 아직도 약간 주저하는 듯했다. 나는 그녀와 함께 있는 것이 즐거웠지만 무엇이 그녀를 주저하게 하는지 궁금했다.

우리가 네 번째 데이트를 할 때, 달린을 내 폭스바겐에 태우고 로스앤젤레스의 전경이 내려다보이는 높은 곳으로 올라갔다. 도시의 불빛이 마치 검정 벨벳에 박힌 보석처럼 반짝이며 빛났다. 달린은 새침하게 나와 멀리 떨어져 앉으려고 했다.

"달린." 그녀를 부른 후 물었다. "혹시 나한테 할 말 있어요?"

그녀는 나를 바라보며 말했다. "당신은 참 좋은 친구예요, 로렌. 정말이에요."

"'그렇지만' 이라는 말이 나올 것 같은데, 그렇지만 어떻다는 거죠?"

"로렌, 하나님께 순종하려고 할 때 어느 누구에게도 방해받아서는 안 된다는 당신의 말은 맞는 것 같아요. 그런 사람이 있었어요."

과거형인 '있었다'라는 말에 나는 안도의 숨을 내쉬었다.

"그의 이름은 조였어요."

달린은 반짝거리는 도시의 불빛을 응시하며 이야기를 시작했다. 아홉 살 때 아시아 어린이들이 자신을 둘러싸고 있는 환상을 보았다고 했다. 마음속에 하나님이 선교사로 부르셨다는 확신이 왔지만, 14년 후 선교에는 전혀 관심이 없는 조와 사랑에 빠졌다. 부모에게 알리지도 않고 부르심도 잊은 채 조와 결혼하려는 생각을 하고 있었다.

"부모님은 뭔가 잘못된 것을 느끼고 걱정하셨어요. 당신과 처음 만난 그날, 아버지는 저를 억지로 데려가셨어요. 제가 누군가 다른 사람을 만나 조에 대한 생각을 떨쳐버렸으면 하신 거죠. 저는 무척 화가 나서 최소한의 예의만 지키기로 했어요. 그래서 내 옷 중에서 가장 보기 싫은 것을 입었죠."

나는 빙긋이 웃었다. 그녀는 미소를 지으며 이야기를 계속했다. 하나님의 부르심에 순종해야 한다는 내 말에 결국 그녀는 자신을 속이는 것을 그만두었다. 그날 밤, 그녀는 무릎을 꿇고 기도하면서 조를 포기했다.

"어떠한 대가를 치르더라도 순종하겠다고 주님께 고백했어요. 만약 주님께서 원하신다면 노처녀 선교사라도 되겠다고 말이에요."

내가 무슨 말을 하려고 했으나 그녀는 계속해서 말했다. "하나님께 조에 대한 사랑을 내 마음에서 거두어 달라고 부탁했어요." 다음 날 놀라운 일이 일어났다. 조는 전화를 걸어 지난밤 열시 삼십분 경에 무슨 일이 일어났는지 얘기해 달라고 다그쳤다. 그는 바로 그 시간에 갑자기 그녀를 잃어버렸다는 생각이 들었다고 말했다.

"그런데 달린, 한 가지 잘못된 게 있어요. 하나님께서 정말 노처녀 선교사가 되라고 했어요? 아니면 달린이 그냥 덧붙인 거예요?" 그녀가 말을 마쳤을 때 내가 물었다.

그녀가 조용히 있는 것을 보면서 나는 정곡을 찔렀다는 것을 알았다. 그녀는 만일 선교사로서 주님을 섬긴다면 결혼은 제쳐놓아야 한다고 생각한 것이다. 이제 왜 그녀가 그렇게 친절했으면서도 거리를 두고 나를 대했는지 알 것 같았다.

그러나 한 가지 더 그녀에 대해 알아야 할 것이 있었다. 나는 이제 그녀와 내가 선교에 대한 분명한 부르심이 있다는 것을 알게 되었다.

그녀의 용기 있는 태도와 쾌활함은 가방 하나만 들고 이곳저곳 옮겨 다니는 삶도 잘 견딜 수 있을 거라는 생각을 갖게 했다. 그런데 과연 그녀는 우리 가족과, 특히 어머니와 어울릴 수 있을까?

다음에 만났을 때 나는 달린을 데리고 우리 부모님의 집으로 갔다. 2년 전 내 침실을 YWAM의 첫 번째 사무실로 사용됐던 그 집이다. 달린과 함께 마당의 유카(백합과의 식물-역주)와 선인장을 지나 들어갈 때 나는 부모님과의 오늘 만남이 '어떻게 될까'를 생각해 보았다. 어머니가 거친 말투와는 다르게 그렇게 고약하시지 않다는 걸 달린이 알 수 있을까? 어머니가 그녀를 좋아할까?

부모님은 현관에 서 계셨는데, 큰 키의 어머니는 검은 눈으로 달린을 머리에서 발끝까지 자세히 살펴보셨다. "어서 와요, 아가씨!" 아버지는 반갑게 인사하시며 큰 손을 내미셨다. 어머니는 아무 말씀도 안 하셨다. 나는 숨을 죽였다.

그런데 그때 최악의 상황이 발생했다.

어머니는 달린의 어깨와 팔을 만지며 불쑥 말을 꺼내셨다. "아유, 너무 말랐군. 치마는 너무 짧고!"

"전 그렇게 마르지 않았고 치마도 그리 짧지 않아요." 달린은 조금도 머뭇거리지 않고 즉시 대답했다. 더군다나 싱긋이 웃으면서 얘기했다. "안녕하세요, 커닝햄 부인?" 달린은 손을 내밀고 그녀의 푸른 눈을 반짝이면서 인사했다. 어머니는 고개를 갸우뚱하시면서 잠시

가만히 계시더니 이내 크게 웃으면서 두 팔을 벌려 달린을 껴안았다. 나는 안도의 숨을 내쉬었다. 마침내 어머니에게 응수할 수도, 어머니를 사랑할 수도 있는 여인을 찾은 것이다.

그 다음 크리스마스가 되기까지 몇 주간 동안 달린과 나는 샌프란시스코와 로스앤젤레스를 비행기로 왕래하면서 교제했다. 우리가 만난 지 겨우 넉 달 후에 나는 달린과 함께 샌프란시스코의 한 레스토랑에 앉아 있었다.

"달린, 내 나머지 생을 당신과 함께 보내고 싶소." 그녀는 무엇인가 혼자 중얼거리더니 화제를 바꿔버렸다. 조금 있다가 나는 다시 말했다. "진정으로 나와 결혼하자고 이야기하고 있는 거요."

달린은 "생각해 볼게요."라고 말하더니 곧 활짝 웃으며 "생각해 봤어요. 네, 그렇게 해요!"라고 대답했다. 나는 그녀를 안고 키스했다. 하나님께서 내게 동반자를 주셨다. 내 마음은 기쁨으로 부풀어 올랐다!

그리고 3주 후인 1963년 1월 5일 그녀의 생일날 그녀에게 다이아몬드 반지를 주었고, 6월 14일에 결혼하기로 했다. 들뜬 마음으로 일생을 함께할 계획을 세우는 남은 몇 개월 동안 우리 중 누구도 곧 우리가 중요한 문제에 직면할 것이라는 사실과, 인도하심의 중요한 일면을 배우게 되리라는 것을 깨닫지 못했다. 우리를 위한 독특한 사역에 대해 우리는 하나님으로부터 각자 직접 분명한 인도하심을 받을 필요가 있었다.

07 당신에게 직접 말씀하신다

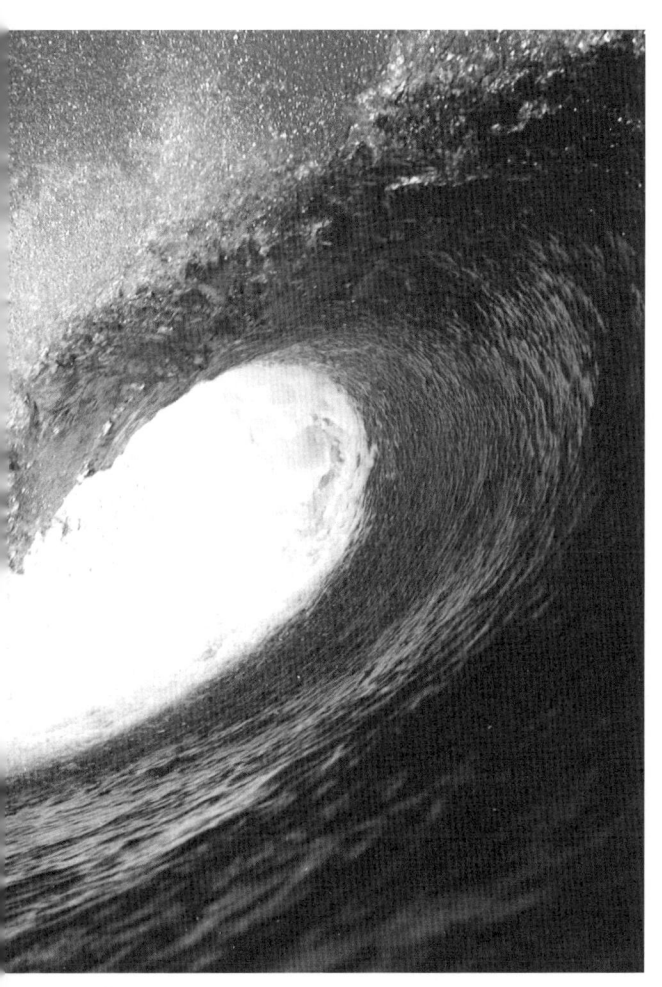

하나님, 정말 당신이십니까? · Is that really you, God?

당신에게
직접
말씀하신다

결혼식을 올리기 두 달 전, 부활절 기간 동안 바쁜 가운데서도 짬을 내어 바하마 섬으로 여행을 떠났다. 7년이 지난 후에 다시 그 청록색 바다를 내려다보는 것도 좋았지만, 이번 여행의 목적은 앞으로 있을 대규모 선교여행을 위한 장소를 물색하기 위함이었다.

10대 청소년들과 함께 갔던 성공 반 실패 반의 하와이 전도여행 이후 3년의 시간이 지났다. 이제는 백 명 이상의 청년들을 모아 선교여행을 함으로써 내가 보았던 파도의 환상을 실현시키고 싶었다. 그동안 전문 기술을 가진 20여 명의 자원 선교사들을 모집하긴 했지만 환상 가운데 보았던 것과 비슷한 좀 더 역동적인 것을 기대하고 있었다.

꽃들이 즐비하게 늘어선 거리나 하얀 복장에 모자를 쓴 경찰관 등 나사우는 변한 게 없었다. 아름다운 해변을 차로 달리며 거대한 파도가 대륙을 덮고, 젊은이들이 복음을 전파하고, 가난한 사람들을 돕는 환상을 다시 회상했다.

'주님께서 큰 파도의 환상을 보여주셨던 바로 이곳에서 첫 번째 물결이 시작된다면 얼마나 그분다운 일이겠는가!'라고 생각했다. 나는 오래 전부터 하나님이 종종 그의 계획을 우리에게 미리 알려주신다는 것을 체험을 통해 알고 있었다. 백여 명의 청소년들만 있다면 바하마의 30여 개 섬 안에 있는 가정을 다 방문하여 전도할 수 있을 것이라는 생각이 들었다.

도착한 다음 날 아침, 교회의 교역자들을 낮은 콘크리트 건물인 나사우 복음교회에 초청하여 내년 여름에 백 명 가량의 청년들을 이곳에 데리고 와서 전도하고 싶다고 말했다. 경비는 청년들 스스로 부담할 것이며, 놀러 오는 것이 아니라 일하러 올 것이라고도 말했다. '섬기는 여름Summer Of Service'이라는 이름처럼 우리를 예수님께 내어드림으로써 섬김에 최선을 다할 것이었다.

그들의 반응은 내가 원하던 그대로였다. 그들은 마음에서 우러나오는 초청을 해주었다. 그곳을 나오면서 나는 몹시 흥분해 있었다. 며칠 후에 집으로 돌아가면 달린에게 중요한 첫 번째 YWAM의 계획을 이야기할 것이다.

나는 서둘러서 약혼녀가 있는 캘리포니아로 돌아왔다. 우리는 달린 부모님의 교회에서 결혼식을 올렸다. 그녀는 하얀 비단 드레스를 입고 내게로 걸어왔다. 그녀의 파란 눈은 베일 안에서 반짝였다. 결혼서약을 할 때는 나의 아버지와 달린의 아버지가 함께 인도해 주셨다. 필리스 누나가 축가를 불렀고, 매형인 레오나르드는 내 들러리가 되었다. 제니스는 초에 불을 붙였고 어머니는 맨 앞좌석에서 환하게 웃고 계셨다.

산드라 고모와 아르네트 고모는 특별한 손님이 되었다. 그들은 피로연 자리의 양쪽 가장자리에 앉으셔서 홍차와 커피가 든 주전자를 들어 차를 따르고 계셨다. 나는 우리의 깨어졌던 가족 관계가 온전히 회복되는 것을 느꼈다.

"애야, 받으렴." 산드라 고모는 내게 과일 주스를 주셨다. "애야, 넌 아주 사랑스런 신부를 얻었구나. 난 네 아내가 훌륭한 동역자가 될 것이라고 믿는다." 산드라 고모는 다시 사람들에게 커피를 따라주기 시작했고 이제는 모든 일이 잘 해결되었다는 것을 알았다. 산드라 고모가 더 이상 하나님이 부르심에서 나를 떼어내려 하지 않고 오히려 나와 나의 부르심에 성원을 해주고 있는 것이다.

타지마할 앞에서 동반자에 대한 생각을 할 때, 입으로 말하지 않은 채 속으로만 간절히 원했는데 그것이 기도였던 것 같다. 선교하는 내 독특한 생활방식을 받아들이고 우리 가족과도 잘 어울릴 그런 사람을 찾았었다. 달린은 모든 면에서 적합한 사람이었다. 그렇지만 더 알고 싶은 한 가지는 그녀가 그 부르심에서 자기의 역할을 어떻게 찾아내는가 하는 것이다.

우리는 달린의 역할에 대한 하나님의 인도하심을 깨닫기 위해 신혼여행 후 바로 아시아와 유럽으로 선교여행을 떠나기로 했다. 캘리포니아의 카멜에서 신혼여행의 첫 주말을 보내고 결혼 선물들은 부모님 집에 맡겨 두었다. 해외로 떠나기 전, 달린에게 우리의 '보금자리'를 보여주기 위해 라푸엔테로 갔다. 그 집은 방이 4개가 있었다. 나는 적은 보증금으로 그 집을 계약했다. 나머지는 아버지가 재정 보증을 서 주셔서 집을 세놓아 그 돈을 갚아나갈 수 있게 했다. "이 집은 우리의 미래를 위해 작은 보장이 될 거야." 나는 내 신부에게 힘주어 말했다.

'섬기는 여름' 전도여행은 겨우 1년밖에 남지 않았다. 그렇지만 달린과 내가 먼저 관심을 두어야 할 것은 서로에게 적응하고 한 팀으로 어떻게 일할 것인지 알아보는 것이었다. 사실 나는 지금 이 사역에서 3년째 일하고 있지만 달린은 처음이었다. 그녀가 나를 그냥 따라다니는 것이 아니라는 것을 깨닫기 원했다.

여행 기간 중 반이 지날 때쯤 우리는 타지마할 앞에 함께 서 있었다. 우리는 어깨동무를 하고서 달빛에 빛나는 거대한 진주 같은 건축물을 바라보았다. 달린의 금발이 달빛을 받아 반짝이는 것을 본 순간 나는 왜 한 남자가 이렇게 화려한 건물을 부인에게 만들어 주었는지 이해할 것 같았다.

모든 것이 순조롭게 진행되었다. 그러나 다음에 생긴 일은 나를 놀라게 했다. 우리가 싱가포르에서 머무르던 곳은 영국 통치 시대에 지어진 선교사 주택이었다. 벽이 두껍고 천장은 높은 데다 삐걱거리는 선풍기와 나무 바닥과 넓은 사각 창문이 있는 집이었다.

어느 날 밖에서 돌아왔을 때 달린이 침대 위에 쓰러져 누워있는 것을 보았다. 나는 급히 달린에게 갔다.

"여보, 어디가 아픈 거야?" 나는 그녀를 일으켜 세우며 말했다. 그녀의 눈은 울어서 빨갛게 부어 있었다. "무슨 일이야?"

달린은 대답하지 않았다. 오래된 천장에 달려 있는 선풍기는 덥고 습한 공기만 내며 돌아가고 있었다. "아무것도 아니에요." 그녀는 다시 말했다. "정말 아무것도 아니에요."

왜 여자들은 늘 이런 식으로 말하는 걸까? "아무것도 아닌 게 아니잖소? 말해 봐요, 달린."

파리는 침대 위를 날며 윙윙거리고, 멀리서도 회교도의 기도 소리가 들려왔다. 그녀는 천천히 얘기하기 시작했다. "여보, 사람들은 내가 아닌 어떤 다른 사람이 되기를 원해요."

여러 나라에 갈 때마다 친구들은 내 신부를 환영했고, 그저 아무 의미 없이 물어보았다. "피아노를 치시나요?" "아니오." "어느 신학대학에 다니셨나요?" "저는 성프란치스 간호대학을 나왔어요." "아, 네."

"로렌, 나는 하나님께서 내 나쁜 목소리를 좀 바꾸어 주셔서 내가 노래를 잘할 수 있도록 해 달라고 기도해 왔었어요." 달린은 똑바로 고쳐 앉고 눈물을 닦으며 말했다.

나는 웃으면서 만일 내가 노래를 잘하고 피아노를 칠 줄 아는 사람을 만나 결혼하고 싶었으면 그렇게 했을 것이라고 말하며 그녀를 납득시켰다. "달린, 꼭 나에게 당신이 해야 할 역할이 무엇인지 얘기해 달라고 하는 소리 같소." 나는 그녀의 손을 꼭 잡고 말했다. 그런데 그녀를 위로하려고 하다가, 갑자기 다른 어떤 생각이 났다. 내가 어린 꼬마였을 때 죽어가던 아버지를 위해 소파 뒤에서 간절히 기도하던 때를 회상했다. 어느 남자가 아버지가 관에 실려 돌아오는 '꿈'을 꾸었다고 하면서 집으로 찾아왔을 때, 어머니는 "이렇게 중요한 일은 하나님께서 직접 말씀하실 것"이라고 하셨다.

나는 마음을 굳게 먹고 달린을 가까이 당겨 두 팔로 그녀를 붙잡고 그녀의 푸른 눈을 바라보았다.

"여보, 이것은 당신이 직접 하나님께 응답을 받아야 할 문제예요, 직접 말이오. 도와줄 수가 없어서 미안해요."

어려운 일이었지만 나는 아내가 혼자 있도록 방을 나왔다.

달린은 하나님께로부터 응답을 받았다. 내가 후에 돌아와 보니 그녀가 미소를 짓고 있었다. "로렌, 주님께서 다윗과 아비가일의 얘기를 통해 제게 응답해 주셨어요. 아비가일은 '나는 내 남편의 사환들의 발을 씻기겠다.'라고 말했어요. 그게 저의 사역이에요. 사람들의 발을 씻기는 종이 되는 거예요!"

달린같이 특히 강한 여자에게서 그 소리를 듣고 보니 달린의 '섬기는 사역'이 작은 일처럼 느껴졌다. 하지만 그녀의 얼굴은 아주 행복해 보였다. 그래서 나도 같이 기뻐해 주는 것 외에는 할 게 없었다. 나는 달린을 꼭 안아주면서 이것이 무엇을 뜻하는지 생각해 보았다. 달린은 YWAM에서 전임 사역자로 일하도록 부르심을 받은 첫 번째 사람이었다. 이곳으로 부르심을 받은 사람들은 각자가 사역해야 할 분야가 어디인지 찾아야 한다. 사역은 흔히 우리가 알고 있는 것만 있는 것이 아니다. 하나님은 각자를 위해 독특한 사역을 준비하고 계신다. 각자가 하나님께로부터 직접 그것에 대해 들어야만 했다. '하나님의 뜻은 이것이다.'라는 나의 말을 받아들이기만 할 것이 아니라 각자 하나님께로부터 직접 그것을 들어야만 한다.

달린과 나는 사역하는 데 있어서 가장 기본적인 것은 마음의 자세라는 것을 알았다. 달린은 정말 좋은 마음의 태도를 가졌다. 싱가포르에서 그런 일이 있은 후에 나는 그녀가 '발 씻기는 사역'을 잘 감당하는 것을 지켜보았다. 때로 그녀는 몹시 바쁜 선교사 사모님들을 만나면 곧 그들에게 가서 접시를 닦아주기도 하면서 사모님이 아이들과 시간을 보낼 수 있도록 해주었다. 달린은 또 우리가 머무는 방마다 안락한 가정으로 꾸미는 재주가 있었다. 아무것도 꾸밀 재료가 없을 때에는 들풀을 꺾어서 병에 꽂아두기도 했다.

그리고 나는 그녀의 섬기는 사역이 또 다른 중요한 방향으로 뻗어 나가는 것을 보았다. 그녀는 사람들이 필요로 하는 부분을 즉시 알아차리고 질문에 답변해 주고, 개인적인 시간을 함께 보내고, 그들이 나누는 것을 들어 주기도 하며, 생각을 나누고 상담도 하였다.

나는 바하마 섬에서 첫 번째 큰 행사를 갖기 전에 하나님이 달린을 내게 주신 것에 감사했다. '섬기는 여름'은 꽤 큰 훈련이 될 것이다. 젊은이들의 첫 번째 큰 파도가 곧 밀려들 것이다. 흥분이 나의 온몸을 감쌌다. 나는 바하마 섬에 갈 때까지 기다리기가 어려울 만큼 흥분해 있었다.

그 몇 달 후 1964년 2월, 약간 습하고 쌀쌀한 어느 날 저녁이었다. 아버지는 산 가브리엘 골짜기가 내려다보이는 창문 곁에서 돌로 장식된 벽난로에 장작 한 더미를 넣어 태우고 있었다. 미주리 주 스프링필드에서 대학을 다니는 제니스를 제외하고는 모든 가족이 그곳에 모였다. 필리스 누나와 두 명의 조카도 와 있었다. 아이들은 부엌에서 나무통을 갖고 놀기에 여념이 없었다.

달린과 나는 너무 흥분해서 이야기를 나누고 있었기 때문에 어머니는 옆에서 한마디도 말할 틈이 없었다.

"우리는 30개의 섬을 방문하기로 목표를 정해 놓았습니다." 벽난로 위에 카리브 해의 지도를 펼쳐 놓고 플로리다로부터 도미니카 공화국 사이의 조그만 점같이 죽 늘어서 있는 섬들을 가리켰다. "우리는 영어를 하는 젊은이를 데리고 30개의 모든 섬에 들어갈 거고, 스페인어를 할 줄 아는 젊은이들은 도미니카 공화국으로 데리고 갈 거예요. 우리는 두 달 동안 그곳에 있을 거예요." 나는 태풍 허리케인이 불기 전에 출발 날짜가 정해져서 기뻤다. 우리는 7월 1일 비행기로 마이애미에서 나사우까지 갈 예정이었다. 겨우 5개월 남았다. 그곳에서부터는 각각 다른 팀으로 나뉘어 우편선을 타고 다른 섬으로 들어갈 예정이었다. '섬기는 여름'에는 몇 달 동안 개인당 160달러의 경비가 필요했다. "그렇다면 1주일에 20달러라는 말인데, 애야, 이 계획이 주님께로부터 온 것이든지 아니면 네가 정신이 어떻게 된 것이든지 둘 중 하나야."라고 어머니는 말씀하셨다.

우리 모두는 그 말에 웃었지만 어머니는 결코 농담으로 하신 말씀이 아니었다. 달린과 나는 열심히 다니면서 사람들을 모집했다. 우리를 초대하는 곳이면 어디든지 갔다. 우리는 젊은이들에게 이렇게 말했다. "'섬기는 여름'은 험난한 믿음의 신병 훈련소가 될 것입니다. 건강에 위험도 있을 것이므로 여러분의 부모님과 의사에게 허락을 받아야만 합니다. 또 여러분이 다니는 교회 목사님에게 허락을 받아야만 합니다. 그렇지만 이것은 여러분의 삶을 변화시키는 큰 계기가 될 것입니다." 그리고 경비는 160달러인데 달린과 내가 일하는 것과 같이 그들 스스로가 이에 대한 책임을 져야 한다고 했다. 또 관광을 위한 시간은 전혀 없을 것이며, 돈을 많이 써서 섬에 사는 사람들에게 우리가 그들보다 부자라는 인식을 주지 말아야 하고, 선교 사역 기간에는 데이트도 할 수 없을 것이라는 이야기를 했다.

우리가 더 엄격한 조건을 내세우면 내세울수록 자원하는 청소년들이 더욱 많아졌다. 7월 1일이 가까워 올수록 우리는 꼭 필요한 사람에게 기회를 주기 위해서 더욱 열심히 기도하고 사람을 선택해야 했다. 때때로 우리의 기도는 놀라운 방법으로 응답되었다. 어느 날 나는 콜로라도 주에 있는 수백 명의 사람들 앞에서 우리의 선교여행에 대해 나누고 있었다. 나는 그중 한 소년을 특별히 주목해 보았다. 18세 가량 되어 보이는 갈색 머리의 그 소년은 나의 말에 아주 열심히 귀를 기울이고 있었다.

나중에 안 일이지만 달린이 그때 청중 가운데 앉아 있었는데, 하나님께서 달린에게 '초록색 스웨터를 입은 소년'에게 찾아가 '섬기는 여름'에 참여하는 것에 대해 말하라고 명령하셨다. 모임이 끝나자마자 달린은 그 소년을 황급히 찾아갔다. 초록색 스웨터를 입고 있는 소년은 바로 내가 주목하여 본 그 소년이었다. 달린은 그 소년에게 몇 분 전에 하나님이 그녀에게 말씀하시던 것에 대해서 이야기했다. 그 소년은 말문이 막혔다. 그는 손바닥으로 가슴을 치면서 "저기요, 저는 지금 막 하나님께 제가 만약 가기를 원하신다면 당신들 중의 한 사람이 내게 개인적으로 찾아와 말해 줄 것을 기도하고 있었어요." 그는 똑바로 달린을 쳐다보고 미소 지었다. 달린은 그의 손을 붙들고 상하로 흔들면서 "이름이 뭐예요?" 하고 그 소년에게 물었다.
"돈 스티븐스예요."

나는 하나님이 우리에게 돈 스티븐스를 이렇게 특이한 방법으로 소개하시는 것을 보고 장차 그가 YWAM에서 어떤 특별한 일을 하게 될 것인지 궁금했다.

지원자를 모집하기 위해 여행하는 중 달린과 나는 여동생 제니스가 다니고 있는 신학대학을 방문했다. 제니스는 남자친구라며 오클라호마 출신의 짐 로저스를 소개했다. 그는 곱슬머리에 조금 마른 편이었다. 우리는 대학교 가까이에 있는 모텔에서 제니스와 짐에게 '섬기는 여름'에 관해 들려주었다. 제니스의 반응은 즉각적이었다. "저는 항상 무언가 중요한 일을 하고 싶었어요." 짐의 질문을 통해 제니스만큼은 아니지만 그도 역시 이 일에 관심이 있다는 것을 알았다. 나는 이 젊은이가 마음에 들었다.

7월 1일이 가까워 오면서 나는 갑자기 우리 두 사람의 회비 320불이 없다는 것을 깨달았다. 나는 내 폭스바겐 차를 팔아 회비를 마련했다. 우리는 모든 준비를 마치기 위해 중고 학교버스 세 대를 사는 등 안간힘을 썼다. 그 차는 캘리포니아에서 댈러스까지의 여정 동안 사용할 것인데, 그곳 댈러스에서 몇몇 젊은이들을 더 모집하여 플로리다로 함께 가서 맥케이 항공의 비행기를 탈 계획이었다.

나사우로 가는 비행기를 타기 일주일 전, 우리는 세 대의 학교버스에 짐을 잔뜩 싣고 선교 지원자들을 가득 태운 다음 플로리다를 향해 출발했다. 출발하기 직전에 아버지는 내게 전화로 필리스 누나와 레오나르드 매형이 우리를 도와주기 위해 함께 가기로 결정했다고 알려주셨다. 그리고 아버지는 덧붙여 위로의 말과 함께 유머를 발휘하셨다. "그리고 애야, 너의 어머니가 네게 할 말씀이 있으시단다."

"무슨 말씀인데요, 아버지?"

"네 어머니가 말하기를 이것은 하나님의 생각이든지 네가 정신이 나갔든지 둘 중 하나라고 전하시는구나. 로렌, 할 말이 더 있는데."

"뭐예요, 아버지?"

"나도 같은 생각이란다."

우리는 둘 다 웃었다. 사실 정확한 판단이었다. 우리는 정신이 나간 사람들일 수도 있었다. 그렇지만 다른 한편으로는 우리 자신도 좀처럼 이해하기 힘든 어떤 능력이 우리를 통해 역사하신다는 사실도 충분히 가능한 것이었다.

08 푸른 물결, 거친 파도

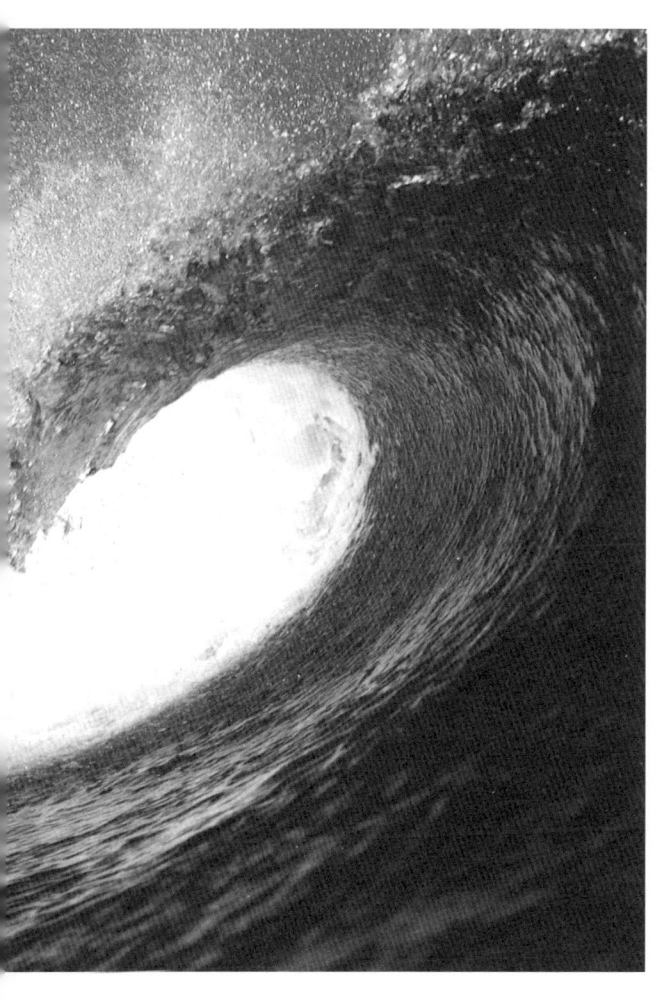

하나님, 정말 당신이십니까? · Is that really you, God?

푸른 파도,
거친 물결

버스로 대륙을 가로질러 가면서 여러 곳에서 지원자들을 더 태워 결국 그 여름에 146명의 젊은이들이 전도여행을 떠나게 되었다. 그중 16명은 스페인어를 할 줄 아는 젊은이들로 도미니카 공화국에 갈 예정이었다. 마이애미에서부터 나사우까지는 비행기를 타고 갔다. 나는 나사우의 확 트인 대로를 달려가면서 뒤를 돌아다보고 미소를 지었다. 젊은이들이 자동차나 봉고차에 가득 타고 있었고 트럭에 실려진 가방 위에도 앉아 있었다. 그들은 미국 전역의 교회에서 몰려왔다. 마침내 우리의 일이 시작된 것이다.

복음 교회에서 처음 오리엔테이션을 하는 기간 동안에 나는 두 젊은이가 특별히 잘 따르는 것을 보았다. 한 명은 제니스의 열아홉 살 된 남자친구 짐 로저스로, 그는 이미 데이트를 해서는 안 된다는 규칙을 어긴 셈이다. 또 다른 한 명은 콜로라도에서 만난 초록색 스웨터를 입고 있던 열여덟 살의 돈 스티븐스였다(돈의 여자친구 디온이 우리와 함께 있었으므로 돈 역시 데이트할 수 없다는 규칙을 어긴 셈이다).

나는 돈과 금방 가까워졌고 그를 아주 아끼게 되었다. 그의 유연한 체격은 콜로라도 서부 경사지에서의 거친 생활을 보여주는 듯했다. 그는 시키지 않아도 필요한 일을 발견하고 스스로 그 일을 해내고 있었다. 짐과 돈, 이 두 사람이 성장해서 앞으로 YWAM의 전임 사역자가 될 수 있을까?

안내 교육이 끝나자 8주 동안의 전도 사역을 위한 준비가 끝났다. 우리는 한 팀에 평균 6명씩 남녀로 구별된 25개의 팀을 만들었다. 그리고는 4명의 형제들로 구성된 첫 번째 팀이 그중의 한 섬으로 출발하기 위해 우편선을 타려고 선창가로 나갔다. 봉고차에서 짐을 내릴 때 햇볕이 뜨겁게 내리쬐고 있었다. 먼저, 오랫동안 정박해서 칠이 벗겨진 조그만 배에 여행 가방을 옮겨 실었다. 그리고 전도지와 버너와 휴대용 침구가 담긴 여러 개의 상자를 옮겨 실었다.

마침내 우리 YWAM의 전도자들이 배 위에 오를 차례였다. 4명의 젊은이들은 남자답게 나와 차례로 손을 잡고 악수한 다음 트랩을 우르르 건너갔다.

"섬까지 도착하려면 얼마나 걸릴까요?" 나는 선장에게 물었다.

그는 손을 옷에 문질러 닦으면서 "모르겠어요, 바다가 잔잔하면 아마 24시간쯤 걸릴 거예요."라고 섬사람 특유의 악센트로 대답했다.

그리고 그들은 점점 멀어져 갔다. 바나나 줄기로 만들어진 의자에 앉은 그 청년들은 웃으면서 손을 흔들었다. 나도 손을 흔들어 주었다.

이제 남은 스물네 팀이 떠나야 할 차례다. 돈 스티븐스 팀은 안드로스 섬으로, 롱아일랜드 섬에는 짐 로저스가 17명으로 구성된 한 팀을 이끌고 갔다. 엘르테리 섬은 제니스 팀이, 그랜드바하마 섬은 돈 스티븐스의 여자친구가 인도하는 팀이 갔다. 우리는 6주 동안 30개가 넘는 섬의 모든 사람에게 예수 그리스도를 전할 것이고, 나머지 2주 동안은 나사우에 있는 각 가정을 방문할 예정이다.

마지막 팀을 떠나보낸 후에 달린과 나는 바하마 섬과 도미니카 공화국의 섬들을 가능한 한 많이 방문하기로 하였다. 우리가 우편선으로 한 섬에 도착하여 부두 위로 올라갔을 때 6명의 발랄한 소녀들이 우리를 맞아주었다. 그들은 우리의 짐을 들고 숙소로 안내했다. 목재로 지어진 낡은 학교였다. 열린 창문은 막대기로 받쳐져 있었다. 먼지가 뽀얗게 낀 엘리자베스 여왕의 초상화가 낡은 칠판 위에서 근엄하게 우리를 내려다보고 있었다.

"그동안 어떻게 지냈어요?" 달린이 물었다. 그들은 흥분한 목소리로 그 섬에 있는 거의 모든 집을 방문해서 전도했고, 특별히 가게 앞에서 매일 밤마다 갖는 노방 전도 모임에 젊은이들이 많이 참석하였다고 말했다. "그 가게 앞이 발전기가 있는 유일한 장소예요. 그래서 밝은 그곳에서 모임을 가진 거죠."

다음에 방문한 섬에서도 비슷한 보고를 들었다. 사실 이 젊은이들은 대단한 전도자들이었다. 이 섬, 저 섬을 방문할수록 우리의 기쁨은 풍선처럼 커져갔다. 내가 스프링필드로 돌아가서 그곳의 여러 교계 지도자들과 나누기 위해서는 좀 더 자세한 것을 기억해야 했다.

- 한 곳에서는 술집 주인이 예수 그리스도를 따르기로 결정하고, 술집을 팔려고 내놓았다.
- 굽었던 노인의 팔이 고침을 받아 펴졌다. 이 노인을 위해 기도했던 열여덟 살짜리 소녀는 너무 놀라 기절했다.
- 시력이 거의 없던 어떤 부인은 몇 년 만에 처음으로 자신의 시력으로 글을 볼 수 있게 되었다.
- 등의 통증으로 움직이지 못하며 고통당하던 한 남자는 고침을 받아 웃으면서 등을 구부릴 수 있게 되었다. 이제 그는 손으로 자신의 발을 만질 수 있게 되었다.
- 어떤 소년의 팀은 바싹 야윈 한 어부를 고용해서 돌풍이 부는데도 불구하고 한 섬으로 가고 싶어 했다. 그 청년들이 기도했을 때 그들 앞에서 요동하던 바다가 잔잔해졌다. 그 어부는 너무 놀라서 그들이 육지에 도착했을 때 그들보다 앞서가서 마을 사람들을 부르며 "이 젊은 '하나님의 사람'들이 하는 말을 들어보라."고 소리를 질렀다.

달린과 나는 전도팀과 함께 바하마 사람들의 가정을 방문했다. 우리가 어느 한 집에 들어갔을 때 나는 곧 부서질 것 같은 의자에 앉아서 우리의 동역자인 10대 소년이 한 부인과 기도하는 것을 지켜보았다. 그 판잣집의 벽에는 금이 가 있었는데 그 틈으로 더러운 거리가 다 내다보였다. 그 부인은 예수님을 그녀의 삶 가운데 영접했다. 바로 이런 일을 위해 우리가 여기에 온 것이다. 그리고 동시에 나를 흥분시킨 것은 나와 함께 전도를 다니는 이 10대 소년이 한 번도 성경을 본 일이 없는 부인에게 성경책을 건네주며 그녀와 그녀의 가족을 위해 기도하겠다고 말할 때의 열정어린 눈빛이었다. 앞으로 그 부인이나 소년의 삶이 완전히 달라질 것을 확신할 수 있었다.

6주의 시간은 마치 화살같이 빠르게 지나갔다. 130명의 젊은이들은 마지막 2주를 바하마의 수도인 나사우에서 보낼 예정이었으므로 나사우로 오는 우편선을 타고 돌아왔다.

우리는 도심에서 조금 떨어진 로열 공군 기지 격납고에 머물렀다. 그 건물은 제2차 세계대전 중에 사용하던 낡은 시멘트 활주로 옆에 파손된 채 기울어져 있었다. 움푹 들어간 입구 왼편을 자매들이 쓰고, 오른편은 형제들이 쓰기로 했다. 달린과 나는 창고로 사용하던 작은 방을 쓰기로 했다. 제니스와 디욘이 아침 5시에 일어나 우리들이 설치한 야외용 버너로 식사를 준비하기로 했다.

나사우에서의 마지막 며칠 동안 우리는 청년들이 기록한 보고서를 다시 검토하였다. 6,000명가량의 사람들이 그리스도를 따르는 것에 대해 관심을 보였고 두 개의 다른 섬에는 우리 청년들이 사역한 결과로 교회가 세워지게 되었다. 그러나 가장 중요한 결과는 통계적 숫자보다 젊은이들이 바하마 사람들의 삶에 역사하시는 하나님을 보았던 경험이었다. 이런 일도 있었다. 2명의 YWAM 전도자들이 점퍼 주머니에 손을 넣은 채 술집으로 들어가려는 청년을 붙들고 복음을 전했는데 그는 서서 그 말을 듣다가 갑자기 마음이 깨어져서 눈물을 흘리며 회개하고 그리스도를 영접했다. 그때 그는 주머니 안에 들어 있던 권총을 꺼내 보여줬다. 부인을 죽이기 위해 술집으로 가려던 그는, 대신 두 전도자와 함께 들어가 그의 부인에게 복음을 전했고 그녀도 그리스도를 믿게 되었다. 그와 그의 부인은 그곳에 있는 교회에 나가기 시작했다.

우리는 미국으로 돌아가기 전에 나사우의 전 도시에서 대성회를 열 계획이었다. 우리는 성회를 시작하였고, 그러면서도 계속해서 가정을 방문하며 전도했다. 시간이 흐름에 따라 나는 이 여름 성회를 무사히 끝낼 수 있을지 염려스러웠다. 하늘에는 먹장구름이 잔뜩 몰려 있었다. 험악한 기후를 몰고 온 열대성 저기압에 대한 기상 통보가 있었다. 곧 날씨가 험해졌다. 매일 저녁, 항상 집회가 끝날 때쯤이면 억수같은 비가 한 차례씩 쏟아졌다. 우리 청년들은 덮개가 없는 트럭을 타고 격납고까지 왔다. 그들의 몸은 흠뻑 젖었지만 큰소리로 노래를 부르며 만족한 표정으로 돌아왔다. 청년들은 너무 즐거운 나머지 눈치를 채지 못했지만 나는 약간 위험하다는 느낌이 들었다. 나는 쓰러져가는 격납고를 살펴보다가 몇 군데서 빗물이 주룩주룩 새는 것을 발견했다.

이 젊은이들이 첫 번째로 경험하는 전도여행에 이게 웬일일까! 그것은 악몽과 같았고 상태는 점점 더 어려워지고 있었다. 8월 22일, 클레오 태풍 1호가 대서양을 건너 본격적으로 올라오고 있다는 소식이 들려왔다. 나는 기상대로 달려가 담당관에게 말했다. "만약 우리 가족들이 나갈 수 있는 방법이 있다면 당장 그렇게 하겠소." 태풍은 프랑스령 서인도 제도와 하이티와 도미니카 공화국을 휩쓸고 지나갔다. 그곳에 간 16명의 젊은이들이 무사하다는 소식을 듣고 우리는 감사와 찬양의 시간을 가졌다. 폭풍은 이제 쿠바를 덮치고 있었다. 그 폭풍이 곧장 나사우로 올라올지도 몰랐다.

우리는 서둘러 격납고를 떠나 단단하고 낮은 콘크리트 건물로 된 복음 교회로 거처를 옮겼다. 자매들은 에어 메트리스를 가지고 지하실에 머물고, 형제들은 교회 예배실 의자 위에서 자기로 했다. 달린과 나는 조그만 사무실을 거처로 정했다.

그리고 우리는 기다렸다.

밖에는 바람이 윙윙거리고, 빗줄기는 꼭 잠긴 지붕의 유리 창문을 세차게 두드렸다. 우리는 예배실에 모여서 기도하기 시작했다. 안전한 우리 자신들보다는 나사우 빈민촌 판잣집에 사는 사람들과 쓰러져가는 집에 사는 각 섬들의 도움이 필요한 사람들을 위해서 기도했다.

태풍이 섬을 강타했던 날, 나는 복음의 중요한 한 면을 올바르게 강조하지 못했다는 것을 깨달았다. 예수님은 우리가 해야 할 두 가지 중요한 일이 있다고 말씀하셨다. 하나는 '네 마음과 정성과 뜻과 힘을 다해 하나님을 사랑하라.'고 하신 것이다. 사람들에게 그렇게 하도록 가르치는 것이 전도다. 또 다른 명령은 우리 이웃을 우리 몸처럼 사랑하고 힘닿는 대로 사람들을 돌보는 것이다. 이것이 하나님을 사랑하고 이웃을 사랑하는 복음의 두 가지 측면인 것이다. 이 두 가지는 거의 구분 지을 수 없다. 아주 밀접하게 연결되어 있어서 따로 떼어놓고 말하기는 불가능하다.

세차게 두드려대는 빗줄기처럼 내 심장이 뛰고 있었다. 나는 선교 사역에 대해 완전히 새로운 개념을 배우고 있다. 그것은 전도와 구제 사역이 결합되어야 한다는 것이었다.

다음 날 600밀리미터가 넘는 비가 나사우의 중요 도로인 베이 스트리트에 내렸다. 그러나 폭풍은 우리를 해치지 못했다. 달린과 내가 침실로 쓰고 있는 작은 사무실에 있을 때, 키가 작은 한 젊은 자원봉사자가 소식을 전해 주었다.

"로렌, 방금 라디오를 들었는데요, 클레오 태풍이 적어도 138명의 사망자를 냈대요. 100명도 넘는 사람이 부상을 당하고 1,000여 명이 집을 잃었대요."

나는 달린을 쳐다보았다. 그녀 역시 섬의 원주민들과 판잣집과 거기서 만났던 사람들을 생각하는 것 같았다. "기도합시다." 내가 제의했다. 달린과 나와 젊은 YWAM 청년은 고개를 숙이고 그들이 가진 얼마 되지 않는 재산마저도 잃어버린 사람들, 집이 없는 사람들, 가족을 잃은 사람들을 위해 기도했다.

나는 "우리가 할 수 있는 무엇인가가 있었으면 좋겠소."라고 말했다. "만일 우리가 먹을 것과 의복과 건축자재 등을 가지고 갈 수 있다면 YWAM 젊은이들은 집을 다시 짓는 것을 도울 수도 있을 거요. 그렇게 많은 사람들, 그렇게 많은 재료들을 옮기려면 우리에게 배가 필요할 것 같소."

나는 그냥 떠오른 생각을 얘기했는데 머릿속에서는 그 생각이 구체적으로 잡혀가기 시작했다.

굉장한 일이지 않는가! 정말 도움이 필요한 곳으로 가기 위한 배, 사람들을 실제적으로 도와주고 문제의 궁극적 해답은 예수 그리스도라고 말해 줄 청년들이 가득 실린 배, 하지만 꿈같은 계획이 아닌가?

우리는 지금 떠나야 하기 때문에 현재로서는 우리가 할 수 있는 것이 없었다. 답답한 일이었다. 우리는 교회를 깨끗이 정돈하고 집으로 돌아가기 위해 짐을 챙겼다. 그러는 동안에 나는 무엇인가가 내 영혼에 심겼다는 것을 알았다. 그리스도인들은 예수님이 하신 것같이 사람들이 고통을 '느끼는' 그 부분에 도움의 손길을 뻗쳐야 한다. 우리는 너무나 자주 하나님이 보살피신다는 것을 표현하지 못한다.

클레오 태풍으로 인해 무엇인가가 내 영혼에 심겼음이 분명했다. 나는 그 씨가 싹이 나서 자라기 시작할 때까지 얼마나 시간이 걸릴지 궁금했다.

8주간의 '섬기는 여름'이 끝났다. 우리는 젊은이들을 마이애미로 향하는 비행기에 태웠다. 위험한 순간들도 있었지만 그들은 정말 잘 해냈다. 마침내 우리 둘도 집에 돌아갈 시간이 되었다. 공항으로 차를 몰고 갈 때 많이 지쳐 있었지만 우리는 확실히 알 수 있었다. 이 모든 것이 분명히 하나님의 계획이었다는 것을.

젊은이들로 이루어진 파도가 물결쳐 나갔다. 30여 개의 섬에 있는 사람들과 나사우에 있는 수백 명의 사람들에게 복음을 전하고자 했던 우리의 목표가 달성되었다. 나는 스프링필드의 지도자에게 우리가 경험한 전도여행에 대해 보고할 순간을 기다리기가 힘들 정도였다.

달린과 나는 신이 나서 집으로 돌아왔다. 그러나 우리는 우리를 맞아줄 그 차가운 반응들에 대한 준비가 전혀 되어있지 않았다.

09 본격적인 시작

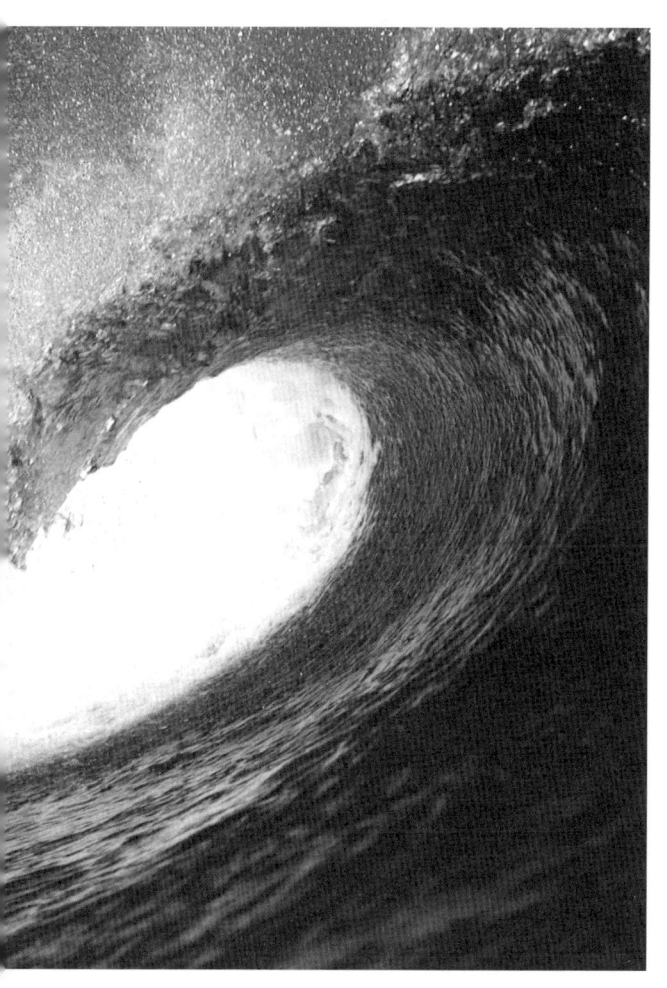

하나님, 정말 당신이십니까? · Is that really you, God?

본격적인 시작

달린과 나는 부모님의 집을 떠나 폭스바겐 차를 몰고 스프링필드를 향해 출발했다. 우리가 가는 내내 11월 말의 날씨는 별로 좋지 않다. 그러나 클레오 태풍만큼이야 하겠는가?

부모님 집을 떠나는 날 아침, 달린과 나에게는 여러 가지 감정이 교차되고 있었다. 산드라 고모로부터 온 소식 때문에 좀 슬펐다. 바로 며칠 전에 우리는 산드라 고모가 암이라는 소식을 들었다. 우리가 고모를 위해 기도하고 있는 것을 알려주려고 즉시 전화를 했다. 8년 전 내가 마이애미에서 찬양 공연을 하는 동안 고모에게 다시 연락했던 것이 얼마나 잘한 일인가!

다른 한 가지 기쁜 소식도 있었다. '하나님의 성회'의 총장인 토머스 짐머만과 만나게 된 것이었다. 나는 우리가 그동안 경험하고 발견한 것들, 즉 교회가 실제적으로 젊은 사람들을 효율적인 전도의 사역

가운데로 인도할 수 있다고 하는 사실을 그에게 보고할 때 그가 얼마나 흥분하고 기뻐할지 상상할 수 있었다. 우리의 꿈이 현실로 이루어지고 있는 것이다! YWAM이 모든 교파에 참여할 수 있는 문을 열긴 했지만, 우리는 아직까지는 YWAM의 사역을 하나님의 성회 사역 안에서 전개해 가길 원했다.

우리는 곧장 목적지까지 차로 달려갔다. 달린은 몹시 피곤했기 때문에 제니스의 대학교 근처에 빌려 놓은 모텔에 남기로 했다. 나중에 제니스와 짐을 방문할 생각이었다. "본부에 있는 사람들과 같이 얘기할 시간은 충분할 거예요, 여보." 달린이 말했다.

나는 대리석으로 된 로비를 가로질러 3층으로 가기 위해 엘리베이터 버튼을 눌렀다. 양탄자가 깔려 있는 조용한 총회 이사실로 들어섰다. 대장간에 모이는 회중들에게 사역하던 내 부모님처럼 젊은 시절을 다 바쳐서 목회를 하시던 분들이다. 따라서 이분들은 선교에 있어서 새로운 업무 방식에 대해 열려 있을 거라고 생각했다. 그들은 젊은이들이 얼마나 큰일을 치러냈는지 알고 있을 것이다.

비서가 총회장 사무실로 나를 안내했다. "안녕하세요? 짐머만 형제님." '형제님'이라는 단어는 우리 교파에서 사용하는 존경을 표시하는 단어인데, 하나님 안에서 형제, 자매로 한 가족이라는 사실을 강조한다. 짐머만 형제는 진심으로 따뜻하게 내 손을 잡고 나를 바라보았다. 역시 그는 바하마 섬에서의 실험적인 전도에 대해 이미 알고 있었다. 그러나 만일 내가 여전히 교회의 목사로서 사역을 계속하면서 초교파적으로 일하는 것에 대해 즉각적인 승인과 경제적인 지원을 받으려 했다면 그것은 나의 잘못된 생각이었다.

그는 우리의 사역이 조직적인 단체의 보호 아래서 행해져야 한다고 말했다. 단체 외부의 사역이나 자율적인 사역은 할 수 없었다. 내가 하나님의 성회에서 일을 한다면 나는 모든 시간을 그곳에 매달려야 한다.

짐머만 형제는 얘기가 끝날 때쯤 나에게 일거리 하나를 추천해 주었다. 좋은 자리였다. 본부 안에서 일하는 간부급의 자리로, 꽤 많은 봉급과 예산을 받을 수 있었다. "계속해서 당신의 비전을 실행에 옮길 수 있을 거요, 로렌. 그러나 좀 더 잘 관리할 수 있을 정도의 인원만 데리고 나가시오. 이를 테면 1년에 열 명이나 스무 명 정도만."

이 제안을 들었을 때 나는 가슴이 덜컹 내려앉는 것 같았다. 짐머만 형제의 제안은 아주 합리적이고 무척 안정된 것이었다. 다만 하나님이 내게 하라고 하신, 전도를 위해 모든 교파에서 모인 젊은이들을 파도처럼 파송하는 것과는 무척 거리가 멀었다. 나는 이제 무슨 일이 일어날 것인가에 대해 하나님이 말씀하셨던 것을 설명하려고 노력했다. 그것은 1년에 스무 명이나, 어느 한 교파에 국한된 것보다는 훨씬 더 큰 것이었다. "총회장님, 또 다른 세대가 다가옵니다. 우리가 지금까지 본 것과는 아주 다른 상황이 일어날 것입니다."

내가 듣기에도 어리석은 소리 같아서 나는 말을 더듬었다. 짐머만 형제는 젊은 사람들과 수십 년간 일했기 때문에 젊은 사람들에 관해 잘 알고 있다고 했다. 나의 계획에 대해 마음이 내키지 않는 이유를 설명할 때에 나는 그가 어려워하는 점이 무엇인가를 알게 되었다.

만약 큰 교파를 이끄는 책임을 지고 있다면 전체의 유익을 위해 규칙대로 행하는 순종적인 사람들이 필요할 것이다. 그러나 나는 다른 장단에 맞추며 교단과는 상관없이 사역하는 것처럼 보였던 것이다. 짐머만 형제가 말한 바도 그런 뜻이었다. 그는 내가 총회 규정에 따라 일을 할 수 없을 경우에는 교단을 떠나야 한다는, 곧 사직할 수밖에 없다는 것을 말했다.

나는 마음속으로 재빨리 '하나님, 정말 당신으로부터 받은 것이 맞습니까?'라고 기도했다. 그리고 하나님의 인도하심 가운데 행했다는 확신이 들었다. 나는 이제 무엇을 해야 하는가를 알았다. 정말 하나님이 나에게 말씀하셨다는 확신만 있다면 나는 순종해야 하고 그에 따르는 결과도 받아들여야만 한다. 짐머만 형제로서도 사실은 별다른 도리가 없었을 것이다.

나는 짐머만 형제에게 감사하다는 인사를 하고 악수한 후 약간 무거운 발걸음으로 엘리베이터를 향해 걸어갔다. 나는 대리석 복도를 지나 밖으로 걸어 나오면서 이게 마지막이려니 생각했다. 나의 마음은 무엇으로 휘저어놓은 듯했고 방금 전의 일로 혼란스러웠다.

모텔로 돌아와서 냉정하게 생각해 보았다. 짐과 제니스가 우리를 찾아왔다. 내게 일어났던 일을 말하자 그들은 매우 놀랐다. 우리가 짐머만의 사무실에서 무슨 일이 벌어졌었는지에 대해 나누는 동안 내가 내린 결정의 심각성에 대해서 모두가 깨닫기 시작했다.

"사람들은 교단에서 쫓겨났다고 생각할 거야." 내가 말했다.

"목사와 선교사는 보통 여자 문제라든가, 돈 문제라든가, 이상한 교리를 내세우는 일이 아니고는 자격을 박탈당하지 않거든요." 제니스가 지적했다.

"저는 부모님께 말씀드릴 일이 걱정스러워요." 달린이 말했다. 내 마음이 더욱 무거워졌다. 나는 의자에 앉아 몸을 앞으로 숙이고 한쪽 팔을 무릎에 대고 턱을 받치고 있는 짐을 바라보았다. 나는 그도 역시 자기 부모님에 대해서 생각하고 있다는 것을 알았다.

오랜 시간 동안 우리는 말없이 앉아 있었다. 아까의 일을 생각하고 또 생각했다. 나는 이를 악물었다. 반항하지 않기로 했지만 내 마음 안에는 원망의 뿌리가 자리 잡고 있었다.

캘리포니아로 돌아와서 보니, 그 일은 이미 모두에게 알려져 있었다. 나는 더 이상 하나님의 성회 목사가 아니었다. 그것은 달린과 나에게, 그리고 우리 가족들에게도 받아들이기 어려운 일이었다. 그러나 나는 내가 올바른 선택을 했다는 확신이 있었다. 내가 열세 살 때 시험을 받는 것에 대해 처음 설교를 한 이후로 여러 번 시험을 통과했다. 나는 산드라 고모로부터 부(富)를 누릴 수 있는 기회를 제공받았을 때 거절했고, 교파 안에서의 명성에 대해서도 포기했다. 그리고 젊은 선교사들을 파도와 같이 파송한다는 위험스럽고 주제넘은 소리 같은 부르심에 순종하기로 나의 마음을 정한 것이다.

예수님의 사역은 광야에서 시험을 받으신 후에 시작되었다. 이제 나는 장차 어떤 일이 일어날 것인가에 대한 간절한 기대로 부풀어 있었다. 우리는 마치 미사일 발사대 위에 놓여 쏘아 올려지기를 기다리는 사람들 같았다.

바하마 섬에서의 사역이 있은 후 8개월이 지난 뒤에 희비가 엇갈리는 일이 일어났다. 산드라 고모가 위독한 상태에 있었다. 나는 고모가 수술을 받은 후에 고모를 보기 위해 동부로 갔다. 고모가 프로비던스 공항에서 나를 맞아주었을 때 고모가 심한 유방암에 걸려있다는 사실을 전혀 믿을 수가 없었다. 조금 마르고 핏기가 없어 보이긴 했지만 고모의 얼굴은 여전히 아름다웠고 머리는 잘 정돈되어 있었으며 손톱에는 정성스럽게 매니큐어가 칠해져 있었다. 고모는 노란 원피스를 입고 있었는데 수술 흔적이 거의 드러나지 않았다.

"로렌, 내 사랑하는 조카야!" 고모는 내 뺨에 키스하고, 나를 고모의 리무진에 태웠다. 봄기운으로 파릇파릇하게 물 오른 나무들이 즐비하게 늘어선 프로비던스의 거리를 달리는 동안 나는 최근에 일어났던 일과 장래의 소망에 대해 이야기했다.

"고모는 좀 어떠세요?"

산드라 고모는 몸을 뒤로 기대면서 "나는 교회에 나가기 시작했단다. 내일 시간이 있다면 너와 그 교회를 가보면 좋겠구나."

물론 나는 그렇게 했다. 다음 날 산드라 고모와 나는 차를 타고 둥근 기둥들이 앞에 세워져 있는, 벽돌로 지어진 침례교회로 갔다. 우리는 이중으로 된 입구의 문이 잠겨 있지 않은 것을 보고 조용하고 약간 냉기가 도는 교회 안으로 들어갔다. 큰 창문으로부터 들어온 빛이 빈 의자들을 가득 채웠다. 산드라 고모는 높이 있는 찬양대석을 가리키면서 말했다. "이제 나는 찬양대에서 노래를 부른단다. 로렌, 내가 교회를 위해 무엇인가 할 때 위안이 된단다."

나는 고모가 주님을 위해 찬양을 드린다고 말하지 않는 것을 주목하여 들었다. 나는 아주 중요한 일을 해야 할 때가 왔다고 느꼈다. 고모는 죽어가고 있었다. 그리고 고모는 올바로 행하기를 원하고 있었다. 나는 고모에게 어떻게 죄에 대한 용서함을 받아들이고 예수 그리스도께로 나아갈 수 있는지 얘기해야 했다.

우리는 뒤쪽에 있는 한 의자에 앉아서 곧장 본론으로 들어갔다. "산드라 고모, 예수 그리스도께 고모의 남은 생을 맡겨드리고 싶지 않으세요?"

"오, 그래, 로렌!" 그녀의 눈은 밝게 빛났다.

나는 짧게 기도했다. 산드라 고모는 나를 따라서 자기 자신을 하나님과 그의 돌보심에 맡기는 기도를 했다.

"사랑하는 예수님, 당신을 나의 주인으로, 구세주로 영접합니다. 이제 저의 마음 가운데 오시고, 나의 죄를 용서하소서."

고모를 떠나올 때 왠지 이 세상에서는 이것이 마지막인 것 같은 느낌이 들었다.

YWAM으로 돌아와 다시 나의 일을 한다는 것은 쉽지 않았다. 머릿속에 가끔씩 떠오르는 고모에 대한 생각 때문이기도 했지만 솔직히 말하면 아직도 스프링필드를 방문한 후에 약간 균형을 잃은 듯한 느낌이 있었기 때문이다. 이제는 완전히 우리들 뿐이었다. 큰 교파에서 주는 지원도 없었다. 나는 기대하고 바라던 미사일 발사대의 위치가 지구 반대편의 조그만 뉴질랜드가 되리라고는 전혀 상상도 하지 못하고 있었다.

뉴질랜드 해변 근처의 섬으로 수상 비행기를 타고 날아가는 동안, 1월이었지만 남반구는 여름이라 태양이 따갑게 내리쬐고 있었다. YWAM이 시작된 이후 벌써 6년이 지났다. 그동안 직업을 가진 22명의 자원 선교사들이 아직 자리도 잡히지 않은 각지로 파송되었다. 146명이 바하마 섬과 도미니카 공화국으로 전도여행을 떠났을 때 나의 꿈이 어느 정도는 구체적으로 실현될 기미가 보이기 시작했다. 그 이후로 해마다 방학 동안에 더 많은 선교사들이 파송되었다. 우리가 젊은이들을 서인도 제도, 사모아, 하와이, 멕시코, 중앙아메리카로 파송할 때마다 그 파도는 조금씩 더 크게 일어나고 있었다. 그런데도 여전히 무엇인가 놓치고 있다는 느낌이 들었다.

"왜 우리에게 일꾼이 이렇게 적을까?" 나는 이 여행을 위해 헤어지기 전에 달린에게 물었다. 우리가 결혼한 지 4년 반이 되었다. 그동안 매년 여름마다 수백 명의 단기 전도여행 자원자는 있었지만 전임으로 일하는 봉사자들은 달린과 나 외에 겨우 8명뿐이었다. 나는 이 사역이 완전히 본격적으로 시작되는 것이라고 말할 수 있는 무엇인가를 보고 싶었다. 정말 이 꿈이 하나님이 함께하시는 것이라는 확실한 어떤 증거를 보고 싶었다. 어쩌면 뉴질랜드에 해답이 있을지도 모른다.

수상 비행기는 반짝이는 바다 위를 한 바퀴 돌아서 뉴질랜드의 그레이트 베리어라는 한 섬의 바위가 무성한 후미진 곳에 착륙했다. 소나무가 무성한 가파른 절벽 기슭 아래에 낡은 건물 몇 개와 큰 헝겊으로 기운 텐트, 그리고 조그만 취침용 텐트들이 옹기종기 모여 있는 수련회 장소가 있었다. 우리는 이 수련회에서 남태평양에서 진행될 YWAM 전도여행 지원자를 모집할 예정이었다.

우리 비행기가 바다 위를 미끄러지며 현란한 물보라를 일으키자

시야가 가려졌다. 결혼한 지 5개월이 된 제니스와 짐은 먼저 와서 나를 기다리고 있었다. 그들은 바위가 빽빽한 바닷가에서 나를 맞아 주었고 첫눈에도 친근감이 느껴지는 40대 초반의 부부가 그들과 함께 있었다. 사업가인 짐 도우슨은 짧은 바지를 입고 샌들을 신고 있었다. 방으로 안내하는 동안 그의 아내 조이는 친근하고도 명랑하게 이야기했다. 2주 동안 그곳에 머무르면서 나는 고래잡이들의 판잣집이 늘어선 곳에서 그나마 가장 '호화스런' 오두막에 머물게 되었다.

그 수련회에는 150명이 참가하고 있었는데, 우리는 그들에게 젊은 이들을 선교사로 파송하는 새로운 계획에 대해 얘기했다. 이곳 그레이트 베리어 섬에서 2주간 머문 후에 우리는 일주일 동안 뉴질랜드의 오클랜드라는 지역에서 가정들을 방문할 예정이었다. 나는 남태평양 지역에 있는 많은 사람들이 우리와 합류하기를 기대했다.

나는 강사로서 이곳에 왔지만 이 외딴 섬에서 새로운 것을 배우게 된 사람은 바로 나였다. 첫 번째는 뉴질랜드의 청년들로부터 배웠다. 인도하심을 받는 실습이 나의 호기심을 자극했다. 잘 모르는 성경 구절의 장과 절이 그들의 마음속에 '주어지면' 그 성경 구절이 특별한 인도하심을 위한 것인지 아닌지 깊이 생각해 보는 것이었다. 그들은 "하나님께서 얼마나 자주 그런 식으로 말씀하시는지 놀라실 거예요."라며 강조했다. 그 열쇠는 완전히 예수님의 영에 순복하는 것이라고 했다. 만일 성령께서 말씀하시길 원한다면 그분은 이런 신비한 방법을 포함해서, 그가 택하시는 어떤 도구라도 사용하실 수가 있다.

그 수련회 지도자들로부터 기도하자는 초청을 받았을 때 몇 가지 놀라운 경험을 했다. 짐과 조이와 수련회 총책임자 등 모두 5명이 그곳에 있었다. 조이를 포함한 4명이 강사였는데 강사들의 순서를 정하기 위해 기도할 예정이었다. 나는 먼저 일반적으로 기도하고 나서 그 다음에 토론이 이루어질 것이라 생각했다. 그러나 그들 중 한 명이 처음 온 나를 위해 설명해 주었다. 이렇게 실제적인 인도하심을 받기 위한 기도는 먼저 하나님께 각각의 사람들에게 똑같은 것을 말씀해 주시도록 기도하는 것이라고 했다. 나는 놀라움을 감추려고 했다.

'좋아, 무슨 일이 일어나는지 볼까?' 나는 멍하니 생각했다. "주님, 오늘의 강사는 누구입니까?" 수련회 리더가 기도하기 시작했다.

나는 다른 사람들과 함께 고개를 숙이고 주님께 여쭤보았다. 별로 영적이지 못한 생각들이 내 머릿속을 스치고 지나갔다는 것을 고백해야겠다. 만약에 나 혼자 아무것도 듣지 못한 사람이 되면 어떻게 하나? 아니면 전혀 황당한 생각을 하게 되면 어떻게 하지? 그러나 나와 함께 있는 사람들은 경험 있는 그리스도인들이었다. 그들 모두는 하나님이 개별적으로 말씀하시면서 각자에게 같은 응답을 주실 것을 온전히 기대했다. 그래서 나도 하나님을 의지하기로 결심했다. 나는 의자 뒤로 몸을 기대었지만 마음은 의자 끝에 불안하게 걸터앉아 어떻게 될지 기다리는 사람 같았다.

그때 내 마음속에 친근한 음성이 내 주위에 있던 네 명 가운데 한 사람의 이름을 말해 주었다.

"자, 모두 준비되셨어요?" 인도자가 말했다.

한 사람 한 사람 우리들은 머릿속에 떠오른 그 이름들을 이야기했다. 우리 각자가 똑같은 응답을 받았다. 5명이 모두 같은 응답을 받았다. 열린 창문으로 미풍이 불어왔다. 나는 흥분으로 몸이 떨려오는 것을 느꼈다.

우리는 날마다 이 같은 방법으로 특별한 인도하심을 받았다. 나는 넋을 잃을 정도로 흥분하고 있었다. 나 외에 다른 4명의 지도자들은 이런 식으로 함께 수년을 기도해오고 있었던 것이다. 나는 우리가 같은 팀에 있는 것처럼 느껴졌다. 나는 정말 이곳에 속해 있는 느낌이었다.

그런데 어느 날은 계획을 짜기 위한 기도가 별로 잘 진행되는 것 같지 않았다. 야외에서 이번에는 누가 강사가 되어야 하는가에 대한 기도 모임을 가졌는데 태양이 너무 강하게 내리쬐고 있었다. 어떤 사람은 내가 강사가 되어야 할 것 같다고 느끼고, 어떤 사람들은 조이 도우슨이라고 생각했다.

무엇이 잘못되었는지 궁금했다. 내 생각에는 분명히 누군가가 잘못 들었다고 생각했다.

"다시 주님께 여쭤봐야 할 것 같아요." 조이는 아무렇지 않다는 듯이 말했다. 그녀는 때때로 그녀와 짐에게 이런 일이 생기면 우리가 이해하지 못하는 어떤 다른 요소가 있어서 그런지 하나님께 여쭤봐야 한다는 것을 배웠다고 했다. 그래서 우리는 머리를 숙이고 '제2라운드'로 들어갔다. 그리고 정확히 알려주시도록 하나님께 부탁했다. 우리 각자에게 조금씩 이해가 되기 시작했다. '로렌'이나 '조이'가 아니고 '둘 다'를 말씀하시는 것이었다. 조이가 먼저, 그리고 나. 정말 놀라운 일이었다. 마치 세 명의 동방박사 이야기 같았다. 그들은 하나님께서 그들을 각자 인도하시는 대로 별을 따라왔다. 그렇게 함으로써 모두 다함께 예수 그리스도께로 인도되었던 것이다.

오클랜드에서 각 가정을 방문하는 사역을 할 시간이 되었다. 우리는 다가오는 그 특별한 주간을 준비하기 위해 많은 일을 해야만 한다. 나는 남 캘리포니아 대학의 대학원에서 시험 기간 때마다 느끼던 것과 같이 정신없는 급박한 긴장감을 느꼈다. 그리고 내가 해야 할 일에 비해 시간이 얼마나 부족한지 알고 있었다.

나는 아직도 우리가 그렇게 기다려왔던 '본격적으로 사역이 풀리기 시작하는' 것을 기대하고 있었다. 아마도 오클랜드에서는 그동안 알지 못했던 사역이 본격적으로 풀리게 되고 큰 파도들이 들이치게 할 인도하심을 받는 비결에 대해 배울 수 있을지도 몰랐다.

나는 우리가 탄 조그만 여객선이 그레이트 베리어를 떠나 오클랜드로 긴 여행을 시작할 때 기도했다. "아버지, 나는 어떻게 당신의 음성을 들을 수 있는지 배우는 중입니다. 아버지께서 생각하시고 계신 다음 단계를 볼 수 있도록 저를 도와주시옵소서."

배 갑판 난간에 기대어 서 있는데 차가운 물안개가 내 뺨에 부딪쳐 왔다. 한 시간이 지난 다음 나는 내 첫 설교를 다시 생각했다. 예수님은 이 땅에서 본격적인 사역을 시작하시기 전에 금식하고 기도하며 광야에 계셨다. 나는 예수님의 생애에서 한 방식을 발견했다. 그러나 그 생각을 떨쳐버리려 했다. 얼마 동안 음식을 먹지 않고 기도하기를 원하는 것이 하나님께로부터 온 소원일까? 나는 하나님께 여쭤 보기로 결정하고 마음의 문을 열었다. "하나님, 제가 금식하며 기도하기를 원하십니까?"

즉시로 하나님의 응답이 내 생각에 떠올랐다. "네가 도착하는 날부터 7일 동안 사람들을 피하여 기도하기를 원한다."

나는 어안이 벙벙했다. 할 일이 너무 많았다! "하나님, 제가 당신의 음성을 바로 듣는 것입니까?" 나는 다시 여쭤 보았다. 사람들을 피하여 혼자 있겠다는 의미는 내가 해야 할 일들을 피하는 것이고 곧 짐과 제니스에게 전도여행을 위한 준비 작업을 하도록 맡기는 것이었다. 사실 나는 그 일을 위해 수천 마일을 달려온 셈이다. "정말 당신이 말씀하시는 것입니까?" 내가 받은 응답은 조용한 목소리로 "도우슨 부부가 자기들과 함께 머물라고 요청해 올 테니 너는 그렇게 하겠다고 대답하라."고 말씀하시는 것이었다.

그러한 초청이 온다는 것은 어려운 일이었다. 왜냐하면 도우슨 부부는 벌써 내가 다른 곳에 머물 계획이 있는 줄 알고 있기 때문이었다. 만약 그 '초청'이 온다면 나는 하나님의 손길을 좀 더 분명히 느낄 수 있을 것이다. 그것이 제니스에게 공평치 않게 많은 짐을 지워주는 것이라 하더라도 나는 하나님이 금식기도하기를 원하신다는 것을 알게 될 것이다.

나는 이 모든 것에 대해 그 누구와도 이야기하지 않았다. 단지 무슨 일이 일어날지 두고 보기로 했다. 사방이 어스름해지더니 저녁이 되었다. 오클랜드 시가지의 불빛이 지평선 위에 밝게 비추기 시작할 무렵 짐 도우슨이 갑판 위 난간으로 나와 내 옆에 섰다. 짐이 말하기 시작했을 때 나는 숨을 죽였다. 그는 약간 주저하는 것 같았다.

"저, 로렌, 나는 당신이 다른 친구들과 함께 머물 계획이 있는 줄 알지만 조이와 나는 주님께로부터 음성을 들었다고 믿어요. 우리와 함께 머물 수 있겠소?"

10 하나님 앞에 정결한 마음으로

하나님, 정말 당신이십니까? · Is that really your God?

하나님 앞에
정결한
마음으로

나는 멋있는 항구가 보이는 스칸디나비아식으로 지어진 도우슨 부부의 이층집을 눈으로 둘러보았다.
 짐은 아래층에 있는 손님방으로 나를 안내했다. 그 방은 가구들이 소박하게 놓인 아늑하고 외딴 방이었다. 또 그 방에는 외부로 출입할 수 있는 문이 있었다. 나는 "사람들로부터 떨어져 있어야 한다."는 하나님의 말씀을 기억했다. 짐과 제니스에게 전화해서 내가 1주일 동안 그들을 도울 수 없게 됐다고 말했다.
 "로렌, 당신이 옳다고 느끼는 것에 순종하세요." 짐은 오클라호마식 느린 말투로 말했다. 그의 생각을 짐작할 수 있었다. '7일 동안 당신을 보지 못할 거라니 그게 무슨 뜻이에요? 이 모든 일을 우리가 하는 동안 당신은 금식할 거란 말이에요?'라고 말할 수도 있었으나 짐은 그렇게 하지 않았다. 그는 너무 충성스러웠다. 그것이 나를 더 힘들게 했다.

전화를 끊은 후에 나는 내 침대 옆 녹색 카펫 위에 무릎을 꿇고 앉았다. 그렇다. 기도하는 것, 이것이 내가 해야만 하는 일이다. 나는 그 이유를 미처 다 깨닫지 못했지만, 이렇게 따로 떨어져 홀로 있는 시간을 가지는 것이 일하는 것만큼 중요했다. 일생을 살아가는 동안 나는 거룩함에 대해 많이 들어왔다. 그 거룩함이라는 것은 아마도 인생 가운데 우선순위를 올바르게 정한다는 것을 말하는 또 다른 표현일 것이다. 나에게는 이번 주에 홀로 하나님과만 지내는 것, 그것이 '우선순위'였다. 이 한 주가 하나님의 인도하심을 받는 것과 연결되어 있지 않다면 오히려 놀랄 수밖에 없을 것이다.

처음 이틀은 별다른 일이 없었다. 나는 무릎을 꿇거나 방을 걸어 다니거나 앉거나 바닥에 엎드려 몸을 쭉 편 채로 기도했다. 성경을 읽기 위한 시간도 많이 가졌다. 그러나 대부분의 시간은 그저 주님을 기다리는 데 썼다. 때때로 하나님은 한두 마디 말씀을 하셨다. 또 어떤 때에는 주님과 함께 침묵을 즐기기도 했다.

금식 3일째 되는 날 비로소 획기적인 일이 일어났다. 내게 어떤 일이 일어났는가를 설명할 수 있는 유일한 단어는 '수술'이라는 말뿐이다. 그것은 영혼 수술 같은 것이었다.

나는 엎드린 채 얼굴을 카펫에 파묻고 주님을 기다리고 있었다. 갑자기 내 양심에 날카로운 수술용 메스가 가해졌다.

"스프링필드를 기억하는가?"

순식간에 나는 내가 오랫동안 가져왔던 잘못된 태도에 대해서 깨닫기 시작했다. 나의 방식대로 YWAM에 대한 비전을 보지 못했던 나의 교과 지도자들, 특히 토머스 짐머만 형제에 대한 비판적인 감정과 원망들이었다. 바하마 섬의 전도여행 결과를 스프링필드에 보고한 후로 이제까지 2년 동안 나는 '거절감'으로 괴로워했고 마음속에 나 자신의 신앙의 뿌리를 부인하는 마음이 생기기 시작했다.

나는 갑자기 나와 내 자신의 생각을 방어하기 위해 노력하며 낭비한 그 모든 시간들을 인식하기 시작했다. 예수님에 관해 사람들에게 전하는, 내가 해야 하는 가장 중요한 일들로부터 그 시간이 도적질 당한 것이었다.

나는 울면서 하나님께 긍휼을 구했다. 나는 이제부터 과거 나의 지도자들을 내게 주신 것에 대해 찬양하며 그들에 대해 다시 한 번 감사하고 또 그들로부터 받은 영적 유산에 대해서도 감사하기로 했다. 정말 그 비전이 하나님께로부터 온 것이라면 하나님이 그것을 지키실 것이다. 나는 녹색 카펫 위에 엎드려 하나님께서 나의 기도를 들으시고 또 나를 용서하시는 줄 알게 되었다.

칼날이 와서 가해지고 또다시 가해졌다. 하루 종일 쉬지 않고 그 일이 계속되었다. 내가 얼마나 교만했었는지 깨달았다. 나는 하나님보다는 사람들의 인정을 얻기 위해 행동했던 순간들을 기억했다. 어머니가 하신 말씀이 떠올랐다. "애야, 교만하면 하나님께서 너를 사용하실 수 없단다." 그리고 하나님은 마음속의 죄인 성적인 공상들에 대해 지적하셨다. 생각으로, 말로, 행동으로 지었던 죄를 하나하나 머릿속에 떠오르는 대로 고백하며 하나님이 나를 용서해 주시고 죄로부터 돌아설 수 있게 해달라고 기도했다.

영혼의 수술이 끝난 후 해야 할 일이 한 가지 더 남아 있었다. 나는 펜과 편지지를 찾아서 편지를 써나가기 시작했다. 사람들과 올바른 관계를 갖기 위해 필요한 일이었다. "사랑하는 짐머만 형제님…." 나의 영혼을 드러내놓고 솔직하게 편지를 쓴다는 것은 몹시 고통스러운 일이었다. 그러나 그날 밤 나는 완전히 새롭고 정결해진 기분으로 잠자리에 들었다. 조그만 방의 내 책상 위에는 편지뭉치가 가지런히 놓여 있었다. 그중에 맨 위에 놓여 있는 편지 겉봉에는 미주리 주, 스프링필드의 주소가 적혀 있었다.

주말이 가까워 금식기도를 서서히 마무리 짓기 시작할 때 나는 -아마 YWAM도-하나님의 음성을 듣고자 갈망하는 모든 사람들에게 다가오는 전환점을 통과했다는 것을 깨달았다. 만일 우리가 정결한 마음으로 나아간다면 우리는 좀 더 분명히 주님의 음성을 들을 수 있을 것이다. 회개와 고백은 지속적인 것이어야 한다. 나는 이제 막 좋은 출발을 한 셈이다. 이제 앞으로 어떻게 될지가 궁금했다!

그러나 첫 번째로 발생한 일은 별로 좋지 않았다.

내가 기도하는 주간에 짐 로저스는 나를 방해할까 봐 꾹 참고 있다가 7일째 되는 날 재빨리 전화해서 내게 소식을 알려 주었다. 우리는 배를 이용하여 각 가정과 거리에서 나눠줄 전도지 십만 장을 뉴질랜드로 운송해왔다. 전도지는 내가 금식하는 주간에 도착했고, 짐은 그것을 공장 지하실에 쌓아 놓았다. 그런데 비바람이 몰아쳐 지하실로 물이 들어와 전도지 전부가 물에 잠겨버렸다.

"빨리 와 주실 수 있겠어요, 로렌?" 짐이 주소를 가르쳐 주었다.

30분 만에 도착한 나는 습기 찬 공장의 지하실로 내려갔다. 짐이 손을 닦으며 일어나 나를 맞아주었다. 제니스와 또 다른 3명의 자원자들은 물에 젖은 상자 안에서 물이 뚝뚝 떨어지는 수천 장의 전도지를 꺼내어 큰 탁자 위에 수북이 쌓아 올리고 있었다.

"제 생각에는 다시 쓸 수 있을 것 같아요." 제니스가 말했다. 그녀는 나에게 보여주기 위해 큰 압축기가 있는 곳으로 나를 데리고 갔다. 전도지를 압축기 속에 넣고 누르면 물이 나오게 되어있었다. 그리고는 전도지 한 장 한 장을 빨랫줄에 걸어 말리는 것이었다. 쉽지 않은 일이었다.

하지만 놀랍게도 모두가 즐거운 마음으로 일했다. 전도지를 빨랫줄에 널어 말리는 데 일주일을 보냈다. 그리고 토요일 아침에는 초라한 중심가로 차를 몰았다. 나는 웃으면서 제니스에게 "어머니께서 지금 우리가 일하는 모습을 볼 수 있다면 좋겠지?"라고 말하면서 차를

'분홍 고양이'라는 커피 하우스 앞에 세웠다. 우리의 사무실은 커피 하우스 옆 건물 지하실에 있었다. 우리는 거의 마른 전도지가 든 상자들을 꺼내어 붉은 조명이 있는 아래층 홀로 운반해 갔다. 그곳에서는 거리에 사는 사람들에게 나눠줄 무료 커피와 이웃 사람들이 만든 저렴한 가격의 샌드위치를 제공하고 있었다.

4~5명으로 팀을 이룬 자원자들이 계속 몰려와 30명 정도가 홀에 모였다. 나는 청년들을 바라보았다. 그들은 아직 10대였는데 요즘 유행하는 바지를 입고 있었고, 소녀들은 짧은 치마를 입고 각진 구두를 신고 있었다. 나는 특히 아주 즐거워 보이는 10대의 폴리네시아(오세아니아 동쪽 해역에 분포하는 수천 개 섬들의 총칭-역주)인 소년을 주시했다. 그 소년은 많은 사람 중에서 돋보였다. 이 30명의 젊은 사람들 중에서 미래의 선교사를 찾을 수 있을까? 미래에 필리핀이나 서아프리카나 철의 장막에 가려진 나라들에 선교사로 갈 사람들도 있을까?

나는 숨을 깊이 몰아쉰 후에 얘기하기 시작했다. 우리가 오클랜드에 와있는 이유에 대해 설명하고 일들을 어떻게 진행할 것인지에 대해 얘기했다. 우리는 마오리인, 사모아인, 통가인, 쿡아일랜드인 등 폴리네시아인들이 모여 사는 빈민촌인 폰슨비로 들어갈 예정이었다. 먼저 몇 백 가구를 단위로 하여 지도 위에 크게 구역을 나누었다. 폴리네시아 소년은 확실히 그곳에 모인 다른 사람들과 달라보였다. 그는 예리하면서도 정확한 질문들을 던졌다. "당신은 정말 가장 어려운 지역을 골랐어요."

"네 말이 맞을 거다. 이름이 뭐지?"

"칼라피 모알라."

나는 내 마음속에 그 이름을 기억해 두었다.

칼라피 모알라의 말이 옳았다. 폰슨비는 아주 어려운 지역이었다. 하루 종일 거절을 당하는 괴로운 날이 지난 후 우리는 상황을 보고하기 위해 지하 사무실에 다시 모였다. "가는 곳곳마다 문전박대였다니까요." 제니스가 말했다.

다음 날 나는 칼라피와 동행하게 되었다. 함께 이야기하며 걷는 동안 나는 그에 대해 좀 더 자세히 알게 되었다. 그는 열여덟 살이었고, 9형제 중 장남이었다. 고향은 폴리네시아 군주국인 통가였다. 통가는 뉴질랜드에서 2천 마일 떨어진, 피지와 사모아 사이에 있는 작은 섬이다. 대부분의 통가 사람들처럼 칼라피도 어려서부터 교회에 나갔지만 그와 하나님 사이에 진정한 교제는 없었다. 그는 분명히 통가의 명문 학교에서 교육받은 타고난 지도자였지만, 술을 마시고 주정을 하는 문제아였다.

칼라피는 계속해서 자신의 이야기를 들려주었다. 어느 날 자정이 좀 지나서 술에 취한 채 집에 돌아가는 중에 갑자기 자기의 인생이 점점 황폐해져 간다는 느낌이 들었다고 한다. 그는 침대 곁에 무릎을 꿇고 울기 시작했다. 3시간 동안이나 울었다. 그리고 하나님이 그의 삶 속에 들어오셔서 자기를 변화시켜 주시도록 기도했다. 그가 기도를 끝내고 일어났을 때는 아침 8시였고 전혀 새로운 사람이 되어 있었다. 칼라피는 학교를 졸업하기 전까지 친구들과 정기적으로 모여 기도하고 성경을 읽었다고 했다. 그 학교의 많은 학생들이 그리스도인이 되었다.

폰슨비에서의 첫날은 열매가 없어 보였다. 그러나 다음 날은 달랐다. 폴리네시아 사람인 칼라피가 같은 섬에서 온 사람으로서 그들에게 복음을 전하자 많은 사람들이 받아들였다. 특히 그가 '설교'가 아니라 사람을 변화시키는 하나님의 능력에 대해 자신의 이야기를 들려주며 간증할 때 더욱 그랬다. 날이 갈수록 나는 칼라피가 내가 기대하던, 복음이 크게 확산되는 일의 한 부분을 맡게 되기를 바랐다.

오래 기다릴 필요가 없었다. 그 주간에, 사무실에서 칼라피는 나와 이야기하고 싶다고 했다. 우리는 구석에 앉았다. 시끄러운 음악소리 너머로 칼라피는 곧장 본론부터 얘기했다.

"로렌, 내 생각에는 YWAM 팀이 통가에 와야 할 것 같아요." 칼라피는 5개월 후인 7월에 통가의 새 왕 타우파하우 투포우 4세의 대관식이 있으므로 수천 명의 통가 사람들이 수도인 누쿠알로파로 몰려들 것이라고 했다. "그때가 YWAM이 오기에 가장 적합한 시기라고 생각해요."

그리고 덧붙였다. "나는 당신과 함께 전적으로 일하고 싶어요. 나는 내 계획을 포기하기로 했어요. 그 계획들은 꽤 좋은 것들이었지만요. 로렌, 나는 그 대신에 통가로 돌아가서 팀을 위해 일정표를 짜겠어요."

나는 칼라피를 쳐다보았다. 나는 그의 계획에 대해 흥분하기 시작했다. 그가 출세할 가능성이 크다는 것을 알았기 때문에 모든 것을 희생한 것에 대해 존경하는 마음을 가졌다. 성장하기 위해서는 청소년들이 자신들을 향한 하나님의 음성을 스스로 듣고 순종하여, 실제로 행동에 옮기는 것이 필요하다.

나는 힘을 주어 "그렇게 해보자."고 말했다. 그리고 그 판단은 옳았다. 우리는 음악소리가 너무 커서 벽을 진동시키고 있는 가운데서도 통가를 위해 함께 기도했다.

그날 밤늦게 도우슨의 집으로 돌아왔을 때 나는 칼라피가 최초의 비서구인 지도자가 될 것이라는 생각을 했다. 내가 금식하고 기도하며 정결케 되는 시간을 가진 후에 그를 만나게 된 것도 무관한 일이 아니었다.

뉴질랜드에서 6주간을 보낸 후 나는 두 번째 신혼여행을 위해 달린과 만나기로 한 하와이행 비행기의 계단을 오르면서, 짧은 기간 동안에 얼마나 많은 일이 일어났던가를 돌아보았다. 폴리네시아 빈민촌에서의 전도여행은 성공적이었다. 그리고 본격적인 사역의 문이 열리기 시작했다. 칼라피 외에도 앞으로 우리와 함께 일할 만한, 즉 지도자의 자질을 갖춘 사람들을 7명 정도 더 만났다. 나는 7명이라는 사실에 흥분했다. 6주 동안 YWAM에서 전임으로 일하는 일꾼의 숫자가 두 배가 될 가능성이 생긴 것이다.

우리는 또 한편으로 계속해서 한 사람씩 인원을 늘려가고 있었다. 언젠가는 숫자가 '더해지는 것'이 아니라 기하급수적으로 늘어나기를 꿈꾸고 있다. 그러면 더 빨리 성장하겠지. 나는 다시 칼라피를 생각했다. 그를 먼저 훈련시키기만 하면 아마도 그는 다른 젊은이들을 훈련시켜 파송할 수 있을 것이다. 특히 제3세계에서 온 사람들을.

비행기는 구름 위로 올라가서 30,000피트 상공을 날고 있었다. 비행기 안에서 나는 지난 몇 주 동안 내 삶에서 일어난 일들을 되새겨 보았다. 도우슨 부부를 만났고, 금식기도하며 영혼의 수술 시간을 가졌고 칼라피라는 청년을 알게 되어 그의 비전에 대해 나누었다. 이 모든 것들이 나에게는 훈련학교를 나온 것 같은 느낌을 주었다. 하나님의 음성을 듣는 것과 인도하심을 받는 것에 대한 새로운 원칙들을 배웠다. 그리고 이 원칙들을 적용해 보았다. 사실 그것은 우리가 가족 안에서 배워온 것과 별로 다를 것이 없었다. 달린과 나는 영적으로 풍요로운 어린 시절을 보냈다. 직접 배울 뿐만 아니라 부모님이나 조부모님의 본을 볼 수 있었다. 남다른 이점을 가진 셈이었다.

만약 사람들이 가족적인 분위기에서 하나님의 음성을 듣는 것을 배우고, 그것을 실행에 옮길 기회를 갖게 되는 그런 학교가 있다면 얼마나 멋질 것인가?

굉장히 멋진 생각이었다! 사실, 그것이 하나님께로부터 온 생각일 수도 있다. 그렇다면 내가 뉴질랜드에서 젊은이들로부터 배웠던 '동방박사들의 원칙'이 적용될 수 있을 것이다. 주님의 방법을 가르치는 이 학교에 대한 생각이 정말로 하나님께로부터 왔다면 그분이 다른 사람들에게도 같은 생각을 주실 것이다. 물론 나는 달린에게 내 생각을 나눌 테지만 다른 한편으로는 YWAM을 위한 다음의 목표를 비밀로 해두는 것도 지혜로울 것이라는 생각이 들었다.

내가 탄 비행기는 달린의 비행기보다 먼저 도착했다. 냉방장치가 되어 있는 비행기 안에서 밖으로 나오자마자 부드럽고 따뜻한 공기와 나무들의 향기가 친숙하게 나를 감쌌다. 나는 미국 본토로 돌아가기 전에 하와이에서 우리 둘이 조용한 시간을 보내기로 결정한 것이 무척 기뻤다. 하와이에 대해 생각할 때마다 나와 맞는다고 느끼는 이유가 무엇일까? 나는 동양인과 폴리네시아인과 서양인의 얼굴들이 어우러진 주변을 둘러보았다. 하와이는 정말 동양과 서양의 연결지점이었다.

달린이 도착하기까지 시간이 남아서 분홍과 흰색으로 줄이 쳐진 지프차를 빌렸다. 두 번째 신혼여행을 하려면 제대로 해야 하지 않겠는가.

달린이 비행기 계단을 걸어 내려왔다. 곱게 빗은 금발머리에 푸른색 원피스를 입은 모습이 아름다웠다. 나는 그녀를 꼭 껴안았다. 분홍 지프차에 가방을 던져 넣고 조그만 아파트로 차를 몰았을 때 바람이 달린의 단정한 머리를 흐트러뜨렸다.

나는 그녀에게 뉴질랜드에서 일어났던 일에 대해 간단하게 나누었다. 도우슨 부부와 칼라피를 만난 일이며 도우슨의 집에서 일어났던 무섭고도 놀라웠던 영혼의 수술에 관한 것과 특별히 인도하심을 받는 일에 대해 내가 배웠던 모든 것을 이야기했다. 놀라운 것은 달린도 내가 기도했던 바로 그 기간에 금식하며 기도했었다는 것이다. 그리고 그녀도 역시 영혼의 수술을 받았다. 수천 마일이나 떨어져 있음에도 불구하고 하나님이 우리 둘을 어떻게 인도하셨는가를 보는 것은 너무도 놀라운 일이었다.

나른하게 느껴지던 어느 날, 우리는 섬을 한 바퀴 돌다가 과거에 다이아몬드 헤드라고 불리던 '블로홀'이라는 곳에서 멈추었다. 우리는 지프차를 그곳에 세워두고 검은 용암 바위를 기어 내려갔다. 그 아래를 보니 아주 거대한 파도가 밀려와서는 육중한 둥근 돌에 부딪쳐 산산이 부서지며 밀려나갔다. 때때로 큰 파도가 밑으로 말려들어와 큰 바위 밑의 구멍을 지나가 바위 뒤에 부딪쳐 갑작스레 큰 분수를 만들어 냈다. 우리는 낭떠러지 위에서 그것을 지켜보고 있었다. 물의 큰 힘이 나를 놀라게 했다. 그리고 나는 다시 젊은 사람들로 이루어진 파도를 머리에 떠올리며 어떻게 하면 그들이 하나님의 능력을 나타내는 통로가 되게 할 수 있을까 하는 생각을 했다.

달린에게 특별히 나누고 싶은 것이 한 가지 더 있었다. 파도가 쉴 새 없이 우리 발 아래로 밀려들어와 부딪쳐 오는 이곳이 가장 적합한 장소인 것처럼 보였다.

"달린, 사실은" 나는 털어놓기 시작했다. "나는 요즘 어떤 큰일을 생각하고 있어." 나는 젊은이들을 훈련시키는 '학교'에 관한 나의 생각을 그녀에게 말해 주었다.

"정말 놀라운 일이에요, 로렌!" 그녀는 대답했다. "하나님이 제게도 '학교'에 대해 말씀하셨어요. 우리는 필요할 때마다 많은 사람들에 의해 중요한 영향을 받았어요. 나는 다른 젊은이들도 똑같은 기회를 가져야 한다고 생각해요."

뒤쪽의 푸른 산 중턱에 열대성 구름이 몰려들기 시작했지만 우리는 흥분하여 학교에 관한 의견을 주고받았다. 청년들이 그들의 마음과 뜻과 정성과 몸을 다해 하나님을 진실로 사랑하는 것에 대해 배우게 될 것이다. 자신들이 가르치는 바를 몸소 행하면서 살아가는 귀한 선생님들에게 배우는 기회를 갖게 될 것이다. 이 외부 강사진은 세계 어느 곳에서든 주님을 위해 사역하고 있는 곳에서 올 것이다.

"학교를 가족적인 분위기로 만들면 어떨까요? 선생님들과 학생들 모두가 함께 배우는 학교로요." 달린이 제안했다. 그녀는 나사우 격납고에서 젊은이들과 함께 생활함으로서 그들과 얼마나 가깝게 지냈는지 기억나게 해주었다.

젊은이들은 교실에만 앉아서 배우는 것이 아니고 경험을 통해서도 배우게 될 것이다. 그리고 다른 나라에 가기도 하고, 많은 사람들을 만나고, 이웃의 형편을 알고 도와주면서 실천을 통해 배우게 될 것이다.

생각이 하나하나 나오기 시작했다. 우리는 해가 주황색 공처럼 변해 수평선 아래로 사라져 가는 것도 의식하지 못한 채 학교에 관한 구체적인 내용들을 나누고 있었다.

우리가 절벽 위의 그 자리를 떠나기 전에 나는 달린에게 하나님이 그것을 다른 사람들에게 말하라고 허락하시기 전까지는 비밀로 하자고 얘기했다. 아마도 이것은 학교에 관한 생각이 하나님께로부터 온 것임을 다른 사람들을 통해서 확인하는 좋은 기회가 될 것이었다.

우리는 캘리포니아의 알함브라에 있는 부모님의 새 아파트에서 가족들과 함께하는 크리스마스 파티를 즐거운 마음으로 기다렸다. 짐과 제니스는 내가 10개월 전에 떠나온 남태평양 지역에서 비행기로 오고 있었다. 아버지는 여느 때와 마찬가지로 교회와 선교사들을 돌보느라 바쁘셨다. 그곳에서 몇 구역 떨어진 지역에 사는 필리스 누나와 매형과 두 조카들도 다시 보게 되어 무척 기뻤다. 어머니는 독특한 말솜씨로 대화에 한층 흥취를 돋우실 것이다.

아파트 현관문을 들어서자 칠면조가 구워지는 맛있는 냄새가 집 안을 가득 채우고 있었다. 부엌에서 열심히 일하시느라고 어머니의 얼굴은 빨갛게 달아올라 있었다. 어머니는 달린과 나를 안으며 맞아 주셨고, 아버지는 우리를 큰 팔로 한꺼번에 안아주셨다. 그 뒤에는 다른 식구들이 줄줄이 서 있었다.

나는 짐과 제니스를 재촉해서 지난 10개월 동안 남태평양에서 있었던 일을 자세히 듣기 시작했다. 특히 칼라피와 통가에 관해 듣고 싶었다. 너무나 많은 일들이 있었기 때문에 짐과 제니스는 앞을 다투어가며 말했다. 짐과 제니스가 35명의 자원자들과 함께 통가에 도착했을 즈음에 칼라피는 벌써 함께 일할 20명의 통가인을 모아 놓고 있었다.

대관식을 보기 위해 각 섬에서 사람들이 수도로 몰려오고 있었다. YWAMer들은 수천 장도 넘는 전도지를 돌렸다. 모든 사람이 잘 받아주었고 아무도 전도지를 버리는 사람이 없었다. 폰슨비의 사람들과는 달랐다. 그때 수백 명이 예수님을 알게 되었다.

"칼라피는요?" 나는 물었다.

"너무 잘 해냈어요." 짐이 대답했다.

나는 혼자 생각했다. '하나님이 역사하셨구나!' 사역이 배가(倍加)되고 있다. 내가 그곳에 있지 않았어도! 이제 칼라피가 우리 학교에 오기만 한다면!

크리스마스 만찬 시간이 거의 다 되었다. 어머니는 벌써 부엌에서 냄비 부딪치는 소리를 내면서 저녁 준비를 하고 계셨다. 달린은 내 곁을 지나가면서 의미심장하게 나를 쳐다보았다. 나는 그녀가 크리스마스 나무 장식 밑에 갖다 둔 매우 특별한 선물 꾸러미를 생각하고 있다는 것을 알았다.

저녁 식사 후에 우리는 응접실에 모여 선물들을 나누었다. '제일 마지막에 풀어보세요. 어머니께 로렌과 달린 드림.' 선물 꾸러미는 어머니 무릎 위에 놓였고 나는 달린을 바라보았다. 그녀의 눈은 반짝거렸다.

어머니는 포장된 상자를 열어 그 안에 담긴 크리스마스 선물을 담는 아주 작은 양말과 쪽지를 꺼내셨다. 어머니의 눈은 커졌고 입은 딱 벌어지셨다. "아니, 정말이니?" 우리를 보시고 장난기가 있지만 감격한 표정으로 웃으셨다.

"뭐예요? 뭐라고 썼어요?"

다른 식구들이 거의 한목소리로 외쳤다.

야단법석 끝에 어머니가 큰소리로 읽으셨다. "이 작은 양말은 내년 크리스마스 때 어머니가 손주에게 줄 선물을 넣기 위한 거예요. 7월에 어머니는 세 번째 손주를 보시게 될 거예요."

5년 동안의 결혼생활 후에 달린과 나는 아이를 가질 적당한 시기가 되었다고 생각했다. 그곳에 있던 모든 사람들이 내 등을 두드리면서 축하해 주었고 아버지는 의자에 몸을 기대며 웃고 계셨다.

"나는 너희들이 늘 여행만 하지 않고 둘만의 시간을 가졌다는 게 기쁘구나."

1967년 가을, 뉴질랜드에서 돌아온 지 몇 개월이 지난 후에 나는 유행성 감기에 걸렸다. 그것이 드문 일은 아니었지만 그 이후 내게 새로운 일이 일어나게 되었다. 캘리포니아에서 통증과 열을 달래면서 아파 누워 있을 때 어떤 생각이 나를 스쳤다. "너는 학교를 시작하게 될 것이다. 그 학교는 전도 전략 학교라고 불리게 될 것이다." 나는 이것이 하나님께로부터 온 것인지 궁금했다. 이 생각은 없어지지 않고 점점 커져가고 있었다. 그리고 나는 달린과 내가 하와이에서 주고받았던 말을 기억했다. 그때 또 다른 생각이 떠올랐다. "전도 전략 학교는 스위스에 세워질 것이다."

"스위스라니! 하나님, 정말 당신의 음성입니까?" 나는 마음속으로 물어보았다. 예전에 알프스 산지를 방문한 적이 있었다. 스위스는 황홀할 정도로 아름다운 나라였다. 그러나 왜 하필이면 그곳에? YWAM은 아프리카, 카리브해 연안, 남태평양, 남아메리카, 아시아에 갔었지만 유럽에서는 한 것이 아무것도 없었다. 하지만 유럽이라니?

나는 달린에게 이것을 이야기하고 내년 봄에 스위스에 가서 여러 가지를 알아볼 계획을 세웠다. 우리의 유일한 재산이었던 집을 비행기 표를 얻기 위한 담보로 내놓았다. 그렇지만 나는 여전히 스위스에 대한 생각이 정말 하나님께로부터 왔는지 궁금했다. 내가 정말 하나님의 음성을 듣고 있었던 것인지 확인시켜 주시기를 원했다.

결국 그분은 놀라운 방법으로 확인시켜 주셨다.

떠나기 이틀 전에 나는 기대하지 않았던 아침식사 초대를 받았다. 아버지와, 아버지의 친구이자 성경교사인 윌라드 캔텔론과 함께 아침식사를 하기로 약속했다. 윌라드 씨는 전화를 걸어 내가 아버지와 함께 나와 줬으면 좋겠다고 전하며 "중요한 일입니다."라고 말했다.

아버지와 나는 글렌대일에 있는 레스토랑으로 갔다. 윌라드 씨는 승마용 장화에 옷을 말쑥하게 입고 중절모자를 옆에 단정히 올려놓고 우리를 기다리고 있었다. 나는 그와 악수하고 왜 나를 만나기를 원했는지 물었다.

그가 말한 것을 들은 후에도 나는 믿을 수가 없었다.

"로렌, 당신에게 전해줄 말이 있소. 주님께서 누군가가 스위스에서 학교를 시작해야 한다는 생각을 제 마음속에 심어주셨소. 어젯밤에 주님은 '당신'이 바로 그 사람이라는 것을 가르쳐 주셨소." 나는 간신히 혀를 움직여서 무엇인가 중얼거렸다. 윌라드 씨는 계속해서 그 학교는 세계 여러 나라에서 온 학생들과 방문 강사들로 구성되어야 한다고 했다. "나는 가르치는 사람이 아니오. 로렌, 나는 단지 이 소식을 전하는 도구일 뿐이오."

윌라드 씨가 말할 때에 나는 더욱 흥분되는 것을 느꼈다. 또다시 '동방박사의 원칙'이 놀랄 정도로 적용되는 것을 보면서 스위스에 가는 것이 절대적으로 옳다고 확신했다.

우리는 4월에 제네바에 도착했다. 제네바 호수를 둘러싸고 있는 골짜기의 초록빛 광경에 도취되었다. 그리고 로잔으로 향하는 기차에 올랐다. 평온한 들판과 책에서나 볼 수 있는 스위스의 농가와 깔끔한 헛간을 재빠르게 지나가면서 기대감이 점점 커져갔다.

"이곳이 집같이 느껴질 것 같소?" 나는 달린에게 물었다.

"너무 좋아요! 평생이라도 여기서 지낼 수 있을 것 같아요."

우리는 꽃과, 반짝이는 제네바 호수와, 성당의 쌍둥이 첨탑과, 멀리 보이는 알프스 산을 즐기면서 달린을 위해 로잔 거리를 천천히 걸어 다녔다. 그러면서도 줄곧 우리는 하나님이 학교를 이곳에서 시작하도록 하신 것에 대해 감탄했다. 우리는 로잔 외곽의 작은 마을에 학교로 쓸 집을 준비해 놓고 아기를 출산하기 위해 미국으로 돌아왔다.

달린의 출산일이 다가왔고, 나는 더 이상 스위스에 관해 생각하지 않았다.

1968년 7월 3일이었다. 나는 필라델피아에 있었고 달린은 캘리포니아의 레드우드에서 친정 부모님과 함께 아기를 기다리고 있었다. 예정일은 3주나 남았다. 그러나 그날 아침에 잠이 깨자 나는 달린에게 전화해야 한다는 느낌을 받았다. 그녀의 목소리는 상기되어 있었다.

"오늘 아빠가 된다면 어떻겠어요?"

"오늘!" 다른 일에 관한 모든 생각이 즉시 머리에서 사라졌다. "정말이오?"

"네, 벌써 진통이 시작됐어요." 달린이 말했다. "내 생각에는 우리 아기가 오늘밤 8시나 9시쯤 태어날 것 같아요."

"당장 그리로 가겠소." 나는 거의 비명을 지르면서 전화를 끊었다.

그러나 너무 쉽사리 말해버린 셈이 되었다. 나는 가까스로 7월 4일 독립기념일 전날 밤 어렵게 자리를 예약할 수 있었다. 내가 탄 비행기가 필라델피아 공항 활주로에서 이륙하기 전에 비행 허가를 위해 3시간 동안이나 기다렸다. 나는 밤 11시가 돼서야 레드우드의 병원에 도착했다. 좀 더 일찍 그곳에 도착하지 못했다는 죄책감과 좌절감에 사로잡혀 있었다.

나는 대기실에 계신 장인, 장모님께 물었다. "제가 너무 늦은 것은 아니죠?"

아니라고 하면서 두 분은 나를 안심시켰다. 그러나 달린은 고통을 겪고 있었다. 의사는 아기가 엉덩이부터 나오고 있다고 말했다.

나는 분만 대기실로 황급히 들어갔다. 주기적으로 온몸에 힘을 주느라 지친 달린은 땀으로 젖은 요 위에 쓰러져 베개를 베고 힘없이 누워 있었다.

"당신이 올 때까지 기다렸어요." 그녀는 숨을 몰아쉬면서 진통 때문에 얼굴을 찡그리다가 간신히 웃어보였다. 나는 그녀의 손을 잡고 곁에 앉아서 기도하며 기다렸다.

달린이 분만실로 가야 할 시간이 되었다. 마침내, 새벽 3시에 의사가 고무장갑과 마스크를 벗으며 내게로 와서 내 손을 잡고 흔들었다.

"축하합니다! 아름다운 딸을 얻으셨습니다. 어려운 출산이었지만 당신 부인은 정말 강한 분입니다!"

우리는 아기의 이름을 캐런 조이라고 지었다. 이제 우리는 진짜 가족이 되었다. 그리고 우리는 또 다른 출산을 기대하고 있었다. 학교, 그 학교는 우리가 그렇게 바라던 사역의 문을 열 수 있는 여러 약속들을 담고 있는 것 같았다.

11 배가倍加되는 인도하심

하나님, 정말 당신이십니까? · Is that really you, God?

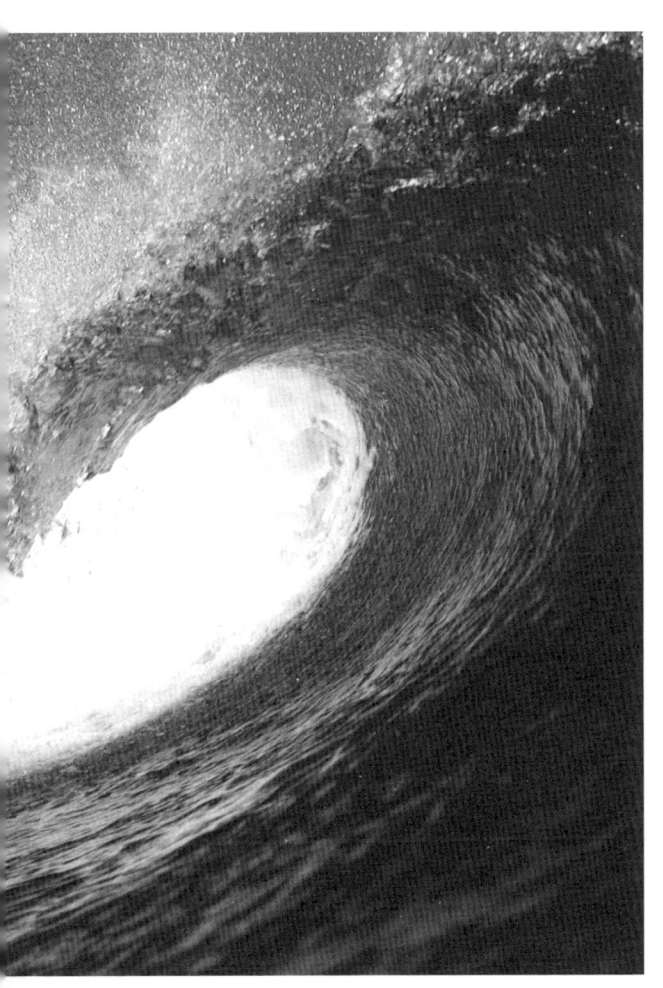

배가되는
인도하심

청년들을 선교사로 보내기 위한 하나님의 전략 중 하나가 단기간의 훈련학교를 세우는 것임을 이해하기 시작한 지 벌써 2년이 지났다. 우리가 만났던 젊은이들 중에는 달린이나 나처럼 작은 학교와 같은 가정에서 자라난 특권을 갖춘 사람들이 많지 않았다. 달린과 나는 어려서부터 가정에서 하나님이 어떻게 우리를 깨끗하게 하시고, 그분이 어떻게 필요한 것을 공급하시는지, 또한 우리를 어떻게 인도하시는지 등 '하나님의 방법'들을 배웠다. 나는 이제 하나님이 모든 YWAMer들, 특히 전임 사역자들이 이와 똑같이 경험하기를 원하신다고 느꼈다. 그리고 하나님은 동방박사의 원칙을 사용하셔서 특별한 인도하심을 우리에게 보여주셨다. 그분은 스위스에 가족처럼 함께 생활하는 학교가 세워지는 것을 원하셨다.

학교를 세울 장소를 물색하기 위해 스위스에 다녀온 지 벌써 1년이 넘었다는 사실이 믿어지지 않았다. 지난 1년은 실험적인 단계로 실수투성이였다. 우리가 처음 왔을 때 학교를 위해 물색해 놓았던 그 집은 시설이 적당하지 못하다는 것을 알았다. 그러다가 1주 전에 한 친구가 판자로 막아진 낡은 호텔을 찾아냈다. 그는 그 건물이 적격일 거라고 제안했다. 그래서 달린과 나는 14개월 된 캐런을 유모차에 태우고 조사차 그곳을 방문했다.

꽤 크고 낡은 호텔이었다. 오래된 녹색 문이 달린 회색빛 5층 회벽 건물이었다. 호텔은 상록수 숲이 무성한 언덕 옆에 자리 잡고 있었다. 우리는 그 근처를 두루 걸어 다녔다. 호텔 앞 널따란 잔디밭 가운데 키가 큰 플라타너스 나무가 한그루 있었고 그곳은 전에 야외카페로 사용된 듯했다. 지붕 위의 낡은 간판에는 '골프호텔'이라고 씌어 있었다. 나는 "근처에 골프장이 있었을 거야."라고 한마디했다. 우리는 잔디밭 근처에 펼쳐져 있는 초원과 방울을 달고 있는 소들의 모습을 즐기면서 시간을 보냈다. 멀리서 웅장한 알프스 산이 지평선 위에 흐릿하게 모습을 드러냈다.

우리는 호텔 옆에 있는 2층으로 된 부속 건물로 가서 집 주인을 만났다. 다행히도 그녀는 영어를 할 줄 알았다. 그녀가 호텔을 빌려주는 데 관심을 갖고 있다는 것을 곧 알 수 있었다. 그녀는 열쇠를 내주었다. "선생님, 필요하면 무엇이든 말씀해 주세요. 그 호텔은 여러 해 동안 닫혀 있었지만 모든 것이 그대로 다 있어요."

어쩌면 우리가 이 계단을 자주 오르내리게 될 것이라는 이상한 예감이 들었다. 나는 열쇠를 돌려 빡빡한 문을 밀어젖히고 안으로 들어갔다. 곰팡내와 눅눅함이 확 풍겨왔다. 입구의 구석에는 잘 짜인 거미줄이 쳐져 있었다. 로비는 한때 아름다웠을 적갈색 비단으로 수놓아진 낡은 의자와 긴 소파로 장식되어 있었다. 달린은 우중충한 것은 별로 신경 쓰지 않는 것처럼 보였다. 그녀는 계획을 세우고 있었다. "우리는 가구에 다시 새로 덮개를 씌우고, 아름다운 장소로 꾸밀 수 있어요. 벌써부터 아이들이 강의가 끝나면 휴식 시간에 이곳에 나와 앉아 있는 모습들이 상상이 돼요."

"여기 좀 보세요!" 그녀는 캐런을 유모차에서 내려놓아 낡은 동양식 양탄자 위를 기어 다니게 했다. 미닫이문을 통과해 로비에서부터 큰 식당으로 들어갈 수 있게 되어 있었다. "이 방은 교실로 쓰기에 안성맞춤이에요." 우리는 넓은 계단을 올라가서 32개의 방을 다 둘러보았다.

달린이 '우리가 쓸 방'을 찾아낼 때, 나는 그녀가 이곳에 머물기로 벌써 결정했다는 것을 알았다. 그 방은 2층 구석에 있었는데 유럽풍의 욕조가 갖추어진 욕실이 딸린 방이었다. 프랑스식 창문을 열면 시원한 바람과 소의 방울소리를 들을 수 있었다.

"당신은 이곳이 우리 집이 될 수 있다고 생각하는 거지?" 나는 웃으면서 물어보았다.

"그럼요!" 달린이 당연한 듯이 대답했다.

나는 이곳에서 어떤 일이 일어날까를 상상하면서 다시 한 번 호텔 안을 둘러보았다. 이 학교는 지식으로 머릿속을 채우는 것이 아니라 삶을 변화시키는 것이 목적이다. 하나님 안에서 믿음을 키우고, 그분의 성품에 대해 배우고, 주님과 하나 되려 하고, 우리도 서로 하나가 될 수 있을 것이다. 여기서 우리는 복음의 두 가지 측면에 대해 배울 수 있을 것이다. 더럽고 냄새가 나는 이 건물 안에 수백 명의 젊은이들이 더 깊은 차원에서 하나님을 알아가고 하나님을 다른 사람에게 알리는 방법을 배우는 학교가 생겨날 것이다.

나는 식당으로 들어섰다. 우리는 장래에 교실로 쓸 이 방에서 젊은이들을 3개월 동안 훈련시키고 간사들과 학생들이 함께 실제 사역지에 나가 6개월을 더 훈련받게 될 것이다. 하나님이 필요를 채워주실 것을 신뢰하며, 주님에 관해 이야기하며, 교실에서 배웠던 것을 실제 삶으로 옮길 것이다. 젊은이들은 자신의 비전을 갖고 돌아오게 될 것이다.

나는 소리 내어 말했다. "앞으로 더 늘어나게 될 거야."

달린이 들어와서 "여보, 집 주인이 계약조건에 관해 이야기하고 싶대요."라고 말했다.

"좋아요, 먼저 기도합시다." 우리는 식당에 서서 캐런을 사이에 안고 기도했다. 우리는 하나님이 우리를 이곳으로 인도하셨다는 것을 믿고 아주 특별한 이 학교를 위해 꿈꾸던 모든 것을 이루어 주시도록 기도했다. 우리가 기도할 때 나는 칼라피 모알라를 생각했다. 내가 누렸던 것처럼 그가 가정과 학교에서 훈련받지 않은 것이 늘 마음에 걸렸다. 칼라피는 우리와 함께 있어야 한다. 그는 통가 여인 타푸와 결혼했다. 짐과 제니스가 그녀를 잘 알고 있었는데 아름다운 여성이라고 말해 주었다. "그녀는 통가의 귀족 가정 출신이에요." 제니스가 덧붙여서 "그들은 훌륭한 팀이에요."라고 말했다. 그래도 나는 여전히 마음에 걸렸다.

칼라피는 어린 나이에도 불구하고 새 선교 사역지인 뉴기니에서 많은 책임을 담당하고 있었다.

나의 관심은 이 스위스 학교와 이곳에서 일어날 모든 일에 초점이 맞추어져 있었다. 우리는 호텔을 임대했고, 5개국에서 올 36명의 젊은이들과 함께할 계획을 추진시켰다. 우리는 인도하심을 받는 가장 기본적인 원칙을 또 한 가지 배우게 되었다.

뉴질랜드에 있는 도우슨 가정에서 영혼 깊숙이 치료받는 변화를 체험한 이후로, 하나님의 음성을 듣는데 있어서 더 깊은 차원으로 나아가려면 절대적으로 하나님과 사람 앞에서 정직해야 한다는 것을 철처히 깨달았다. 내 생활을 살펴볼 때 내가 정결케 되는 시간을 가진 후에야 하나님의 능력이 풀려 역사하시는 것을 볼 수 있었다.

그리고 내가 공부했던 그 모든 큰 역사적인 성령운동들이 회개와 고백에 이어 일어났던 것을 기억했다. 나는 왜 그런 일이 연이어 일어났는지 알 수 있을 것 같았다. 정결케 하는 그 시간들은 나를 자유하게 해주기 때문이다. 사탄은 더 이상 나를 누를 어떤 비밀스러운 죄나 원망하는 마음을 찾아낼 수가 없다.

나는 YWAMer들에게 사람들 앞에서 죄를 '고백'하는 것을 결코 강요하지 않았다. 그러나 다른 사람들도 이 경험을 하게 될 것이라고 생각했다. 그렇기 때문에 학교를 시작한 후, 내 친구 돈 스티븐스에게 일어난 일은 내게 조금도 놀라운 일이 아니었다.

학교는 1969년 12월 27일에 시작되었다. 그것은 달린과 내가 함께 '골프호텔'을 본 지 6개월이 지난 후였다. 개교한 다음 날 우리는 첫 초빙 강사를 모시고 수업을 시작했다. 돈 스티븐스와 그의 아내도 함께 있었다. 돈과 디온은 바하마 섬에서의 첫 YWAM 전도여행 후 곧 결혼하였다. 그날 밤 나는 돈에게 강의를 요청했다. 그는 우리 앞에 서서 하나님이 어떻게 자신을 선교로 부르셨는지 간증했다. 그의 강인한 체구는 바하마 섬에서 봤을 때보다 더욱 강해진 듯했다. 그 일은 산 속에 있는 조그마한 교회에서 일어났는데, 그가 예배실의 맨 앞쪽에서 무릎을 꿇고 기도하고 있을 때 해외에서 활동하는 전임 선교사가 될 것이라는 강한 내적 확신이 들었다고 했다.

몇 주 후 깨끗한 양심을 가진 이후에 나타나는 능력에 대한 강의가 끝났을 때, 돈은 불편한 기색을 보이더니 드디어 자기 자리에서 일어났다.

"할 말이 있어요. 저는 과장을 했어요. 아니, 거짓말을 한 거죠. 첫날밤에 우리가 여기에 같이 모여서 하나님께서 어떻게 나를 부르셨는지 간증할 때 말이에요. 그분은 제가 말씀드린 대로 어느 부분까지는 정말 나를 부르셨어요. 그러나 그 뒤는 제 나름대로 이야기를 꾸며서 사실이 아닌 얘기를 덧붙였어요. 거짓말을 해서 정말 죄송합니다." 그리고는 재빨리 앉았다.

돈이 정직하게 자신의 죄를 고백한 것이 교실 전체에 영향을 미쳤고 다른 사람들도 자신들의 죄를 고백하며 무거운 짐을 벗어버렸다. 하나님의 영이 사람들의 마음을 움직이는 것을 지켜보면서 놀라움을 금할 수가 없었다. 그날 밤에 모든 사람이 사람들 앞에서 죄를 고백한 것은 아니었다. 그럴 필요는 없었다. 각 사람이 홀로 하나님께 조용히 나가 고백할 수도 있었다. 사실 구원을 가져오는 고백은 하나님 앞에서 하는 죄에 대한 고백이다. 그러나 사람들 앞에서 하는 고백은 겸손과 일치를 가져오고, 고백한 사람으로 하여금 생각과 감정과 몸을 고치시는 하나님의 능력을 받을 준비가 되게 한다.

고백은 영혼을 밝히는 것이다. 충성된 사람들 앞에서 고백하는 것이 우리에게 무척 유리하다는 것을 직접 경험한 것이다. 나는 잘못을 서로에게 나눌 때 오히려 진짜 가족처럼 더욱 가깝게 된다는 것을 깨달았다. 그 순간에 자신을 겸손히 낮춘 돈 스티븐스를 위해 기꺼이 죽을 수 있다는 생각이 들었다. 물론 다른 사람을 위해서도.

모든 사람은 성령께서 깨닫게 해주시는 대로 자신의 죄를 고백할 권리가 있다(약 5:16, 요일 1장, 삼하 11장, 12장의 다윗과 같이). 후에 학생들은 자기 방으로 돌아가서 부모님, 목사님, 선생님, 예전 애인에게 편지를 써서 그들과의 관계를 올바로 정리하였다.

나는 도우슨의 집에서 내가 묵었던 방의 책상 위에 놓여 있던 편지 뭉치들을 기억했다. 그리고 내 자신의 고백과 회개 후에 어떻게 YWAM의 사역이 새롭고 빠른 속도로 자라기 시작했는지 기억했다.

돈에게도 똑같은 일이 일어날 것인가?

1970년 늦여름, 달린과 캐런과 나는 호텔 근처의 소나무 숲을 천천히 거닐면서 학교에 관해 얘기하고 있었다. 나는 달린을 바라보았다. 두 번째 아기를 임신해서 배가 불러오고 있었다. 이날이야말로 학교가 정말 유익이 있는 것인지 판가름 나는 날이었다. 36명의 학생들이 멀게는 아프가니스탄까지 유럽 전역에 걸쳐 그들의 실제적인 실습 전도여행을 마치고 돌아오는 날이었다. 우리는 곧 그들로부터 선교 보고를 들을 수 있을 것이다. 달린과 함께 지난 주간에 12개 지역이나 방문했었지만, 곧 듣게 될 젊은이들의 경험이 무척 기대되었다.

선교지에서의 소식보다 먼저 청년들의 장래 계획이 어떤지 너 듣고 싶었다. 오늘은 중요한 날이었다. 왜냐하면 3년 반 전에 달린과 내가 똑같이 받았고 윌라드 캔틸톤 씨도 받았던 동일한 인도하심에 대한 결과를 확인하는 날이었기 때문이다. 예언과 마찬가지로 인도하심의 타당성을 알 수 있는 기준이 한 가지 있다면, 그것은 그 일이 실제로 일어났는가 하는 것이다.

이 젊은이들이 YWAM이라는 우산 아래서 새 사역을 시작하려고 할까? 오늘 학생들은 모두 호텔 바깥의 잔디 위에 모이기로 했다. 바로 그때 우리는 알게 될 것이다.

그날 오후 늦게 우리는 알프스 산이 우리를 내려다보는 호텔 앞 무화과나무 아래에 둥그렇게 모여 앉았다. 달린은 두 살이 된 캐런과 씨름하고 있었다. 캐런은 자석에 끌려가듯이 디온의 두 살배기 아기에게 정신을 빼앗겼다. 짐과 제니스도 함께했다. 그들은 작은 팀을 이끌고 아프가니스탄에 갔다가 방금 돌아왔다. 짐과 제니스를 보면서는 6년째 기다리는 아기에 대한 기도가 언제 응답될지 생각했다.

우리가 나무 그늘 밑에 앉았을 때 36명의 젊은이들이 독일, 스페인, 프랑스, 영국, 유고슬라비아, 불가리아, 아프가니스탄 등지에서 겪었던 모험에 대해 이야기하기 시작했다. 나는 함께 전도여행을 떠나지 못했지만 우리와 같이 일을 하고 있는 사람들에 대한 얘기를 들려주었다.

현재 뉴기니아에 있는 칼라피와 타푸와 그들의 팀을 포함해서 전 세계에 약 40명 정도의 YWAM 전임 간사들이 사역하고 있었다.

마침내 오랫동안 기다리던 시간이었다. 둥그렇게 둘러앉은 각 사람들의 장래계획을 듣는 시간이었다. 결과는 실망스럽지 않았다. 한 사람씩 하나님이 그들에게 YWAM과 함께 구체적으로 도움이 필요한 분야에서 독립적이면서도 선교사역과 연결되어 일하라고 말씀하신 것을 나누었다. 정말 이 일이 실현되고 있는 것일까? 그렇다. 내가 그렇게 오랫동안 꿈꿔 오던 기하급수적인 성장이 시작된 것이다.

젊은이들이 이곳에서의 짧은 기간 동안 사역을 하면서 어떤 사람들은 학교를 위해 남았고, 또 어떤 사람들은 그들 스스로 프랑스, 영국, 독일, 스페인으로 나아가기로 결정했다. 제니스와 짐은 스칸디나비아로 갈 예정이라고 했다.

나는 돈과 디온 부부를 바라보았다. 마지막 차례로 말없이 앉아 있는 유일한 사람들이었다. 그들은 아직 아무 말도 하지 않았다. "돈은 어때요? 어떤 계획이 있어요?" 나는 물었다.

그는 의자를 앞으로 당겨 웃으면서 내가 오늘 아침에 그 질문을 할까봐 염려했었다고 말했다. 왜냐하면 점심 때까지도 그는 자기와 디온이 무엇을 해야 할지 몰랐기 때문이었다. 그들은 몇 주 동안 기도했는데 아무것도 분명해 보이지 않았다.

"나는 거의 포기했었어요. 아무것도 명확히 나타나지 않았어요. 우리는 아무 인도하심도 받지 못하고 있었어요. 점심시간에 침대 위에 놓여 있던 《타임》지'를 집어 들었어요. 독일에 관한 기사가 보였는데, 2년 후 1972년에 뮌헨에서 열릴 '하계 올림픽' 장소를 준비하는 사진이 있었어요. 그리고 무슨 이유에서인지 수천 명의 공산주의를 표방하는 청년들이 얼마 전에 동부 베를린에서 구호를 외치면서 행진하는 것이 기억났어요. 그것은 소름끼치는 일이었어요. 그 청년들 중 눈빛이 살아 있는 사람은 아무도 없었거든요. 그 젊은이들의 눈을 보니 마치 죽은 자들이 행진하는 것 같았어요."

그는 내가 앉아 있는 곳을 건너다보았다. 그리고 숨을 한번 들이쉬고는 손바닥으로 가슴을 치면서 말했다. "로렌, 내가 믿기로는 그 올림픽이 열리는 동안에 뮌헨에서 그리스도인들의 행진이 있어야 한다고 생각해요! 제 생각에는 철의 장막 양편에서 오는 동독과 서독 사람들에게 예수 그리스도를 전할 아주 좋은 기회라고 생각해요. 그곳에 모인 운동선수들과 관광객들을 생각해 보면 그곳은 조그만 세계의 축소판 같을 거예요!"

그의 말을 듣자 뭔가 속에서 뜨거운 것이 솟구치는 것 같았다. 그러면서 그의 말이 맞다는 생각이 들었다. 그런데 혼자만 그렇게 느끼는 것이 아니었다. 둘러앉은 사람들 사이에서 흥분의 외침과 동의하는 소리가 일어났다.

사역의 배가 법칙이 가장 확실하게 실현되고 있는 것을 목격하고 있었다. YWAM은 돈과 같은 사람들에게 사역의 문을 열어주는 촉

매 역할을 하게 될 것이다. 하나님은 이 작은 학교에서 내가 아닌 다른 사람에게 중요한 생각을 주신 것이었다. 돈이 사람들 앞에서 자신을 낮추었던 시간을 기억하면서 나는 그가 하나님이 택하신 사람이라는 사실이 참으로 기뻤다. 나는 그를 신뢰했다.

"돈, 얼마나 많은 사람이 그곳에 가야 한다고 생각해요?" 내 질문에 돈은 한동안 시선을 아래로 떨구더니 말했다.

"200명 정도요."

내게는 적은 숫자로 들렸다. 그러나 200명이라도 사실 대단한 것이었다. 특히 올림픽을 위해 몰려들 사람들을 예상하고 우리를 수용할 숙박시설이 부족한 것에 비춰볼 때에 더욱 그랬다.

그렇게 보고의 시간을 마쳤다. 나는 그 일에 대해 말할 수 없이 크게 흥분됨을 느꼈다. 후에 우리는 그룹으로 모여 기도하는 시간을 가졌다. 여러 다른 지역으로 떠나는 사람들을 축복하며 보내게 되었다.

마침내 돈과 디욘과 그들의 어린 아기가 떠났다. 그들은 작은 버스에 짐을 싣고 뮌헨에 관해 알아보기 위해 떠났다.

나는 우리가 아주 큰일을 바로 앞에 두고 있다는 느낌을 받았다.

12 성공의 위험

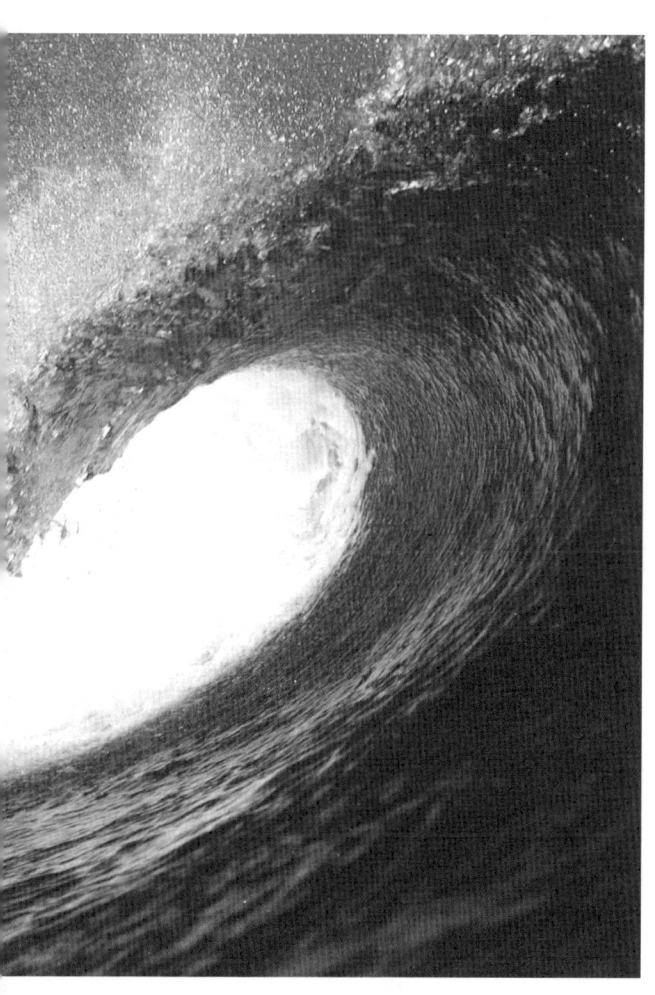

성공의
위험

하나님의 인도하심에 대한 가장 중요한 원칙을 미리 알았더라면, 이번 고통을 충분히 예방할 수 있었을 것이다. 그 원칙이란, 주님은 어떠한 상황에서든지 우리를 승리로 인도하실 것이지만, 성공 그 자체는 우리가 하나님의 음성을 올바로 듣는 데 있어서 가장 위험한 장애물이라는 것이다.

바로 앞에 놓인 커다란 모험에 뛰어들었을 때 우리는 이것에 관한 아무런 예비지식도 갖고 있지 못했다.

돈 스티븐스가 처음으로 뮌헨 올림픽에 자원자들을 데리고 전도여행을 가려는 꿈을 꾸기 시작한 지 2년이 지난 어느 쌀쌀하고 추운 날이었다. 나는 코펜하겐의 거리를 따라 인파 속을 걸으면서 대형 하이델베르크 인쇄기에 대해 생각하며 그것을 어디에 설치해야 할지 궁리하고 있었다. 6개월 후 뮌헨 올림픽에 올 관람객들에게 나누어 줄 백만 장의 전도지를 인쇄할 수 있도록 2톤이나 되는 인쇄기를 기증 받았고, 종이와 잉크를 살 돈도 함께 헌금 받았다. 한 가지 문제는 그 큰 인쇄기를 설치할 장소가 없다는 것이었다. 인쇄기를 어디로든 운반해서 설치하고, 이번 주에는 전도지를 찍어내야 한다.

나는 차도로 내려섰다. 차를 피하면서 외투 속으로 몸을 깊숙이 파묻었다. 따뜻한 곳을 그리워하며 임시 사무실로 쓰는 짐과 제니스의 아파트로 갔다.

인쇄기를 설치할 장소를 찾는 것은 작은 문제에 불과했다. 수백 명의 청소년들이 뮌헨으로 올 예정이다. 돈은 그가 처음에 자원자를 200명 정도로 예상했던 것이 하나님을 너무 제한한 것이었다는 것을 인정했다. 미국, 캐나다, 남아프리카, 유럽을 여행하며 자원자를 모집한 결과 약 1,000명 정도의 청년들이 지원했다.

돈은 숙박 시설을 알아보기 위해 여러 번 뮌헨에 갔다. 2년 전에 갔던 첫 번째 여행에서 그는 뮌헨 근처에서 차로 2시간 이내의 거리에 있는 큰 장소들은 벌써 모두 예약되었다는 것을 알았다.

"적어도 차고나 그와 비슷한 것이라도 찾아내야 되겠군. 그래야 그 인쇄기를 돌릴 수 있지!" 이것이 돈과 내가 문제 해결을 위해 미친 듯이 뛰어다닌 후에 내린 마지막 결론이었다.

사실 나는 인쇄기를 설치할 장소나 자원자들이 머물 장소에 대해 그리 걱정하지 않았다. 하나님이 셀 수 없을 만큼 공급해 주시는 것을 보았고 이번에도 또 무언가 일어날 것이라고 믿었기 때문이다. 지난 2년을 뒤돌아보았다. 그리고 얼마나 쉽게 일들이 진행되었는가를 생각했다. 우리는 어떤 원칙을 발견했고 그 원칙은 정확하게 맞아떨어졌다. 그리스도인이라면 누구나 발견할 수 있도록 모든 것이 거기에 있었다. 나는 약간 자신만만하게 내 자신에게 상기시켰다. "그분이 무엇을 하기를 원하시는지 그분의 말씀을 받기만 하면 그 다음에는 그분의 말씀을 선포하고, 그 일이 일어나는 것을 지켜보라."

1년 전에 아들 데이비드가 태어나기 한 달 전쯤 하나님은 우리에게 골프호텔을 사라고 말씀하셨다. 그때까지 YWAM이 소유한 재산은 몇 개의 타자기와 조그만 중고 인쇄기(밥과 로레인이 처음 소식지 보내는 것을 도와줄 당시에 사용했던 오래된 등사기에 비하면 꽤 큰 발전이었다!)와 몇 대의 중고 소형차뿐이었다. 그러나 하나님이 사라고 하셨기 때문에 우리는 그렇게 선포했다. 나는 마음을 정하였고 재정이 적당한 시간에 들어올 것에 대해 추호의 의심도 없었다.

매주 골프호텔을 구입하기 위한 돈이 조금씩 들어오고 있었다. 우리는 '우리가 할 수 있는 일'을 했다. 젊은이들은 희생적으로 헌금을 했다. 달린과 나는 하나님이 라푸엔테에 있는 우리 보금자리를 팔아서 헌금하라고 말씀하신다고 믿었다. 그래서 우리는 그렇게 했다.

돈을 지불해야 할 계약날인데 여전히 10,000달러가 부족했다. 나는 잔금을 치르기 전, 마지막으로 우편물을 확인하기 위해 우체국에 들렀다. 그곳에 우리가 하고 있는 일이 하나님이 원하시는 일인 줄 믿는 몇 사람들로부터 헌금이 들어와 있었다. 도저히 믿기 어려웠다. 총액이 10,060달러였길! 우리는 전액을 모두 지불한 후 단지 호기심으로 4일 동안 우체국에 가서 우편물을 확인했다. 단돈 1달러도 들어오지 않았다.

나는 뮌헨에서의 숙소 문제도 잘 해결되리라고 생각했다. 인쇄기를 설치할 장소도 발견하게 될 것이다. 그러나 한편으론 올림픽이 겨우 6개월밖에 남지 않은 것을 보면서 '빠를수록 좋은데' 하는 조급한 마음이 들었다.

며칠 후에 내 생각대로 전화가 왔다. 돈이었다. "로렌, 내 생각에는 인쇄기를 둘 만한 장소를 발견한 것 같아요. 1,000명의 젊은이도 수용할 수 있구요."

"정말이야? 정말 잘됐군. 어디에? 창고? 아니면 야영장?"

"음, 아니에요. 성이에요."

그가 성이라고 할 때 나는 멈칫했다. 그것은 터무니없는 것이었다. 그러나 그 성에 대한 이야기를 들으면서 그것이 우리를 위한 것인 줄 알게 되었다. 돈이 전화를 끊은 후에 나는 그 성을 우리가 사야 할지 말아야 할지를 알기 위해 기도했고, 이 장소가 단지 올림픽 전도여행을 위한 장소일 뿐만 아니라 오래도록 YWAM 독일지부로 쓰이리라는 더 큰 비전을 보게 되었다. 시간이 흐를수록 내 속에는 '그렇다'는 조용한 확신의 음성이 점점 더 크게 들려왔다.

며칠 후에 나는 돈 스티븐스가 있는 뮌헨으로 가서 그와 함께 그 성을 보러 갔다. 도시에서 1시간쯤 떨어진 곳의 평평한 농장지역을 지나 홀라흐 마을로 향해 달렸다. 좁은 시골길로 들어서니 그 성이 지평선 위에 거인처럼 우뚝 서 있었다. 우리의 성! 양파 모양의 둥근 지붕과 함께 2개의 쌍둥이 탑이 있었다. 우리는 바깥문을 지나서 원형의 길을 돌아 크고 화려하게 조각된 건물 앞에 차를 세웠다. 그리고 6층짜리 성과 근접해 있는 낮은 건물들을 보았다.

"굉장하군." 나는 돈에게 속삭였다.

우리는 초인종을 눌렀다. 그러자 관리인이 나오더니 우리를 건물 안으로 안내했다. 지하실에서부터 지붕 밑 다락방까지 모든 것이 아직 사용되지 않은 채였다. 16세기에 지어진 것인데 현재 이 성을 소유하고 있는 어린이 사회봉사 단체에서 우리들에게 팔려고 하는 액수의 2배를 들여 최근에 이 건물을 현대식으로 개조했다. 300명을 수용할 수 있는 충분한 방과 화장실이 있었다. 여러 종류의 다락방과 2,000평 정도의 마당을 보니 임시로 수백 명을 더 수용할 수 있을 것 같았다.

"우리에게 필요한 차고도 저기에 있어요." 돈이 웃으면서 말했다. "성에 딸려 있는 거예요!" 우리는 부속 건물에 있는 차고를 보기 위해 그곳으로 신나게 걸어갔다. 하이델베르크 인쇄기를 놓기에 충분했다.

"그리고 저 뒤쪽에다가 대규모의 훈련을 위해 텐트를 칠 수 있을 거야." 나는 말했다.

우리는 독일어 통역사와 함께 뮌헨으로 돌아와 성의 소유주와 만나서 하나님이 내게 주셨다고 느끼는 구체적인 액수를 제시하며 계약에 들어갔다. 우리는 1주일 안에 계약금을 치르는 데 동의했다. 그리고 8월 말까지 잔액을 치르기로 했다. 잔금을 치르는 기간은 올림픽 전도여행 기간 중에 있었다.

우리는 몇 분 후에 성의 열쇠를 가지고 나왔다. 너무 쉽게 일이 풀렸다. 일주일 안에 유럽의 그리스도인 친구들로부터 계약금이 들어왔다. 우리의 믿음은 점점 강해져 갔다. 며칠 후에 하이델베르크 인쇄기가 성으로 운송되어 왔다. 인쇄공들은 복음 전도지를 독어, 영어, 불어로 찍어내기 시작했다.

처음에는 지금부터 얘기하려는 그 생각이 하나님께로부터 온 것이 아닌 것처럼 보였다.

올림픽 경기가 시작되기 4개월 전인 1972년 3월, 돈이 성으로 옮겨간 지 얼마 지나지 않아 그 일이 생겼다. 나는 한 번 더 태평양을 중심으로 한 바퀴 돌면서 뮌헨에서 있을 3주간의 전도여행에 참석할 것을 권유하고 다녔다. 각 나라를 돌며 여행할 때 나는 정말 하나님이 다음에 무엇을 하실지 전혀 예측할 수가 없었다. 그 이유는 그분의 말씀이 올림픽 전도여행과는 전혀 상관이 없는 것이었기 때문이었다. 하나님은 먼 장래에 일어날 일을 위해 우리를 준비시키고 계셨다.

나는 서울에서 홍콩으로 가는 비행기 안에서 막 식사를 끝냈다. 비행기는 황해(黃海)에서 남쪽을 향해 날고 있었다. 비행기에서 창문을 가리는 타원형 차양을 들어 올리고 내다보니 멀리 중국이 보였다. 우리는 중국 상해에서 가까운 곳을 날고 있는 것 같았다. 저기 멀리 뽀얗게 보이는 안개 속 어딘가에 상해가 있을 것이다.

갑자기 하나님의 음성이 내 생각을 가로질러 들려왔다. "배를 사도록 하라."

나는 깜짝 놀랐다. "하나님 정말 당신이십니까?" 즉각적으로 되물었다. 바하마에서 클레오 태풍을 경험한 이후로 나는 YWAM이 선교의 두 가지 측면을 당장 진행해야 한다는 것을 인식했다. 하나님을 사랑하는 것과 사람들을 실제적으로 돕는 것이다. 큰 배는 이 두 가지 사역을 하는 데 완벽한 도구가 될 것이다. 하지만 그것은 너무나 큰 사역이었다. 나는 배에 수반되는 문제들, 즉 훈련된 선원들을 구하는 것, 국제 화물선박 규정을 따르는 것, 그리고 이 구제사역을 위한 배를 운영하는 데 필요한 막대한 돈과 자원들을 공급하는 것 등 엄청난 문제들을 생각했다.

"하나님, 만일 지금이 시작할 때라고 말씀하시는 것이라면 확신할 수 있도록 도와주십시오. 이렇게 큰일을 맡는 것은 우리에게 아주 큰 대가를 필요로 하는 것입니다."

나는 그 대가가 얼마나 클지 전혀 짐작할 수 없었다.

몇 주 후에 나는 뉴질랜드의 젊은이들에게 뮌헨 전도여행에 관한 설명을 막 끝냈다. 푸른 언덕에 띄엄띄엄 양들이 있는 이 사랑스러운 나라에 다시 왔다는 것이 무척 즐거웠다. 여기서 나는 하나님의 일하시는 방법에 관한 아주 많은 원리 원칙들을 배웠다. 나는 칼라피 모알라와 짐과 조이 도우슨과, 그의 소중한 동역자들을 만났다. YWAM 뉴질랜드를 위해 핵심이 되는 좋은 지도자들이 생겼다. 나는 이들에게 바하마 섬에서의 경험과 상해 주위를 날던 비행기에서의 경험에 대해 얘기했다. 우리는 "하나님께서 우리를 '배'를 통한 사역으로 인도하시는가?"에 대해 기도하기로 했다.

여섯 명이 모여서 기도하고 있었다. "주님, 우리는 당신의 도움이 필요합니다. 꼭 적합한 사람들을 모은다는 것이 얼마나 어려운 것인지 당신이 아십니다." 누군가가 그렇게 기도하고 있었다. 그때 갑자기 문을 두드리는 소리가 났다. 나는 방해받는 것에 약간 짜증이 났다. 내가 누구인지 보려고 문을 열었을 때 햇볕에 그을린 30대의 남자가 거기 서 있었다.

"무슨 일인가요, 선생님?" 내가 돌아오기를 기다리고 있는 친구들을 돌아보면서 내가 물었다.

그 남자는 방해가 되었다는 것을 눈치챘는지 불쑥 이렇게 물었다. "왜 하나님께서 자격이 없는 사람을 선교에 부르시는 걸까요?"

이상한 질문이었다. 그러나 내 마음속의 무엇인가가 주의해서 들으라고 나를 일깨워주는 것 같았다. "들어오시겠어요?" 나는 문을 활짝 열었다. "자격이 없다는 말씀은 무슨 뜻인가요?"

"제가…, 제 말은," 그 남자는 약간 주저하면서 방 안으로 들어서서 말했다. "내가 아는 것이라고는 바다에 관한 것뿐이에요. 나는 오랫동안 일등 항해사와 선장으로 지냈어요. 그런데 나는 하나님께서 나를 선교에 부르신다고 믿고 있어요. 어떻게 이것들이 선교와 연관이 되겠어요. 그렇지 않습니까?"

우리는 주님께서 우리에게 그렇게 직접적으로 응답하시는 것에 정말 놀랄 수밖에 없었다. 그 항해사는 우리가 금방 일거리를 제공할 수 없음에도 당장 일하고 싶어 했다. 뿐만 아니라 그는 우리가 인도하심을 구하고 있을 바로 그때 방문을 해서 우리를 아주 흥분시켰다. 물론 우리가 먼저 해야 할 사역은 뮌헨 전도여행이지만, 하나님은 우리에게 내일을 위해 행진하라는 명령을 주셨다.

나는 집으로 향했다. 달린에게 그동안 일어났던 일을 들려주고 싶어 견딜 수가 없었고 뮌헨 전도여행에도 날짜를 맞추고 싶었다.

나는 칼라피와 타푸와 그들의 두 딸을 보러 갈 시간이 없었다. 그들에겐 25명의 간사들이 있었다. 나는 칼라피가 틀림없이 잘하고 있으리라 확신했다.

달린과 나는 18개월, 4개월 된 두 아이들과 함께 뮌헨을 떠나 고속도로로 접어들었다. 평평한 농지를 지나 성으로 들어갔다. 이제 일주일만 있으면 수백 명의 젊은이들이 문자 그대로 모든 대륙에서 이 마을로 몰려올 것이다. 오두막 같은 조그만 집들, 아주 깨끗한 천주교 성당, 그리고 얼마 안 되는 가게들로 이루어진 이 조용한 마을은 앞으로 3주 동안 바쁘고 흥분된 시간을 갖게 될 것이다.

등산 가방을 멘 젊은이들이 벌써 마을을 지나 걸어가고 있었다. 나는 성 쪽으로 차를 돌리면서 말했다. "달린, 이곳 주민은 1,000명밖에 안 되지만 1주일 내에 인구가 2배로 늘어나오."

달린은 웃었다. "그래요, 로렌 커닝햄. 당신은 10년 전에 제게 당신 삶의 목표는 1,000명의 젊은이들이 전도하러 나가는 것을 보는 것이라고 하셨죠? 이제 그들이 오겠군요!"

그것은 재미있긴 했지만 만족스러운 평은 아니었다. 우리는 이제 그것을 훨씬 능가하는 목표를 세워놓고 있었다. 그리고 이미 커다란 두 사역이 잉태 중에 있었다.

나는 반타원형으로 되어 있는 길로 들어서서 육중한 조각이 있는 정문 앞에 멈추었다. 돈이 우리를 기다리고 있었다. 그가 뛰어나와 우리를 맞아주고, 디온도 두 살의 귀여운 금발의 아기와 함께 그 뒤를 따라왔다.

"성 뒤쪽으로 와 보세요, 깜짝 놀라게 해 드릴 게 있어요."

성과 뒤 울타리 사이에 큰 줄무늬 서커스 텐트가 세워져 있었다! 돈은 유럽에 있는 큰 텐트는 벌써 다 대여가 끝나 찾는 것을 거의 포기했었다고 말했다. 그러나 "그때 마침 무용 프로그램이 취소되어서 우리가 이곳에서 모임을 가질 수 있게 된 거예요."라고 돈이 말했다.

13 뮌헨 : 세계의 축소판

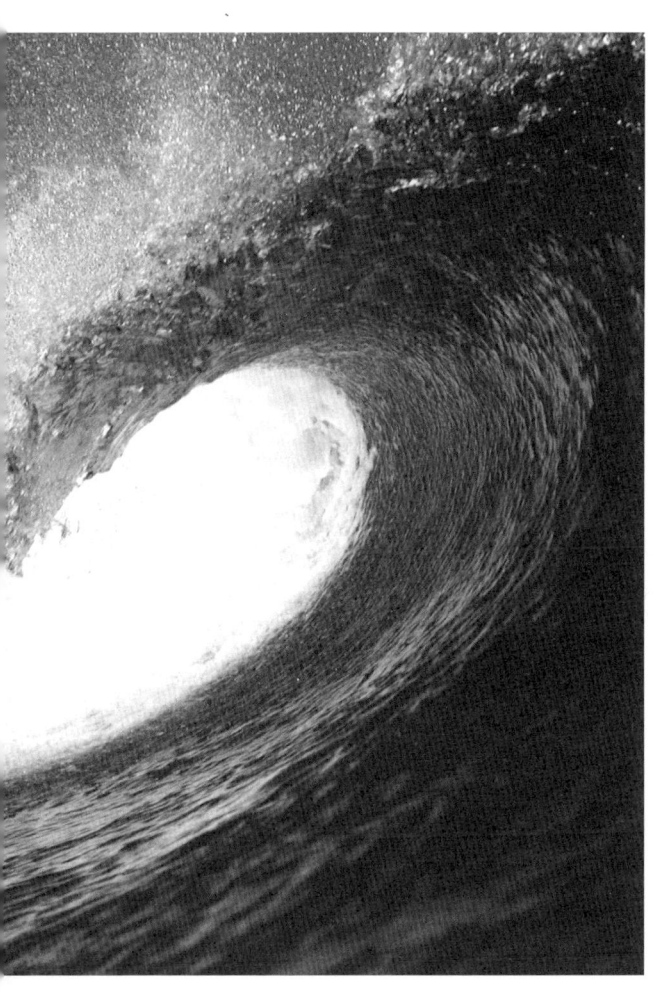

하나님, 정말 당신이십니까? · Is that really you, God?

뮌헨 :
세계의
축소판

그 주간 52개국, 50여 개 교파에서 1,000명의 젊은이들이 도착했다. 짐과 제니스, 짐과 조이 도우슨도 왔다. 짐 도우슨은 언제 봐도 품위가 있었다. 그리고 직설적으로 말하는 조이는 우리 학교의 성경교사 중 한 사람이 될 것이다.

3주 동안의 계획은 간단했다. 매일 돈 스티븐스의 지도로 500명의 젊은이들이 뮌헨의 거리에서 전도하고, 그동안 성에 남는 나머지 500명은 나와 함께 교육받고 기도와 성경읽기를 통해 새롭고 충만하게 될 것이다. 그리고 그 다음 날 두 팀은 서로 교체될 것이다. 젊은이들은 아침 5시에 일어나 점심을 싸서 뮌헨으로 가는 기차를 타고 자정이 되어서야 돌아오게 될 것이다. 우리는 3주간의 전도여행이 끝날 무렵 뮌헨에서 시가행진과 대규모 음악축제를 열 계획도 세웠다.

우리는 첫날부터 상상도 못할 만큼 가장 최악의 거부 반응인 '무관심'에 직면했다.

우리는 파티에 초대받지 않은 손님들 같았다. 뮌헨은 축제 분위기였다. 사람들에게 심각한 얘기를 하려는 시도는 축제를 방해하려는 것처럼 보여 매우 힘들었다. 스포츠는 커다란 우상이었다. 세계가 그 발 앞에 무릎을 꿇었다. 운동경기의 경쟁이 평화와 인류애에 대한 해답처럼 보였다. 사고 없이 잘 진행되는 올림픽 경기를 세계에 보여주기 위해 고심하고 있는 독일 당국은 우리가 계획한 행진을 금지했다. 또한, 음악축제도 뮌헨 시 밖에서만 하도록 허락했다.

그래서 임시변통하기로 했다. 우리는 조그만 팀으로 나누어 일부는 학교 교정으로 들어가고, 일부는 공원에 모여 있는 젊은 공산주의자들에게, 일부는 거리에 흩어져 있는 군중들에게, 일부는 도시 전역과 경기장에 흩어져 나갔고, 나머지는 즉석 집회를 개최하기도 했다. 선수촌에서는 청년들이 공산주의 국가에서 온 운동선수들과 얘기하기도 했다. 좀 더 얘기하기를 원하는 사람들을 만나면 큰 상점을 개조한 커피 하우스로 함께 가서 예수님에 대해 나누었다.

조금씩 좋은 결과를 얻기는 했지만 여전히 어려운 상황이었다. 사역하는 2주 동안 우리가 부딪힌 가장 큰 어려움은 재미와 경쟁을 추구하며 복음에 대해서는 무관심한 사람들의 태도였다.

그러나 스포츠를 통한 세계 인류애의 우상이 깨어지고 무너지게 되자 변화가 생겼다.

9월 5일 화요일 아침, 내가 우리의 모임 장소인 큰 줄무늬 텐트 안에서 설교하고 있을 때 뒷자리가 술렁거리는 것을 느꼈다. 귓속말로 전해지는 소리가 차츰 앞으로 전달되었다. 그러면서 그들의 얼굴은 걱정으로 어두워졌다. 마침내 청년 하나가 통로를 헤치고 나와 내게 쪽지를 건네주었다. 나는 그 쪽지를 읽으면서도 믿을 수가 없었다. 아랍 테러리스트들이 선수촌을 부수고 들어가 두 명의 이스라엘 선수를 죽이고 아홉 명을 인질로 잡고 있다는 것이었다. 나는 이 소식을 전하고 함께 기도하기 시작했다.

우리는 모임을 중지하고 소그룹으로 나뉘어 어떤 방법으로든 이 비극을 변화시켜 선을 이루시도록 하나님께 기도했다. 우리가 나중에 안 일이지만 돈과 도시에 있던 500명의 YWAMer들도 그들이 있던 곳에서 같이 기도하고 있었다. 그들은 둥그렇게 모여 조용히 무릎을 꿇고 테러리스트들이 선수들을 인질로 잡고 있는 곳, 경찰이 교통을 차단한 지역으로부터 1.6킬로미터 떨어진 곳에서 기도하고 있었다. 또 어떤 이들은 커피 하우스에서 무릎을 꿇고 기도했다. 우리는 숨을 죽이고 사건을 지켜보았다.

곧 격렬한 총격전이 발생했고 아홉 명의 이스라엘인과 다섯 명의 아랍인, 한 명의 독일인이 살상되고 이 인질극은 끝이 났다.

올림픽 축제는 하룻밤 사이에 장례식으로 변했다. 거리에서 떼를 지어 몰려다니던 사람들은 슬픔에 잠겼다. 그들이 갑자기 우리를 받아들이기 시작했다. 왜냐하면 우리는 희망의 사자였기 때문이었다. 우리는 그들에게 이와 같은 비극의 해답은 우는 자와 함께 우는 예수 그리스도임을 전했다. 그들의 마음이 열렸다. 테러리스트가 소동을 일으킨 바로 그날, 이스라엘 출신의 YWAMer는 아랍 이슬람교도 한 명을 주님께로 인도했다.

달린과 나는 더 이상 시골에 머물 수 없었다. 남아 있던 젊은이들과 함께 뮌헨으로 갔다. 올림픽경기장 공연장에 모여서 우리는 하나님께로 마음을 모으고 찬송했다. 사람들이 한 명씩 원형극장을 채우기 시작했지만 조용히 우리의 찬양을 들었다. 찬양이 끝날 때쯤 한 독일 소녀가 우리에게로 다가와 물었다. "당신들은 예수 믿는 사람들인가요?"

달린과 내가 동시에 대답했다. "네." 그때 우리는 이 소녀가 예수님을 알기를 간절히 원한다는 것을 알 수 있었다.

"저는 예수를 믿고 싶어요." 우리는 그녀를 커피 하우스로 데리고 가서 돈에게 소개시켜 주었다. 돈은 독일어에 능숙했다. 그는 그녀가 유럽을 헤매며 삶의 의미를 찾으려고 노력했다는 것을 알았다. 그녀는 그날 밤 삶의 의미를 발견했다. 그녀는 팔을 흔들며 말했다. "이제 나는 예수님을 알아요. 나도 예수의 사람이에요!"

이스라엘 선수들에게 비극이 일어난 후에 시 당국자들은 마음을 돌이켰다. 그중 한 경찰관이 돈에게 말했다. "당신네 그리스도인들이

한 일은 지난 3주 동안 이곳에서 일어났던 모든 일들 중에 유일하게 좋은 것이었소." 시 당국자들은 시가행진을 허락하고, 도시의 정원에서 꺾은 수천 송이의 꽃을 주면서, 도시 중심가를 지날 때 사람들에게 나눠주라고 했다. 천 명이나 되는 사람들이 애도하는 마음으로 하나가 되어 걸었다.

우리는 하이델베르크 인쇄기로 만 장 정도의 전도지를 찍었다. 사람들은 전도지를 우리 손으로 나누어 줄 새도 없이 집어갔다. 전도지에는 아랍 YWAMer들과 유대 YWAMer들이 같이 팔짱을 끼고 나란히 서서 찍은 사진과 함께 세계 인류애를 유지하는 유일한 답은 예수 그리스도뿐이란 것을 전하는 내용의 글이 실려 있었다.

3주간의 올림픽이 끝났다. 뮌헨 올림픽은 결코 잊지 못할 비극으로 막을 내렸다. 우리도 3주간의 전도여행을 끝냈다. 사람들과 슬픔을 나누었던 시간이었고 전 세계를 공포로 떨게 했던 비극이었지만, 우리는 이 사건이 YWAM에서 새로운 전기를 마련해 주었다는 것을 느꼈다.

풍성한 헌금으로 성의 잔금을 치를 수 있었고 이제 독일에 영구적인 닻을 내릴 수 있는 장소가 생겼다. 큰 줄무늬 텐트를 걷기 전에 헌금하는 시간을 가졌다. 각자가 가진 다음 계획에 따라 헌금을 하거나, 헌금을 받았다. 많은 젊은이들에게 비행기 값이 필요했다. 왜냐하면 그들은 전 세계 20여 개의 YWAM 지부 중 하나로 가서 계속해서 일하기로 결정했기 때문이다. 또 다른 이들은 로잔 학교 이후에 생긴 3개의 학교 중 한 곳으로 가기로 결정했다. 거의 모든 경우에 추가 경비가 들었다. 부모님이나 교회들과 계속해서 연락을 하도록 강조했기 때문에 학생들은 새로운 계획에 대해 부모님과 상의하느라 많은 시간 동안 장거리 전화를 사용했다.

올림픽이 끝남으로써 나의 관심은 다른 곳으로 옮겨가게 되었다. 다음으로 특별한 인도하심이 필요한 분야는 배에 관한 것이었다. 왠지 배가 어떤 모습일 것이라는 그림이 그려졌다. 길이는 약 150미터 가량이고, 몇백 명이 숙박할 수 있으며, 배 안에서 운영될 학교 건물도 필요하고, 가난한 이들에게 줄 물건을 운반할 수 있는 큰 화물선이 될 것이다. 의료진과 수백 명의 젊은이들이 항구마다 내려서 복음을 전할 것이다. 배는 하얀색으로 칠해져서 하나님의 순결하심을 상징하게 될 것이다.

제3자가 뉴질랜드에서 팔려고 내놓은 '마오리'라는 이름의 국내선 선박에 관해 이야기해 주었을 때에야 비로소 나는 그 배에 관심을 두기 시작했다. 하나님이 배를 구입하도록 말씀하신 지 13개월 만인 1973년 4월에 나는 마오리를 조사하기 위해 뉴질랜드로 향했다. 우리는 벌써 선장과 다른 자격 있는 선원들을 발견했고 그들은 로잔 학교에서 훈련을 받고 있는 중이었다.

웰링턴으로 가는 비행기는 항구 위를 낮게 날며 마지막 진입을 했다. 언덕이 많고 만으로 둘러싸인 것을 보니 꼭 샌프란시스코 같았다. 그때 나는 비행기 창 밑으로 내려다보이는 배를 보았다. 그 배는 틀림없이 마오리일 것이다. 그 배는 친구들이 묘사했던 그대로였다. 하얀 갑판 위에 주황과 파란색의 굴뚝이 있는 137미터 가량의 검은 배였다. 웰링턴의 언덕 아래에 늠름히 떠 있는 것을 보자 나는 확신을 가지고 생각했다. '나는 지금 하나님께로부터 온 우리의 미래를 내려다보고 있다!'

연합기선회사에서 온 대표와 뉴질랜드 YWAM의 지도자 중 한 사람과 함께 마오리로 다가갔다. 정말 좋은 배였다. 세 개의 갑판이 위에, 두 개의 갑판이 아래에 있었고, 920명이 잘 수 있고, 120대의 운송 차량이나 120톤의 화물을 실을 수 있었다. 식당과 휴게실과 조그만 병원도 있었다. 분명히 우리가 기다리던 배일 것이라고 생각했다. 차를 타고 나오며 마오리가 웅장하게 정박해 있는 곳을 쳐다보았다.

배를 구입하라는 신호를 계속 받았으므로, 나는 하나님의 음성을 들을 때 가장 지독한 잘못을 하고 있음을 전혀 깨닫지 못했다. 공교롭게도 그 실수는 인도하심을 받는 과정 중 가장 마지막 단계에서 저지른 것이었다. 이번에도 정말 모든 것이 잘 되어가고 있는 듯이 보였던 바로 그 순간에 일어났다.

14 그늘에 묵묵히 계시던 분

하나님, 정말 당신이십니까? · Is that really you, God?

그늘에
묵묵히
계시던 분

나는 돈에 그다지 관심이 없었다. 여전히 나는 달린과 다섯 살 된 캐런과 두 살 된 데이비드와 함께 로잔 학교에 딸린 부속건물에 살고 있었다. 우리는 그 자체에 대한 관심보다 하나님이 재정을 사용하셔서 어떻게 우리를 인도해 주시는가에 더 관심이 있었다. 하나님이 마오리를 사도록 급작스럽게 인도하시는 것 같이 보였으므로 배를 직접 본 지 4개월 후에 연합기선회사와 교섭하도록 행정 비서인 윌리 웬지를 뉴질랜드로 보냈다. 72,000달러의 계약금을 1973년 9월 4일까지 주기로 하고 잔액은 30일 내에 갚기로 했다.

배를 사기로 한 결정에 대해 우리는 당장 용기를 얻었다. 영국의 한 사업가가 내게 전화해서 말하기를 하나님이 YWAM을 위하여 무엇인가 하라고 말씀하셨다고 했다. 그가 보낸 돈은 계약금보다 많은 액수였다. 윌리 웬지는 하나님이 마오리를 사라고 말씀하셨다고 하는 젊은 선교사에 대한 기사가 뉴질랜드 신문에 났다고 알려왔다. 그 배는 뉴질랜드에서 아주 오랫동안 사용되었기 때문에 항해자들에게는 큰 의미가 있었다. 우리에 대한 기사로 사람들의 관심이 집중되었다. 곧 그 나라의 모든 사람들이 우리가 마오리를 살 계획이 있다는 것을 알게 된 것이다.

우리는 확신이 있었다. 과거의 성공을 생각하면 이 확신은 당연한 듯이 보였다. 우리는 언론 기관에 하나님이 그분의 백성에게 말씀하실 뿐 아니라 또한 필요한 모든 것을 공급하시는 분이라는 것을 강조했다. 신문사에서는 이런 발언을 몹시 좋아했다.

신문에서는 "젊은이들은 '하나님께서 우리에게 배를 주실 것이다!'라고 선포했다."고 보도했다. 우리는 잔금을 치르게 되어 있는 30일이 지나면 그 배가 뉴질랜드에서부터 캘리포니아로 항해할 것이라고 말했다. 그 배는 두 달 후인 10월 중순에 도착할 것이다. 나는 신이 나서 공중에 떠다니는 기분이 되었다. 그렇지 않을 이유가 없었다. 선교 자원자가 늘어난다든가, 돈이나 특별 헌금이 들어오는 등 매일 새로운 문이 열리는 것을 보았다.

어느 페인트 회사에서는 마오리 전체를 하얀색으로 칠하는 데 드는 페인트를 기부하기로 약속했다. 또 퀸엘리자베스 2호의 실내장식 담당자는 무료로 우리 배를 장식해 주겠다고 자원했다. 어떤 농부들은 가난한 사람들에게 나눠줄 곡식과 고기를 기부하기로 약속했다.

가장 중요했던 것은 마닐라의 한 사업가가 배의 잔금을 헌금하기로 약속한 것이었다. 그가 할 일이라고는 필리핀으로부터 그 돈을 가지고 나오는 일뿐이다. 모든 일이 착착 진행되고 있는 듯이 보였고, 배에 대한 비전이 빠르게 이루어지고 있는듯했다.

날마다 새로 일어나는 일들을 단순히 관리하는 것만으로도 나는 정신이 없을 지경이었다. 어느 날 나는 일의 진행을 늦추어야 할 필요를 느꼈다. 사실 나에게는 기도하고 금식하면서 하나님과 홀로 지내는 일주일이 필요했다.

그 주간에 모든 것이 뒤바뀌었다.

나는 조용히 앉아서 히브리서의 말씀을 펼쳐 놓은 채로 기도하고 있었다. 갑자기 12장 26절과 27절 말씀이 그 장에서 튀어나오듯이 내 눈에 들어왔다.

"그때에는 그 소리가 땅을 진동하였거니와 이제는 약속하여 이르시되 내가 또 한 번 땅만 아니라 하늘도 진동하리라 하셨느니라 이 또 한 번이라 하심은 진동하지 아니하는 것을 영존하게 하기 위하여 진동할 것들 곧 만드신 것들이 변동될 것을 나타내심이라."

큰 바위로 내 명치 끝을 탁 치는 것 같았다. '오, 안 돼! 설마 이 말씀이 배에 관한 것을 뜻하는 것은 아니겠지!'

다음 날 걱정되는 마음으로 캘리포니아 사무실에 전화를 했다.

도우슨 부부가 전임간사로 위탁한 후부터 짐 도우슨이 행정을 맡게 되었다.

"오늘 배를 위해서 들어온 것이 있습니까?" 나는 물었다.

"하나도 없어요, 로렌." 짐 도우슨이 이상하다는 듯 말했다.

"그 마닐라 사업가가 아직 필리핀에서 돈을 갖고 오지 않았나요?"

필리핀에서는 아무 소식이 없었다. 정말 이상했다. 우리는 당연히 모든 일이 잘 진행되리라고 생각했다. 나는 당황했다. 히브리서의 말씀은 정말 강력한 힘이 있었다. 아마도 그 말씀이 배에 관한 말씀이었는지도 모른다!

그 주간의 나머지 날 동안 기도하면서 나는 이 분명한 경고의 말씀을 가지고 씨름했지만 아무것도 명쾌해지지 않았다. 모두 모여 함께 기도할 때 하나님의 분명한 음성을 들은 경험이 있었기 때문에, 다음 주에 오사카에서 93명의 YWAM 지도자들과 만나면 좀 더 알게 될지도 모른다.

연합기선회사에 잔액을 치르기 2주 전에 나는 달린에게 작별 인사를 간단히 한 후 서울을 거쳐 오사카로 가기 위해 출발했다. 나중에야 알게 되었지만 서울에서 머문 며칠 동안 나는 중대한 전환점을 맞이하게 되었다. 오사카를 향해 가면서 나는 1년에 한 번씩 모이는 이 지도자 모임이 얼마나 중요한 모임이 되었는지 깊이 생각했다.

창설 13년 만에 우리는 15개국에서 온 200명의 선교사들을 가진 큰 가족으로 성장했다. 각 나라 안에 개별적인 지부가 있어서 자치적인 조직과 자금으로 운영되고 있었다. 이렇게 우리는 동일한 부르심과 비전으로 결속되었다. 여러 나라에 흩어져서 일하는 YWAM에게는 전체 모임이 매우 중요한 의미가 있다. 이런 모임을 통해 서로에 대한 관계가 더욱 결속되는 것이다.

만약 하나님께로부터 온 '흔들림'에 관한 성경 구절이 정말 배에 관한 것이라면 나는 더 어려운 상황에 있게 된다. 동료들을 대할 생각에 마음이 움츠러들었다. 돈 스티븐스, 짐과 조이 도우슨, 제니스와 짐, 칼라피와 타푸, 그 외에도 많은 사람들이 올 것이다. 그들에게 배가 위태로운 상황에 놓여 있다고 말해야 한다는 것은 정말 끔찍했다.

비행기에서 조금씩 배에 대한 확신이 되살아나며 히브리서의 경고 말씀이 배에 관한 것이 아니라는 생각이 들기 시작했다. 경유지인 서울에 도착했을 때 뉴질랜드의 윌리 웬지에게 전화했다. 그는 무척 긍정적으로 얘기했다. 10개국에서 모여든 110명의 자원자들과 선원들은 배 곳곳을 청소하고 닦고 윤을 내느라고 정신이 없다고 했다.

그러나 내 안에 생겼던 확신의 느낌은 그 다음에 일어난 이상한 사건으로 인해 산산이 깨어져 버렸다. 다음 날 이른 아침에 나는 동양식 요 위에 누워 기도하고 있었다. 3일 후면 회의에 참석하기 위해 오사카로 날아갈 것이다. 배의 잔금을 치를 날짜도 10일밖에 남지 않았다.

나는 서서히 마음을 가라앉히면서 예수님께로 마음을 모으고 순복하며 주님께 경배드렸다. 나는 성령님이 내 마음에 말씀하시는 것을 모두 들을 준비가 되어 있었다.

갑자기 나는 마음속으로 한 그림을 보게 되었다. 내가 17년 전에 보았던 파도에 관한 그림과 별로 다를 것이 없었다. 그러나 이번에는 간담이 서늘해지는 환상이었다.

내가 YWAM 지도자들 앞에 서 있었다. 나는 기쁨에 넘쳐 환호하고 있었다. "우리는 배를 얻었습니다! 하나님께서 마오리를 사기 위한 돈을 주셨습니다!" 군중들은 크게 환호하며 팔을 흔들고 소리를 질렀다. 그 순간 내 왼편 그늘에 누군가 서 있는 것이 보였다. 우리 중 아무도 그에게 눈길을 주지 않았다. 나는 가까이 다가가 그의 얼굴을 들여다보았다. 그는 애통해하고 있었다. 그때 갑자기 정신이 번쩍 들었다. 그분은 예수님이셨다! 우리는 그분을 무시했다! 우리가 배에 환호를 보내고 박수를 치고 있는 동안 예수님은 잊고 있었던 것이다!

나는 요 위에 얼굴을 파묻었다. 그 소름끼치는 장면을 지워버릴 수가 없었다. "오, 하나님! 저를 용서해 주세요! 우리에게 주시는 그 배에만 마음을 쏟고 당신은 외면하고 있었습니다. 저는 아니, 우리는 그 배를 소유할 자격이 없습니다! 우리는 주님이 마땅히 받으셔야 할 영광을 금속 덩어리에 내어줄 수 없습니다."

나는 오랫동안 울었다. 그리고 하나님이 나의 부르짖음을 들으시고 나를 용서해 주셨음을 느꼈다. 하지만 나는 마음가짐을 바꾸는 것 외에도 뭔가 해야 할 일이 더 있다는 사실을 알았다. 나는 월요일에 오사카에서 지도자들에게 이 침울한 소식을 전해야 한다. 우리는 다른 어떤 것을 생각하기 전에 심각하게 주님과 몇 가지 일을 해야 한다.

나는 오사카 공항에 내리면서 억지로 미소를 지을 수밖에 없었다. YWAM 사역이 일본에 자리 잡도록 애쓴 칼라피와 그의 아내 타푸가 공항에서 나를 맞아주었다. 칼라피는 얼굴에 약간 살이 붙은 것을 제외하고는 변한 게 없었다. "더 통가 귀족같이 보이는데?" 나는 당장은 슬픔을 보이지 않으려고 노력하면서 말했다. 칼라피의 아내는 그보다 키가 작았다. 아름다운 검은 곱슬머리에 수줍은 미소를 짓고 있었다. 그들은 부산스럽게 나를 데리고 차 있는 곳으로 가면서 미리 잡아놓은 우리의 집회 장소가 시골풍의 호스텔이라고 미리 일러주었다. "1급 호텔은 아니에요!" 칼라피가 말했다.

차를 타고 가면서 그들의 사역에 관하여 얘기를 주고받았다. 칼라피는 예전보다 덜 명랑해 보였다. 시간이 많이 흐른 탓일까? 6년 전 뉴질랜드에서 처음 만났을 때 그는 홀쭉한 열아홉 살 소년이었다. 칼라피는 나의 질문에 대답하며 대학생들에 대한 그들의 사역에 관해 내게 열심히 얘기했다. 나는 처음에 느꼈던 인상을 지워버렸다.

칼라피는 오사카 근교의 오쯔 시에 있는 2층짜리 검소한 호텔 앞에 차를 주차시켰다. 우리가 반들반들하게 타일이 깔린 복도로 들어서자 YWAM 친구들이 뛰어나와 나를 맞아주었다. 모든 사람의 사기는 고조되어 있었다. 나는 조용히 어두운 마음을 묻어두었다.

재빠른 일본인 가정부가 딱딱한 플라스틱 슬리퍼와 수건과 시트를 갖다 주었다. 나는 그것들을 받아들고는 돌계단을 올라 내 방으로 왔다. 침대 위에 누웠다. 오후에 있을 첫 모임을 기다리는 일이 기쁘지 않았다.

2층의 회의실에는 의자가 세 줄씩 반원형 형태로 놓여 있었다. 우리는 자리에 앉았다. 나는 나무 장식도 없이 휑한 방을 둘러보며 '우리의 주위를 분산시킬 만한 것은 별로 없다.'고 생각했다.

나는 일어서서 앉아 있는 YWAM 지도자들을 둘러보았다. 배에 관한 최근 소식을 들으려는 기대에 찬 시선들이 내게 못 박히듯 집중되었다. 그러나 나는 그 대신 하나님이 내게 보여주신 환상을 이야기했다. 우리가 한 뭉치의 금속 덩어리에게 찬사를 보내는 동안 어두운 그늘에서 슬퍼하시던 예수님에 대해서 말했다.

그것은 정말 간단한 이야기였다. 하나님이 우리에게 배를 구입하라고 하셨다. 그리고 계속해서 하나님은 하나님의 음성을 듣는 데 있어서 우리가 배운 모든 방법을 통해 확인해 주셨다. 하나님은 동빙빅

사의 원칙을 사용하셨다. 또한 우리를 위해 성경 구절을 뽑아주시듯이 말씀을 통해 하나님의 뜻을 알려주셨고 돈과 필요한 사람들을 보내주심으로 마음속에 강한 확신을 갖도록 해주셨다.

그러나 우리는 그분의 인도하심을 받고 일을 수행하는 방식에서 실패했다. 우리는 은연중에 선물을 주시는 그분은 외면하고 선물에만 마음을 두고 있었던 것이다.

모든 사람의 반응은 즉각적이었고, 일치되었다. 내가 서울의 한국식 요 위에서 나타냈던 것과 같은 반응들을 보였다. 어떤 이들은 무릎을 꿇고, 어떤 이들은 얼굴을 땅에 대고 엎드려 있었고, 어떤 이들은 울기 시작했다. 우리는 곧 통곡하기 시작했다. 남자 여자 할 것 없이 모두 다 하나님을 슬프게 한 것에 대해서 울었다. 성령님이 우리의 죄를 깨닫게 해주고 있음이 온 방안에 분명하게 드러났다.

6일 동안 배를 소유하게 될 것을 축하하는 것이 아니라, 우리 삶에서 하나님께 우선권을 두지 못했거나 하나님의 영광을 가로챘던 것에 대해 고백하고 회개했다. 죄를 고백하는 날이 거듭되었다. 칼라피는 자세히 설명하지 않았지만 어쩐지 그에게서 무거움이 느껴졌다. 내가 도울 수 있을까 해서 그와 홀로 만날 기회를 가지려 했지만 그런 시간을 갖지 못했다.

매일 그 횅한 장소에 모여 무거운 죄책감이 해결되기를 기대했다. 우리는 정결하게 되어야 할 새로운 면들이 우리 안에 있음을 발견했다. 하나님의 경이로운 거룩함에 대한 고통스러운 인식이 큰 방안을 휩쓸었다. 우리 전체를 사로잡고 있던 공통적인 결점이 무엇인가를 차차 느끼기 시작했다. 가장 큰 결점은 교만이었다. 우리는 YWAM이 하나님의 '가장 사랑하시는 도구'며 우리는 '가장 영적인' 선교 단체며 또한 우리가 다른 사람들보다 '믿음에 관해 더 많이' 배워 왔고, 우리가 하나님의 역사를 이루는 특별한 방법들을 갖고 있다고 생각해 왔던 것이다.

우리는 마음 밑바닥에 무엇이 있는가를 보았고, 그것은 메스꺼울 정도로 더러웠다. 나는 처음으로 심판 날에 하나님 앞에 서는 것이 어떤 것이라는 것을 희미하게나마 알 것 같았다.

우리는 하나님의 긍휼하심 앞에 우리를 던지는 것 외에 아무것도 할 수 없었다. 7일째 되는 날, 침착하게 찬송을 부르고 있을 때 갑자기 특별하고도 깊은 고요함이 우리들 가운데 자리 잡았다. 성령에 의한 어떤 직관으로 우리는 예수님이 오사카 근교 호텔 2층의 초라한 회의실로 들어오셨다는 것을 알았다. 그는 우리의 모든 정죄감을 벗겨 주셨다. 우리는 이제 용서받아 깨끗하게 되었다.

하나님께 감사드리고 기뻐하는 시간을 가진 후에 나는 하나님이 배에 관해 무엇인가 말씀하실 것 같은 생각이 들었다. 그러나 그 일은 일어나지 않았다. 나는 무엇을 해야 할지 몰랐다. 오직 내가 기대하는 것은 우리가 때를 맞추어 회개했기를 바랐고, 이제는 우선권을 올바로 정하여 도구가 아닌 하나님을 바라보고, 하나님이 상황을 고치시고 여전히 우리에게 배를 주시기를 바랄 뿐이었다.

그러나 우리에게 그러한 변화는 일어나지 않았다. 마오리를 위해 잔금을 치러야 할 날짜가 닥쳐왔다. 나는 뉴질랜드에 있는 윌리에게 전화해서 일본에서 어떤 일들이 일어났는지 얘기해 주었다. 물론, 그도 우리처럼 어리둥절해했다. 나는 윌리에게 연합기선회사로부터 날짜를 연기할 수 있는지 물어보라고 부탁했다. 윌리는 그들이 4주를 연기해 주었다고 전해왔다. 그러나 배를 수리하던 승무원들은 하던 일을 그만두고 배를 비워주어야 한다는 것이었다. 그들 중 거의 반이 집으로 돌아가고 60명 정도만 남아서 웰링턴의 그리스도인이 제공해 준 숙소에서 머물 것이라고 했다.

"대부 받는 것은 어떻게 생각하세요, 로렌?" 윌리는 주저하며 물어왔다. "배를 사도록 세 사람이 돈을 빌려주겠다고 제의해 왔어요." 그의 목소리는 확신이 없었다. 우리는 돈을 대부 받는 것이 올바른 일이 아닌 줄 알고 있었다.

친구들은 맥이 빠진 상태로 서로 인사하고 오사카를 떠나 세계의 각 지부로 각각 흩어져 돌아갔다. 나는 달린이 있는 곳으로 갔다. 달린은 비행기로 스위스에서 캘리포니아로 돌아와 일의 새로운 전개에 대해서 우리만큼이나 놀란 상태로 나를 기다리고 있었다. 그녀와 나는 마오리가 캘리포니아로 들어올 때 그 배를 맞으려고 했었다.

달린과 나는 미국으로 돌아와 오랜 시간 동안 기도에 전념했다. "주님, 정말 당신께서 이렇게 하신 것입니까?" 나는 거듭해서 이 질문을 하고 있었다. 왜 주님은 배의 상황을 고치시지 않는 것일까? 아마도 하나님은 다시 연기 받은 마감 날짜인 11월 2일이 되기 전 3주 동안 어떤 일을 하실지도 모른다는 생각이 들었다. "우리를 도와주세요. 사랑하는 주님, 당신이 무슨 일을 하고 계신지 이해할 수 있도록 우리를 도와주세요." 달린이 기도했다.

적어도 달린의 기도는 응답되었다. 오사카 회의에 참석했던 조이 도우슨이 며칠 후 내게 전화했다.

"로렌, 나는 나사로에 관한 이야기를 방금 읽었어요. 예수께서 나사로를 '고치지 않기'로 결정한 그 부분인데요. 그분은 친구가 죽을 때까지 기다렸어요. 그러고 나서 그를 '부활' 시켰어요. 이 경우에 부활은 고쳐주시는 것보다 더 큰 영광을 하나님께 돌렸어요."

나는 숨이 막힐 것 같았다.

"로렌, 저는 하나님이 이 말씀을 바로 지금 YWAM에게 하신다고 믿어요. 그가 우리에게 선택할 수 있는 기회를 주시는 거예요. 우리는 배에 관한 일에 대해 고침만 받을 수도 있어요. 그렇지만 만일 우리가 부활을 선택한다면 하나님께 더 큰 영광을 돌리게 될 거예요. 어려운 부분은 우리가 배에 대해서 죽는 것을 선택할 때 우리의 '명성'도 함께 죽는다는 거예요. 하지만 YWAM에서 작은 역할을 담당하고 있는 저로서는 후자를 택하고 싶어요."

조이가 진실을 말하고 있다는 확신이 다른 모든 생각을 차단시켰다. 나는 그 선택의 여지가 지금 내 앞에 놓여 있다는 것을 알았다. 전화를 끊고 난 후 나는 확인을 위해 혼자 기도했다. 그리고 조이 도우슨이 말한 그 진리는 내 마음속에서 점점 더 강한 확신으로 자라갔다. 하나님은 우리에게 꿈이 죽도록 허락하시고 친히 부활시키셔서 하나님께 더 큰 영광을 돌릴 기회를 주고 계시는 것이었다.

먼저 마오리에 대한 우리의 계획이 죽어야만 한다. 정말 완전히 죽어야 한다. 그리고 우리도 그 계획과 함께 죽어야만 한다. 뉴질랜드 신문에 우리에 관해 실린 모든 기사를 기억하면서, 특히 하나님이 우리에게 배를 주실 것이라고 단호하게 잘라 말했던 시간들을 기억했다. 나는 뉴질랜드에 있는 사람들과 바르게 해결해야 할 것이 있다고 느꼈다. 하나님을 신뢰하는 이들의 믿음이 흔들릴지도 몰랐다. 어쩌면 사람들은 하나님이 말씀하시고 필요한 것을 공급해 주시는데 대해 쉽게 의심할지도 몰랐다.

그것은 어렵고 나 자신을 겸손케 하는 일이었지만 나는 뉴질랜드의 신문사로 편지를 띄웠다. 편지는 인쇄가 되었다. 하나님이 어떻게 우리가 배를 사도록 인도하셨으며, 그러나 우리가 '하나님'보다 배에 더 큰 영광을 돌림으로 실패한 것에 대해 이야기했다. 반응은 즉각적이었고 적의가 있었다. 특히 배를 우리 것이라고 성급하게 선포했다고 보는 몇몇 그리스도인들은 더욱 심했다.

내가 무슨 말을 할 수 있겠는가? 4주 전에 하나님이 흔들릴 수 있는 모든 것을 흔드시겠다고 한 히브리서 말씀을 읽은 바로 그날 이후, 지난 6개월과는 완전히 대조적으로 배를 위한 헌금이 단 1달러도 들어오지 않았다. 약정 헌금도, 자원 일꾼도, 배에 대한 전문가들과도 연결의 문도 열리지 않았다. 그리고 필리핀 정부는 우리 친구의 개인 돈에 대한 강경한 태도를 늦추지 않았다. 그들이 이 변화를 알 길이 없음에도 불구하고 모든 일이 일어났던 것이다. 갑자기 순조로웠던 흐름이 막혔다. 오직 하나님만이 그렇게 하실 수 있었다.

연합기선회사는 관대하게도 한 번 더 우리에게 기한을 연기해 주었다. 이번에는 일주일이었다. 우리는 그 제안을 받아들였다. 왜냐하면 하나님이 부활시키는 방법이 어떤 식으로 나타날지 몰랐기 때문이었다. 그러나 끝이 가까워 오는 것 같았다. 사랑하는 사람이 무서운 질병으로 죽어가는 것을 보는 느낌이었다. 엎친 데 덮친 격으로, 우리에게는 배에서 시작하려 했던 학교에 참석하기 위해 90명의 학생들이 오기로 되어 있었다. 나는 그 학생들에게 전화하여 배에서 열기로 했던 학교는 취소되었지만 하와이에서 갖게 될 YWAM 학교에는 올 수 있다고 선택의 여지를 주었다.

4주 후에 가족과 함께 로스앤젤레스를 떠나 하와이로 가면서 내 마음이 얼마나 무거웠는지 고백해야겠다. 하와이의 호놀룰루 공항에서 차를 타고 팔리 고속도로를 달릴 때 나는 이번 하와이 방문이 예전과 얼마나 다른지 생각했다. 햇빛도 여전하고 다이아몬드 헤드(와이키키 해변 옆에 있는 화산 이름 – 편집자 주)를 둘러싼 찬란한 푸른 물색도 여전했다. 노란색, 흰색, 분홍색의 꽃들이 가득 핀 플루메리아 나무도 변한 게 없었다. 그렇다. 변한 것은 내 마음이었다. 이전에 하와이에 왔을 때 나는 아주 즐거운 기대감으로 가득 찼다. 오랫동안 달린과 떨어져 있다가 다시 만났고, 지금까지 보아온 것과 전혀 다른 학교에 대한 계획을 세웠었다.

그러나 이번에는 기다리기 위해서 하와이로 오는 것이다.

우리는 고속도로를 벗어나 카네오히에 있는 야영장으로 들어섰다. 그곳은 호놀룰루 섬의 반대편에 있었다. 주차장 옆으로 카네오히만이 바라보이고 식당 겸 모임 장소와 부엌이 있었다. 주차장에는 공중전화가 있었다. 공중전화 박스가 없이 조그만 받침대 위에 전화기를 보호하기 위해 플라스틱 둥근 덮개가 있는 것이었다. 그것이 그 야영장에서 유일하게 이용할 수 있는 전화기였다. 나는 마오리의 이 곤경을 헤쳐 나가려면, 그 둥근 플라스틱 덮개 앞에서 많은 시간을 보내야 하리라는 것을 알았다.

달린과 나와 아이들은 오두막집으로 향했다. 벽면이 2/3만 있었고 그 윗부분은 보조망 같은 것으로 되어 있는 목조집이었다. 붙박이장도 없었고, 배관 공사도 되어 있지 않았다. 화장실은 다른 건물에 있었다. 그곳은 단순히 야영장일 뿐이었다.

그러나 우리는 현재까지의 인도하심 중 가장 깜짝 놀랄 만한 경험을 바로 이 초라한 곳에서 하게 되었다.

15 하나님의 음성 듣기

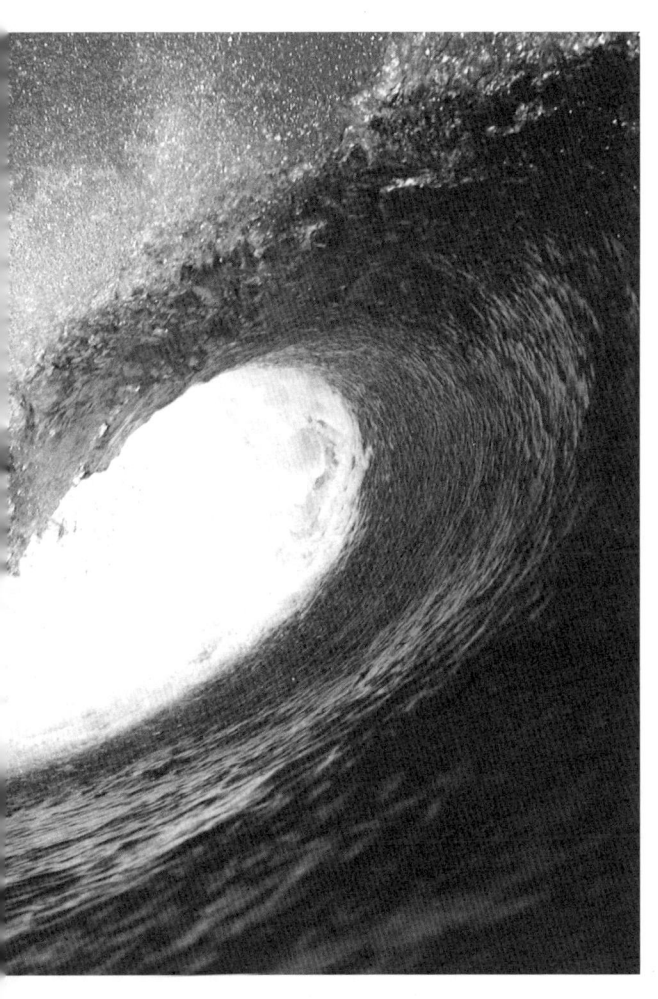

하나님, 정말 당신이십니까? · Is that really you, God?

하나님의
음성
듣기

하나님이 다음 단계의 계획을 펼치시기 시작할 때 우리는 인도하심에 대한 어떠한 암시도 느끼지 못했다. 우리는 그저 기다리기만 해야 하는 것 같았다. 배에 대한 우리의 꿈은 죽었다. 우리 단체에 대한 '명성'도 손상되었다. 달린과 나를 가장 불안하게 만든 것은 분명한 방향 제시가 없다는 것이었다.

"그런데 우리가 순종하고 있는 걸까요?" 내가 짐을 풀면서 약간 투덜대고 있을 때 달린이 물었다. 그런 것 같았다. 나는 우리가 순종하고 있다고 생각했다. "그러면 그냥 귀를 기울여 봐요. 하나님께서 어떤 일을 하고 계신지 보여주실 거예요!"

달린은 카네오히에 있는 우리의 조그만 오두막집을 아늑하게 만들기 위해 바쁘게 움직이고 있었다. 2개의 이층 침대가 겨우 들어갈 만한 장소였다. 달린은 줄을 쳐서 임시로 벽장을 만들었다. 나의 사무용 가방을 땅바닥에 눕혀놓고 그것이 내 사무실이라고 선언했다. 그리고 예전처럼 달린은 캐런과 데이비드의 밥그릇과 컵, 그들의 할아버지와 할머니와 삼촌들과 사촌들의 사진을 꺼내놓았다. 이 집은 부모님이 애리조나 주의 서머튼에서 살 때 상자들을 가구로 쓰던 텐트로 만든 집과 별 다를 바가 없었다.

실제로 92명의 학생 전부가 하와이로 와 주었다! 나는 젊은이들의 융통성에 경이를 금치 못했다. 짐과 제니스 로저스도 그곳에 도착했다. 우리 모두가 그 야영장의 식당에 모였을 때 나는 무슨 일이 진행되고 있는지 설명해 주었다. 모든 사람이 함께 마음을 합하여 인도하심을 위해 기도하고 기대하며 기다렸다.

나는 주차장에 있는 둥근 상자 안에 있는 전화기 앞에서 뉴질랜드에 있는 윌리 웬지와 마오리에 관해 이야기를 나누면서 많은 시간을 보냈다. 연합기선회사는 이제 한 번에 하루씩만 만기 기간을 연장해 주고 있었다.

11월의 비바람이 방갈로의 윗벽에 쳐진 보조망으로 휘몰아쳤다. 얼마 되지 않아 우리는 야영장의 진흙 구덩이에 갇히게 되었다. 우리가 원하시는 바를 행하고 있는지 내가 하나님께 여쭤보자 그냥 그렇다고만 하셨다. 기다리는 시간이 영원히 계속되지는 않을 것이라고 말씀하셨다. 며칠이 더 지났지만 나는 아무런 방향도 잡을 수 없었다.

전환점은 어느 놀라운 밤에 시작되었다. 나는 철야기도를 하기로 결정하고 짐, 제니스, 레오나 피터슨에게 함께 기도하기를 요청했다. 달린은 아이들과 함께 있어야 할 것 같다고 했다. 우리 네 사람은 10시쯤 목재로 된 작은 부속 건물로 가서 불을 켜고 안으로 들어갔다. 접는 의자 몇 개가 놓인 거친 바닥에 무릎을 꿇고 앉았다. 뉴질랜드에서 처음으로 조이 도우슨에게 배웠던 하나님의 목소리를 듣기 위해 하는 세 가지 단계를 따랐다. 처음에는 그리스도의 권세로 사탄에게 잠잠하도록 명령하고, 두 번째는 상상이나 이미 갖고 있던 생각들로부터 마음을 깨끗게 해주시도록 주님께 구하고, 세 번째는 하나님이 택하신 때와 방법으로 말씀하실 것을 믿으며 기다렸다.

차가운 바람이 불고 도마뱀들이 벽을 기어 다녔지만 우리에게 말씀해 주시도록 계속해서 하나님께 기도했다.

배 사역에 관해 혼신을 다해 기도하는 시간을 가진 후 다시 기다렸다. 큰 벽시계의 뾰족한 검은 바늘이 밤 11시를 가리키고 있었고, 레오나가 성경 구절이 마음속에 떠올랐다고 했다. 마태복음 4장 4절이었다.

내가 뉴질랜드를 방문했을 때 처음으로 이런 방법으로 인도하심을 받으려고 했던 시간을 기억했다. 사람들은 그 말씀의 내용이 무엇인지 모르는 채로 그들 마음속으로 특정한 성경 구절을 '듣곤' 했다. 우리가 그곳에서 배웠던 중요한 열쇠는 예수님께 온전히 순복하는 것이었다. 우리는 어떤 게임을 하고 있는 것이 아니다. 임의로 어떤 성경 구절을 끄집어내는 것이 아니라 생각을 예수님 한 분에게만 맞추고 주님의 말씀을 기다리며 듣는 것이다. 그때 만일 예수님이 어떤 특별한 성경 구절을 보라고 말씀하시면 우리는 하나님이 그의 백성을 인도하시기 위해 어떠한 방법이라도 사용하실 수 있다는 것을 인정하면서 그렇게 했다.

그 철야기도 시간에 레오나가 들은 성경 구절을 찾아 읽었을 때 우리는 계속해서 예수님의 목소리를 들을 수 있도록 우리를 격려하는 성경 구절이라는 것을 알았다. "예수께서 대답하여 이르시되 기록되었으되 사람이 떡으로만 살 것이 아니요 하나님의 입으로부터 나오는 모든 말씀으로 살 것이라 하였느니라."는 예수님의 말씀이었다.

다시 한 번 우리는 조용히 기다렸다. 시계 바늘은 새벽 1시 30분을 가리켰다. 그러나 기대감 같은 것이 나를 사로잡아 깨어 있게 했다. 하나님이 곧 말씀하시리라는 것을 알았다. 조용히 구하는 시간이 또 한 번 오랫동안 지속되었다. 놀랍게도 시계가 3시 30분을 가리키고 있었다. 그리고 제니스는 가엾게도 의자에 기대 무릎을 꿇은 채로 잠이 들었다.

그때 갑자기 세 명이 동시에 하나님께로부터 말씀을 받기 시작했다. 두 가지가 내 속에 확실하게 떠올랐다. 하나는 '코나'라는 단어였다. 나는 그곳에 한 번도 가본 적이 없었지만 하와이의 빅 아일랜드에 있는 장소라는 것을 알고 있었다. 두 번째는 빅 아일랜드에 있는 등대 그림 같은 것이 마음속에 보였는데 그 등대는 태평양을 건너 아시아까지 빛을 비추고 있었다.

나는 이해할 수가 없었다. 내 관심사는 배의 부활이다. 그럼에도 불구하고 하나님은 코나와 등대에 관해 말씀하시고 계셨다. 나는 침묵을 깨고 레오나와 짐에게 나의 의견을 얘기했다. 그리고 '다시 한 번' 그분의 목소리에 귀를 기울이기 위해 하나님을 기다리자고 제안했다. "주님, 당신이 말씀하시는 것을 이해할 수 있도록 도와주세요." 내가 기도했다.

더 많은 생각들이 우리에게 떠올랐다. 새로운 형식의 학교에 대한 것이었다. 레오나는 하나님이 농장에 관해 말씀하신 것을 들었다. 이 모든 생각 중에 가장 큰 수수께끼는 만(灣)에 정박해 있는 크고 하얀 배에 대한 그림이 마음속에 떠올랐다는 것이다.

이제 시계는 아침 5시 30분을 가리키고 있었다. 내 머릿속에서 이 새로운 정보들이 맴돌고 있었다. '등대, 큰 학교, 빅 아일랜드의 코나, 농장, 만에 떠 있는 하얀 배.'

짐은 제니스를 깨웠다. 몸을 일으키자 온몸이 아주 뻣뻣함을 느꼈다. 나와 함께 기도해준 그들에게 감사를 표하고, 집으로 가기 위해 컴컴한 진흙길을 내려왔다. 침대로 올라가 눕자 잠에 빠져들었다. 몸에는 기운이 다 빠졌지만 속에서는 기운이 넘쳐났다.

겨우 몇 분밖에 지나지 않은 것 같은데 달린이 내 어깨를 가볍게 흔들면서 일어날 시간이라고 깨웠다. 나는 밤에 얼마나 놀라운 시간을 보냈는지 단숨에 그녀에게 말해 주고는 서둘러 아침 공부 시간을 위해 식당으로 달려갔다. 학생들은 아침식사 후에 깨끗하게 치워진 긴 식탁에 앉아서 기다리고 있었다. 92명의 얼굴들이 나를 올려다보고 있었다. 대부분 젊은이들이었다. 가운데로 가르마를 탄 긴 머리 소녀들은 청바지나 유행이 지난 치마들을 입고 있었다. 형제들은 한결같이 청바지를 입었고, 어떤 이들은 턱수염에 긴 머리를 했고 어떤 이들의 수염은 깨끗이 깎여 있었다.

"우리 몇 사람은 주님의 음성을 듣느라고 아주 진지한 밤을 보냈습니다." 나는 계속해서 이렇게 말했다. "그러나 하나님께서 하신 말씀을 여러분과 함께 나누기를 원하시는지는 잘 모르겠습니다. 그래서 그분이 우리에게 말씀하신 것을 여러분에게도 말씀하시는지 보고 싶어요." 나는 우리가 기도하기 전에 밟았던 순서대로 다시 주님의 음성을 듣도록 기도했다. 사탄을 향해 그리스도의 권세를 선포하고, 우리가 갖고 있는 선입관을 모두 버릴 것을 고백하고, 예수님의 음성을 들으려고 했다.

그리고 우리는 기다렸다.

한동안 기도를 한 후 내가 물었다. "누가 첫 번째로 나누겠어요?" 둥글고 테가 없는 안경을 쓴 얼굴이 동그란 소녀가 부끄러워하며 애기했다. "약간 우스운 소리 같지만 대문자 'K'라는 인상이 자꾸 내 마음에 들어왔어요."

나는 이상하다고 생각했다.

"또 다른 사람 있나요?" 노란 턱수염을 가진 한 청년이 재빨리 얘기했다. "나는 '코나'라는 단어를 받았어요." 나는 점점 더 흥분하기 시작했다.

어떤 이는 '화산'이라는 단어를 받았다. 하와이의 유일한 활화산이 빅 아일랜드에 있었다.

그 놀라운 아침이 이렇게 진행되어 갔다. 젊은이들이 여기저기서 일어나 하나님께로부터 받은 단어들을 얘기했다. "나는 큰 장소에 대한 그림을 보았어요. 어떤 학교 같은 느낌이 들어요." 어느 청년이 얘기했다. 어떤 사람은 농장에 대해 언급하고 어떤 사람은 언덕 위에 있는 하얀 집을 보았다고 했다.

나는 흥분으로 가슴이 뛰었다. 많은 것들이 어젯밤에 우리가 받은 환상과 같았다. 솔직히 말해서 내가 귀로 듣고 있는 것을 믿기가 어려웠다. 우리가 밤새 철야기도를 하며 하나님께로부터 들은 것에 대해 하나님께서 놀라운 방식으로 확인시켜 주시는 것을 증명할 92명의 증인이 있다는 사실이 기뻤다.

가장 큰 감동은 하나님을 구하던 시간의 마지막 즈음에 있었다.

한 소녀가 배를 보았다.

그녀는 말하기를 그것이 하얀색이고 섬의 항구에 닻을 내리고 있다고 하였다. 도대체 무슨 일이 일어나고 있는 것일까! 하나님의 뜻을 구하는 놀라운 경험을 하고 나서 2주가 지났다. 우리는 미래에 대한 놀라운 암시를 조금 얻은 듯했다. 그러나 이제 나는 현실과 맞붙어야 했다. 배로 인해 60명의 선원들이 마음에 상처를 입었다. 그래서 12월 초에 나는 뉴질랜드로 갔다. 윌리 웬지가 웰링턴 공항에서 나를 맞아주었다. 그의 얼굴은 어두웠다. "미리 말해야 할 것 같군요. 딱딱한 이야기죠. 연합기선회사에서 계약을 취소했어요. 우리는 배를 잃은 거예요."

죽어버린 꿈을 보기 위해 윌리가 항구로 차를 몰고 갈 때 우리는 둘 다 별로 할 말이 없었다. 남반구에서는 12월이 초여름이었다. 태양은 만(灣) 위에서 반짝이고 있었다. 눈앞에 펼쳐진 아름다운 경치는 우리의 기분과는 별로 어울리지 않았다. 윌리와 나는 마오리 앞에 서 있었다. 출입을 못하도록 입구가 막혀 있어서 우리는 마치 오도 가도 못하게 부두 위에 묶여 있는 것 같았다. 문득 우리가 관 앞에 서 있는 사람들 같았다.

우리는 나머지 60명의 선원들을 만나러 갔다. 나는 그들에게 나사로에 관해 얘기해 주었다. "만일 우리가 인도하심을 올바로 받고 있는 것이 사실이라면 마오리는 우리에게 '고침을 받아' 다시 돌아오지 않을 것입니다. 이제 그 배는 죽었고 주님께서 그분이 선택하시는 방법으로 그 꿈을 부활시키실 거예요."

그들의 얼굴을 바라보았다. 많은 것을 투자한 청년들을 보며 마음이 아팠다. 어떤 이들은 이 꿈을 위해 멀리서 뉴질랜드까지 왔다. 많은 사람들이 좋은 직장도 포기하고, 월급도 포기하고, 진급할 수 있는 기회도 포기하고 이곳에 왔다. 그들은 마오리를 깨끗이 하고, 칠을 벗겨내고, 닦고, 갑판 위에 비누 거품을 묻히고, 사랑을 쏟으면서 수많은 시간을 보냈다. 그것이 그들을 가장 아프게 했다.

내가 하와이로 돌아왔을 때, 우리의 꿈이 끝나버린 것에 대해 알려야 할 사람이 또 있다는 것을 알았다. 비가 다시 내리고 있었다. 나는 카네오히 야영장의 주차장에 있는 공중전화 앞에 우산을 쓰고 웅크리고 서 있었다. 교환에게 상대방의 전화번호를 알려주었다. 영국에 사는 이 사람은 계약 파기로 잃어버린 바로 그 계약금을 헌금한 사람이다. 전화벨은 울렸고 나는 우산 밑에서 등을 구부린 채 웅크리고 처량하게 서 있었다. 열 살 때 어머니가 주신 식료품비 5달러를 잃어버렸을 때의 느낌과 같았다.

딱딱한 느낌의 영국식 억양의 목소리가 전화를 받았다. 나는 정신없이 그동안에 일어났던 일을 얘기하기 시작했다. 슬퍼하시던 예수님의 모습, 오사카 회의에서 우리의 죄를 고백한 것, 특히 우리의 교만, 고백을 통해 하나님이 어떻게 인도하셨는지 설명했다. 또한 '고침'만이 아니라 부활로 하나님께 영광을 돌리기로 선택한 이야기를 했다.

"로렌, 당신이 말하고 싶은 것은 계약금을 잃었다는 거죠?" 친구가 물었다.

"아, 네, 네, 그래요."

카네오히에 있는 둥근 덮개가 있는 전화기에서는 오직 전화 연결선에서 나는 소음만이 들렸다. 마침내 영국 친구가 말했다. "나는 돈을 잘 투자했다고 생각하겠소, 로렌! 하나님께서 그것을 이용하여 당신의 단체를 그분 앞에 겸손케 하셨소. 나는 이제 당신이 특별한 능력으로 전진하기를 기대하겠소. 축하하오!"

나는 이제 정말로 '겸손'할 수밖에 없었다. 이 영국 사업가는 얼마나 훌륭한 하나님의 사람인가!

하와이 카네오히의 이른 새벽에 나는 벌써 깨어 있었다. 배를 잃은 지 한 달이나 되었다. 달린과 나와 캐런과 데이비드는 보조망이 쳐진 우리 오두막집 2층 침대 위에 누워 있었다. 우리는 짐을 다 꾸려 문 옆에 놓았다. 이제 스위스의 우리 집으로 가야 한다.

새벽의 햇살을 받으며 누운 채로 나는 지난 10주 동안에 실시했던 학교 과정을 돌아보았다. 사실 그 시간들은 배에서 지냈어야만 하는 시간들이었지만 대신 질척거리는 야영장에서 수업을 했다. 나는 젊은이들이 잘 적응하는 것을 보고 매우 감탄했다. 외부 상황의 어려움에도 잘 적응했을 뿐 아니라 불확실성에 대해서도 잘 적응해 나갔다. 이제는 내가 스위스 집으로 돌아갈 시간이 되었다.

집을 생각할 때 무엇인가가 내 안에서 언젠가 이곳으로 다시 돌아오게 될 것이라고 말하는 것을 듣게 되었고 나는 당혹스러웠다. 이곳의 바람과 비와 진흙탕에도 불구하고 땅에 뿌리가 내려졌다는 느낌이 들었다. 특히 그 놀라운 철야기도 다음 날 아침, 젊은이들이 희한하게 똑같은 인도하심을 받았지만 지금까지 아무도 완전히 그 인도하심을 이해하지 못했다.

우리가 탄 비행기는 겨울철 제네바 호수의 추운 골짜기를 지나 착륙했다. 돈 스티븐스가 우리를 맞아주었다. 그는 러시아식 털모자를 푹 눌러쓰고 있었다. 돈은 로잔 호텔 집으로 우리를 데려다 주었다. 친숙한 소나무 숲 속의 네모난 빌딩은 마치 우리를 환영해 주는 듯 하였다. 호텔은 베이지색으로 칠해져 있었다. 우리는 잠시 주차장에 서 있었다.

내쉰 숨에서 입김이 생길 정도로 추웠다. 그곳에 서서 우리가 4년 전에 모두 판자로 막아 놓은 이 빌딩을 처음 보던 때를 기억했다. 아무런 가구나 물건도 없이 오직 꿈만을 가지고 이사해서는 거미줄을 치우는 것부터 시작했었다. 그때 이후로 모든 꿈들이 거의 이루어졌다. 우리는 60여 개의 나라에 수천 명의 일꾼들을 파송했고, 35개 지역에 지부가 설립되고 있었다.

단지 한 가지 매우 중요한 꿈이 실현되지 않았다. 배였다.

돈이 차에서 우리 짐들을 꺼내고 있었다. 그래서 나도 서둘러 그를 도왔다. 우리가 호텔의 별관 아파트에 도착했을 때, 세 살 난 데이비드는 다섯 살 난 누나의 침대를 가로질러 가서는 자기 침대 위에 자신의 장난감 곰을 휙 던졌다. 우리는 집에 온 것이다.

그런데 웬일인지 나는 집에 온 것처럼 느껴지지 않았다. 그런 느낌이 하나님이 우리에게 무언가를 말씀하시는 것이라고 할 수 있을까? 그 후로 몇 주 동안 익숙했던 예전의 생활에도 불구하고 나는 마음을 한곳에 모을 수가 없었다. 어느 날 아침, 수업시간 중에 나는 나의 불만족에 대해 분석해 보려고 했다. 내가 없는 동안 돈은 일을 잘하고 있었다. 그의 지도로 젊은이들이 유럽 전역에서 창조적이며 혁신적으로 전도하고 있었다.

돈은 이제 교실에서 이번 여름 전도여행에 대해 젊은이들에게 이야기하고 있었다. 갑자기 그가 주저하는 눈으로 나를 바라보는 것을 보았다. 나는 그의 생각을 읽을 수 있었다. 아마도 먼저 나에게 확인받아야 하지 않았을까? 그 순간이 지나고 돈은 계속 얘기했다. 그러나 곧 나는 인도하심의 배가원칙에 따라 새로운 지도자를 세우신 것을 깨달았다. 이제는 돈이 이 지부의 지도자였다. 나는 새로운 모험을 찾아 옮겨가야 할 때가 된 것이다.

인도하심을 기다리는 사람에게는 이상하게 어중간한 시간이 있다. 왜냐하면 한곳에서 분명히 떠나라는 인도하심을 받아 나오긴 했지만 어디로 가는 것에 대해서는 그만큼 분명한 인도하심을 받지 못했기 때문이다. 내가 유럽에 머물지 않을 것은 확실했다. 그리고 배는 사라졌다. 우리는 그것을 잃어버렸다. 돌이킬 수 없는 일이었다.

어느 날 나는 집에서 내가 가장 좋아하는 흔들의자에 앉아 있었다. 그때 윌리 웬지가 뉴질랜드에서 전화를 하였다.

"로렌, 당신이 알고 싶어 할 것 같아서요. 마오리는 오늘 바다로 떠났어요. 그 배는 타이완 폐물 회사에 고철로 팔렸어요. 우리 선원 중 몇 사람은 부두에 서서 견인선이 그 배를 끌어가는 것을 지켜보았어요."

나는 전화를 끊고 안개에 싸인 산을 내다보았다. 산드라 고모와 아르네트 고모가 죽었을 때 느낀 것과 같은 무력감을 느꼈다. 캐런과 데이비드가 행복하게 떠드는 소리가 들려왔다. 달린은 김이 모락모락 나는 코코아를 들고 들어왔다. 나는 윌리의 전화에 대해 얘기했다.

"마오리는 죽었소, 달린." 그녀는 아무 말도 안했다. 우리는 그냥 거기 앉아서 창밖으로 1월의 안개를 바라보고 있었다. 나는 하나님이 흔들릴 수 있는 것을 흔드시겠다고 하신 이후로 4개월 동안 겪은 아픔을 이야기했다.

"나는 한 번도 이렇게 방향을 잃어버린 느낌이 들었던 적이 없소."

"알아요, 여보. 우리는 우리의 도끼머리를 잃어버린 거예요."

나는 즉시 달린이 어떤 인도하심을 받는 원칙에 대해 말하고 있다는 것을 알았다.

우리 학교에서 3년 동안 가르친 적이 있는 던컨 캠블은 엘리사와 그의 생도들에 관해 이야기했었다. 엘리사의 생도 하나가 그의 도끼의 머리 부분을 잃어버렸다. 엘리사는 그 젊은이에게 가르쳐 주기를 그가 그것을 가지고 있었다는 것을 확실히 알고 있던 그 마지막 장소로 돌아가라고 했다. 그 마지막 장소에서 하나님은 그가 필요로 했던 그 연장을 다시 주셨다. 던컨은 이렇게 말했었다. "우리는 때때로 우리의 도끼머리를 순식간에 잃어버린다. 사역을 위한 가장 날카로운 도구인 하나님의 음성을 잃어버렸다면, 이전에 분명하고도 날카로운 날과 같은 그 음성을 들었던 곳으로 돌아가면 도움이 될 것이다."

어디가 하나님이 우리에게 말씀하신 마지막 장소일까?

나는 분명히 보았다.

"달린, 도끼머리를 가졌던 마지막 장소는 의심할 여지없이 하와이의 철야기도 장소요." 내가 말했다. 그때 하나님은 무엇을 말씀하셨지? 우리는 마오리에 관해 하나님께 물어보기 위해 그날 밤을 기도로 보냈지만, 하나님은 태평양과 아시아를 위한 큰 섬의 등대에 관해 말씀하셨다.

코코아가 식탁 위에서 점점 식어가는 것도 잊은 채 달린과 나는 오후 늦게까지 얘기했다. 신비스럽게도 하나님이 각각 다르게 주셨던 것을 기억했다. 빅 아일랜드의 코나, 언덕 위의 하얀 집, 농장, 새로운 종류의 학교와 항구에 놓여 있던 하얀 배까지도 분명히 말씀해 주셨다. 그곳에 도끼머리 부분이 놓여 있는 것이다.

우리 두 사람 다 태평양과 아시아를 위한 등대에 특히 더 호기심을 갖고 있다는 것을 발견했다. 전 세계에서 가장 복음화가 되지 않은 이 지역에 커다란 도움이 필요하다는 것을 점점 깨닫게 되었다. 전체 인구의 60%가 태평양과 아시아 지역에 살고 있지만 그중 1%만이 예수 그리스도와 개인적인 교제를 갖고 있다. 이제는 우리 둘 다 다음 사역을 위한 방향을 알았다. 우리는 지경을 넓히게 될 것이다. 결국 하와이는 아시아를 위한 발판이 될 것이다.

나는 말했다. "우리는 빅 아일랜드에 영원히 머물게 될 것이오!" 내가 '영원히'라는 단어를 사용할 때 달린은 웃었다. 우리가 9년 동안 함께 보낸 텐트, 교실, 야영장을 기억했기 때문이다. 우리 아이들의 집은 거의 문자 그대로 가족사진이 안에 덕지덕지 붙어 있는 짐 가방 같았다. 나는 그녀와 같이 웃었다. 갑자기 우리 앞에 놓여 있는 길을 분명히 보았다는 사실에 안심이 되었다. 둘 다 그 땅을 아시아를 위한 발판으로 선포하는 것이 얼마나 어려운 일인지 알지 못했기 때문이었던 것 같다.

16 칼라피가 집으로 돌아오다

하나님, 정말 당신이십니까? · Is that really you, God?

칼라피가
집으로
돌아오다

무슨 일인가 일어나고 있었다. 나는 그것을 느낄 수 있었다. 나와 달린, 그리고 아이들이 로잔을 떠나 하와이로 온 지 3년이 지났다. 달린은 로잔 호텔 주위의 야생화를 손질하는 대신 이제 하와이 빅아일랜드의 화려한 꽃들을 손보고 있었다.

나는 금방 무너질 것 같은 빌딩이 있는 곳으로 가기 위해 차를 꺾어서 진입로로 들어섰다. 그 빌딩의 반은 덤불과 잡초로 가려져 있었다. 표지판에는 글자가 몇 개 빠진 채 '퍼시픽 엠프레스 호텔'이라고 적혀 있었다. 앞좌석에는 달린과 나, 그리고 아이들 둘이 끼어 탔고 뒷좌석에 YWAMer 열 명이 비좁게 앉아 있었다. 3개의 차가 우리 뒤를 바싹 따라오고 있었다. 우리들 모두는 허드렛일을 하기 위해 가장 낡고 더러운 옷으로 갈아입고 있었다. 군데군데 움푹 패어있는 주차장에 도착했을 때 캐런이 적절하게 한마디로 표현했다.

"너무 지저분하네."

그럼에도 불구하고 우리는 다른 눈으로 이 장소를 볼 수 있었다. 주님이 일하시는 중이었다. 나는 8년 전에 은행 빚으로 문을 닫게 된 '퍼시픽 엠프레스 호텔' 건물을 반쯤 덮고 있는 열대성 포도나무 덩굴을 보았다. 건물 주위에 부드럽게 경사진 오만 평 정도의 땅은 한때 호텔 골프장이었다. 우리는 아주 적은 보증금으로 이 좋은 지역을 샀다.

"적어도 전경이 멋있잖아요?" 달린이 말했다. 정말 그랬다. 우리 위로는 사화산인 후알라레이의 꼭대기가 보였다. 그로 인해 그 주변은 아주 기름진 땅이 되었다. 아래로 반짝이는 파란색의 코나 연안 전경이 보였다. 나는 크고 하얀 배가 거기 정박해 있는 것을 상상해 보았다.

우리는 무성하게 마구 자란 잡초들을 제거하기 시작했다. 나는 칼과 괭이를 들고 한때 조경 공사를 하여 열대 정원으로 꾸몄던 수영장 옆을 파헤치기 시작했다. 전도 학교에서 온 100명이 넘는 학생들과 간사들이 지저분한 건물과 건물 주변을 치우고 있었다.

괭이질을 하거나, 무릎을 꿇고 더러운 잡초 뭉치를 뽑다가 4년 전 카네오히 야영장에서의 철야기도에 대해 생각하게 되었다.

아직도 이해할 수 없는 한 가지를 제외하고는 하나님이 카네오히에서 우리에게 보여주신 모든 것이 실현되어 가고 있었다. 우리는 빅 아일랜드로 오게 되었다. 정확히 말하면 빅 아일랜드의 코나 연안에 있었다. 노란 턱수염을 한 젊은이가 예언한 대로였다. 또한 우리가 기도 중에 보았던 대로 이제 6만 평 정도의 농장을 소유하게 되었다. 어떤 남자가 내게 찾아와 하나님이 그 농장을 우리에게 주라고 하셨다고 말했다. 그리고 우리가 보았던 언덕 위의 크고 하얀 집도 이제 YWAM의 소유가 되었고 'DTS'(예수제자훈련학교, Discipleship Training School)의 간사들과 학생들을 위한 집으로 사용하게 되었다.

표면상으로는 우리가 하나님이 말씀하신 것을 잘 이행하고 있는 것처럼 보였다. 그런데 왜 달린과 나는 여전히 불안해하는 것일까? 화산암 속에서 자라나는 더러운 잡초를 또 한 줌 뽑아내면서 '도대체 이해가 안 되는군.' 하며 혼자 중얼거렸다. 3년 넘게 여기 빅 아일랜드에 있으면서 우리는 무엇인가가 더 있다는 것을 계속 느끼고 있었다. 약 1년 전 어느 날 내 머릿속에서 한 가지 구체적인 질문이 떠올랐을 때 그 이유를 알게 되었다. '로렌, 너는 최근에 너의 원래의 부르심과 현재의 삶을 비교해 본 적이 있니?'

이것은 인도하심을 받는 원칙 중 하나인데 내가 무시해오고 있었다. 정기적으로 우리가 받은 부르심에 비추어 사역이 진행되는 과정을 진단해 보아야 한다. 나의 부르심은 분명한 것이었다. 복음의 두 가지 측면을 전파하는 것이다. 그것은 예수님을 통해 우리의 온 마음을 다해 하나님을 사랑하고 우리 이웃을 자신처럼 사랑하는 것이다.

재차 진단해 보는 시간에 나는 나 자신에게 물었다. 온 세상에 사랑의 두 가지 측면을 전파하고 있는가? 얼마만큼 성공적으로 전파하고 있는가?

이웃의 아픔에 도움을 주는 일을 그렇게 잘 해내지는 못했다고 느꼈다. 바하마 섬에서의 일 이후로 나는 구제 사역을 감당하여 사랑과 함께 이웃이 필요로 하는 도움을 줄 수 있는 배를 갖기를 꿈꾸어 왔다. 우리의 첫 번째 노력은 제단 위에 놓여졌다. 왜냐하면 그것이 예수님의 영광을 가로챘기 때문이다. 그러나 우리의 꿈을 계속 붙잡도록 하는 많은 격려도 있었다. 특히 아직도 짐 꾸러미 속에서 벽에 걸릴 날을 기다리는 어머니가 보내주신 팻말이 있는데, 거기에는 "배를 포기하지 말라."는 말이 씌어 있다.

그리고 두 가지 중 또 다른 하나인 마음의 뜻과 힘을 다해 하나님을 사랑하는 것을 배우는 것은 어떠한가? 이 부분에 있어서는 열심히 일해 왔다. 복음은 종종 교회에서 여는 커다란 모임 같은 '종교적인' 것에 의해 전달된다. 그러나 예술, 연예, 가족, 교육, 방송매체, 사업, 정부 등은 그들의 메시지를 대중에게 전달하기 위해 여러 가지 방법을 사용하고 있다.

내가 나의 근본적인 부르심에 대해 다시 확인하던 그날 갑작스럽게 비전이 넓혀졌다.

상상해보라. 갑자기 가슴이 두근거렸다. 수많은 젊은이들, 특히 이

시아와 태평양 연안 출신의 젊은이들을 바로 이와 같은 전략적인 분야에서 훈련시키면 어떨까? 우리의 목적은 수천 명의 젊은이들을 훈련시켜서, 대중의 세계관을 형성하는 데 중요한 역할을 하는 사회의 각 분야로 진출시키는 것이다. 그렇게 되면 선교는 배가(倍加) 된다. 훈련은 지식을 아는 것뿐만 아니라, 하나님과 다른 사람들과 관계를 맺는 것에 대해서도 강조될 것이다. 우리의 능력 있는 강사들은 한곳에 머무르지 않고, 아시아나 태평양 연안에 사는 학생들과 함께 살면서 교대로 가르칠 것이다. 무엇보다도 행함을 통해 배우는 것이 가장 중요시될 것이다.

그리고 지금 여기, 우리가 만들 '대학' 위에 우리는 서 있다.

나는 부겐빌레아(분꽃과의 관상용 열대 식물 – 역주) 덩굴을 칼로 잘라내면서 큰 소리로 "주님, 당신은 정말 유머가 있으십니다."라고 말했다. "주님, 오로지 당신만이 이 낡은 호텔을 대학으로 바꾸어 놓을 수 있는 창조적인 분이십니다." 그리고 나는 하버드, 예일, 프린스턴 대학들도 복음에 초점을 두려는 사람들에 의해 그 꿈이 이루어지기까지 이와 같은 진통을 겪으면서 시작했다는 것을 생각했다. 전진하기 위한 하나의 과정인 것 같다.

이제 열방대학(U of N, the University of Nations)은 최소한 한 가지 면에서는 그들의 위대한 전통을 이어갔다. 바로 오직 믿음과 인도해 주시는 주님만을 보며 시작했던 것이다.

그러나 현재는 땅을 깨끗이 하고 낡은 호텔 건물을 수리하는 것부터 시작해야 한다. 데이비드는 여섯 살답게 방금 도착한 트랙터를 보고 흥분해서 내게 달려왔다.

"이리 오세요, 아빠! 트랙터가 쇠사슬로 가시덩굴을 뽑아내고 있어요. 어서 오세요!"

나는 연장을 내려놓고, 감사하는 마음으로 트랙터를 환영하기 위해 데이비드의 손을 잡고 걸어갔다. 그 짧은 순간 나는 미래를 내다보았다. 수천 명의 젊은이들이 바로 이 뜰을 밟고서 선교사로, 하나님의 은혜를 전달하는 자로 전 세계에 나아가게 될 것이다.

땅도 땅이었지만 호텔 건물은 더 심했다. 우리 가족들은 낡은 호텔의 황폐한 안뜰을 지났다.

"여기 99개의 방과 100여 개의 화장실이 있는 것을 알고 있소?" 나는 달린에게 말했다.

"그리고 그 방들은 모두 다 엉망이죠!" 달린이 몸서리치며 말했다.

우리 가족에게는 특별히 그날 이후에 해야 할 한 가지 일이 있었다. 이 건물 안에서 우리 집으로 쓸 방들을 찾아내는 것이었다. 솔직하게 말해서 어떤 방도 마음에 들지 않았다. 네 개의 건물이 모두 심하게 낡은 상태였다. 나무에는 군데군데 흰 개미가 가득했으며 어떤 방들은 호텔을 사기 전에 머물던 무단거주자들에 의해 소변 냄새가 진동했고, 쥐들과 바퀴벌레들도 자기들 마음대로 들락거렸다.

"달린, 당신이 나하고 결혼하면 아주 소박한 삶을 살게 될 것이라고 말하긴 했어도 이것은 좀 심해서 미안해요." 나는 썩고 있는 쓰레기 더미를 가리키며 말했다. "나는 아무리 당신이라 하더라도 여기를 어떻게 집처럼 만들지 모르겠소." 나는 캐런의 머리를 쓰다듬으며 웃으면서 이야기했다. 정말 달린이 어떻게 감당해 나갈지 궁금했다. 결혼한 지 14년이 되었지만 우린 아직 자동차나 가구 하나 없이 살아왔다. 3년 전 하와이 섬으로 온 후에는 벌써 열여덟 번이나 이사를 다녔다.

"걱정 말아요, 로렌." 달린이 말했다. "말끔히 치우고 나면 전혀 다르게 보일 거예요."

마침내 달린은 3층에 있는 방 3개를 선택했다. 그 방들은 인접해 있었고 바닥에는 더러운 양탄자가 깔려 있었다. 화장실까지 그 어느 곳도 한 번도 청소한 적이 없는 듯했다.

그러나 YWAMer들이 기꺼이 도와주어 많은 젊은이들이 두 주간에 걸쳐 열심히 치우기 시작했다. 자매들 100명 모두는 화장실을 청소했고 형제들은 양탄자 빠는 것을 전담했다. 우리는 젊은이들이 밤과 낮으로 나눠 교대로 일할 수 있도록 당번을 정했다. 그리고 기계를 빌려서 방마다 청소를 했다.

마침내 달린과 나와 아이들은 코나 마을 중심가에 있던 마지막 숙소, 카일루이에서 이사했다. 이제 깨끗하게 청소된 양탄자 위에 우리의 가방들을 털썩 내려놓고 반짝거리는 만(灣)을 향해 나 있는 창문으로 밖을 내다보았다. 창문 아래에는 코코야자나무들이 있었다. 달린은 벌써 아이들의 컵, 그릇, 사진들을 꺼내놓기 시작했다. "얘들아, 자, 여기 있다." 그녀는 캐런과 데이비드가 보관해 오던 소중한 물건들을 건네주면서 말했다. "집을 함께 꾸며 보자."

이사한 지 며칠 후 나는 하워드 맘스타드 교수와 이야기하게 되었다. 인도하심의 원칙 중 하나는 '계속적인 확인'을 받는 것이다. 이것은 마치 익숙하지 않은 고속도로에 놓인 표지판과도 같다. 그와 함께 이야기하는 동안 나는 다시 한 번 그 표지판을 보게 되었다. 처음 만났을 때 하워드 맘스타드 박사는 어바나에 있는 일리노이대학의 교수이자 저명한 과학자였다.

나는 하워드 씨에게 하나님이 우리에게 대학교를 시작하도록 인도하신다고 말했다. 그 대학교는 젊은이들로 하여금 먼저 하나님을 알고 그 다음에는 사회의 영향력 있는 여러 분야로 들어가서 하나님을 알리도록 하는 아주 특별한 형태가 될 것이라고 말했다.

"알고 있어요." 그는 조용히 말했다.

"하나님께서 벌써 나에게 말씀하셨어요." 그는 계속 설명했다.

그는 최근에 미드웨스턴대학의 총장직을 맡아 달라는 부탁을 받았다고 했다. 그러나 그가 그 일에 대해 기도하기 시작했을 때 깜짝 놀랄 만한 생각이 그의 머릿속에 떠올랐는데, 그것은 그가 그 대학 대신 하와이로 가야 한다는 것이었다! '왜 하와이일까?' 하나님은 "왜냐하면 내가 YWAM에 대학교를 설립할 것이기 때문이다. 장소는 하와이가 될 것이고 너는 그중의 한 분야를 담당하게 될 것이다."라고 하셨다는 것이다.

이 확실한 방향 제시가 크게 위로가 되었지만 반면에 다른 일들도 있었다. 그중에 가장 가슴 아픈 일은 사랑하던 칼라피의 생활이었다. 지난 2년 동안 칼라피는 상상할 수 없을 만큼 비참한 생활로 빠져들게 되었다.

4년 전인 1973년, 오사카 회의에서 타푸와의 결혼생활에 문제가 있다고 말했을 때 칼라피에 대한 첫 번째 경고의 종소리를 들었다. 달린과 나는 1년 후 다음 회의에서 그들을 만났다. 우리는 조용한 방을 찾아가 문을 닫고 그들의 슬픈 이야기를 들었다. 칼라피에게 여자 문제가 있다는 것을 알았다.

"로렌, 나는 그녀와 키스만 했어요. 그 이상 더 깊이 들어가지는 않았어요! 나는 그것을 타푸에게 고백했고, 다른 지도자들에게도 얘기했어요. 나는 그 문제가 끝났다고 생각했어요."

그러나 타푸는 깊은 상처를 받았다. 그녀는 배반당한 감정을 지워버릴 수가 없었다. 달린과 내가 듣고 싶지 않은 더 깊은 내용이 있었다. 그들은 울었고, 서로 화해하는 말을 주고받았다. 처음에는 다 해결되었다고 생각했었다. 그러나 꺼림칙했다. 나는 무엇이라 말할 수는 없지만 여전히 해결이 안 되었다는 것을 알았다. 나는 칼라피와 타푸에게 다음 학교의 일원으로 하와이에 머물도록 설득했다. 그러나 칼라피는 거절했다. "아니에요, 우리는 캘리포니아에 세를 내지 않아도 되는 집을 한 채 받았어요. 얼마 동안 사역을 쉬어야겠다는 생각이 들어요. 우리는 결혼생활을 다시 잘해 보고 싶어요." 어쩐지 그렇게 하는 것이 내게 옳은 일같이 들리지 않았지만 사역을 강요하지는 않았다.

그들이 캘리포니아에 도착한 지 얼마 되지 않아 우리가 가장 두려워하던 것이 현실로 나타났다. 그 여자의 부모에게서 칼라피가 본토에서 그 여자와 다시 만나고 있다고 연락이 왔다. 그들은 딸이 칼라피와 더 깊은 관계를 가질까 봐 걱정하고 있었다. 타푸도 다른 남자와 만나고 있다는 것을 알았다. 나는 칼라피와 얘기하기 위해 로스앤젤레스로 갔다. 내가 여러 번 그가 정직하게 말할 수 있는 모든 기회를 주었는데도 그는 그렇게 하지 않았다. 대수롭지 않다는 식의 그의 대답으로 나는 근거 없는 소문을 들었다고 믿게 되었다.

그러나 하와이로 돌아왔을 때 나는 그 소녀의 부모로부터 다시 한 번 전화를 받게 되었다. 나는 이제 내 친구와 부딪쳐야 한다는 것을 알았다. 집에서 그에게 전화했다. "칼라피" 내 목소리는 태평양을 가로질러 울렸다. "자네가 얼마나 심각한 일을 저지르고 있는지 알아야 할 걸세! 지금이라도 늦지 않았으니 이리로 오게."

그의 반응은 무거운 침묵이었다.

그 다음 주에 나는 편지를 받았다. 급히 뜯어보았다. 칼라피의 편지였다. "나는 하나님을 경외합니다, 로렌. 그러나 나는 위선자가 될 수는 없습니다. 내 삶을 살아야 할 필요가 있습니다. 얼마 동안 나를 찾으려 하지 마십시오."

내 눈에서 눈물이 흘렀다. 그러나 나는 포기하지 않았다. 마이애미에서 아르네트 고모가 결국 나를 만나주겠다고 허락할 때까지 포기하지 않고 끝까지 전화했었다. 끈질김이 깨어진 관계를 회복시켰던 때를 기억했다.

칼라피의 편지를 받은 지 몇 달 후에 나는 조이 도우슨을 만났다. 그리고 칼라피를 위해 중보기도를 하였다. "하나님, 그에게 한 번 더 기회를 주십시오." 우리는 뺨을 타고 흘러내리는 눈물을 부끄러워하지 않으며 간절히 구했다.

우리가 나중에 안 일이었지만 바로 그 시간에 칼라피는 몇 명의 다른 젊은 남자들과 술집에 있었다. 그는 매일 밤 술을 마실 뿐만 아니라 종종 싸움이 벌어지면 끝까지 남아 싸웠다. 총까지 지니고 다녔다. 그날 밤에도 그가 술집에서 술을 마시고 있을 때 갑자기 깡마른 한 소녀가 그의 옆으로 후다닥 달려들어 왔다. 그리고 시끄러운 음악소리보다 더 크게 자신이 빌리 그레이엄 전도 집회에서 결단하기 위해 앞으로 나간 적이 있다고 얘기하기 시작했다. 칼라피는 놀라서 그녀를 바라보았다. 새로운 친구들 중 아무도 그의 과거를 아는 사람이 없었다. 그 소녀는 자기가 '그 결단을 계속 지켰더라면 좋았을 텐데'라고 칼라피에게 말했다.

그녀는 말을 끝맺었다. "칼라피, 두려워요. 나는 죽을 것이고 지옥에 가게 될 거예요!"

이 말에 칼라피는 술집의 소음보다 더 크게 울부짖으며 고함치며 놀라운 말을 했다. "하나님, 제발 저를 내버려두세요!"

달린과 나는 다시 로스앤젤레스에 와 있었다. 그를 만날 수 있으리라는 희박한 가능성을 가지고 그의 집에 가기로 했다. 놀랍게 시간이 잘 맞았다. 칼라피가 물건을 챙기려고 들어온 바로 그 시간에 우리가 도착했다. 그는 아주 집을 나가려고 마음을 먹었다. 나는 그에게서 지금까지 한 번도 보지 못한 완강함을 보게 되었다. "그렇게 되면 타푸는 어떻게 되는 건가?"라고 물었지만 칼라피는 계속 짐을 쌀 뿐이었다. 그가 알고 있는 것이라고는 타푸가 잉글우드에 있는 나이트클럽에서 노래한다는 것뿐이었다. 그는 그녀가 어디에 살고 있는지조차 몰랐다. 가로수길과 맞닿아 있는 어느 아파트에 살고 있을 것이라고 추측할 뿐이었다.

딜린과 나는 바보스러운 기분으로 잉글우드로 차를 몰았다. 우리가 어떻게 수많은 아파트들이 있는 복잡한 도시에서 그녀를 찾을 수 있을까? "하나님, 타푸가 어디에 있는지 아시죠?" 나는 기도했다. "우리를 그곳으로 인도해 주세요."

다음에 무슨 일이 일어났는지 내가 어떻게 설명할 수 있을까? 내 자신이 그것을 믿는 데도 오랜 시간이 걸렸다. 어느 거리로 접어들어야 할지 가르쳐 주시도록 기도하면서 임페리얼 가의 동쪽으로 달리고 있었다. 내가 잉글우드 거리를 가로질러 호손의 큰 거리로 왔을 때 잉글우드로 다시 돌아가야겠다고 느꼈다. "네, 그래요." 달린이 말했다. 나는 남쪽으로 꺾어 잉글우드로 갔다. 천천히 네 구획을 지나갔다. 그때 성령께서 내 마음에 말씀하셨다. '여기서 멈추어라.'

"저 아파트에서 찾아봅시다." 나의 말에 달린은 즉시 동의했다. 그 아파트는 빛바랜 초록색의 회벽으로 된 2층 건물이었다. 그 거리의 양쪽에 있는 12개의 건물은 거의 쌍둥이처럼 모두가 똑같았다.

차에서 내려 보도 위의 부서진 장난감이나 자전거 위를 밟고 지나갔다. 우리가 설명하는 것과 비슷한 여인을 알고 있다는 어린 소녀를 발견했다. 그 어린 소녀는 타푸가 2층에 살고 있다고 했다. 우리는 층계를 올라가 문을 두드렸다.

타푸가 잠옷을 움켜쥔 채 문을 열었다. 눈이 휘둥그레진 그녀는 우리를 거실로 안내하며 말했다. "어떻게 나를 찾아냈어요? 들어오세요. 그렇지만 얘기할 시간은 없어요. 나가 봐야 해요."

우리는 그녀에게 간청했으나 소용없었다. 그녀의 거실에서 어색하게 5분 동안 서 있다가 바로 나왔다.

바로 다음 주 조이 도우슨은 칼라피에게 한 번 더 편지를 써야겠다고 생각했다. 나중에 안 일이지만, 편지는 칼라피가 마약 파티를 열기로 한 날보다 하루 일찍 도착했다. 칼라피가 우체국에서 조이의 편지를 찾아서 차 있는 곳으로 왔다.

갑자기 하나님이 그에게 말씀하셨다. 칼라피는 그 말씀을 귀로 똑똑히 들을 수 있었고 온몸에 땀이 흐르기 시작했다.

"칼라피." 주님께서 부드럽게 말씀하셨다. "그리스도인의 삶을 사는 것은 어려운 일이다. 그러나 그보다 더 어려운 것이 꼭 한 가지가 있는데 그것은 그리스도인이 되지 않는 것이다. 나를 따르기 위해 네가 지불해야 할 대가는 나를 따르지 않기 위해 치러야 할 대가보다는 훨씬 적은 것이다."

칼라피는 가장 가까운 공중전화를 찾았다. 그리고 빅 아일랜드에 있는 나에게 전화했다. 그는 도우슨 부부와 몇 시간 동안 통화하며 기도하고 나서는 하나님을 떠난 5개월의 생활을 청산했다. 그리고 하와이로 돌아왔다. 나는 그가 치료받아야 할 시간이 필요하다는 것을 느꼈다. 그에게 빅 아일랜드 반대편에 위치한 하와이 대학에 등록하도록 권유했다. 학교에 다니는 틈틈이 그는 조경 사업을 시작했는데, 곧 사업이 크게 번창했다. 칼라피는 무엇이든 했다 하면 제대로 해내는 사람이었다.

빅 아일랜드의 우리 집을 방문했을 때 그는, 다시 사역을 시작하는 것을 기대하지 않는다고 했다. "예수님께서 나를 용서해 주신다면 그것으로 족해요. 얼마 동안 아무것도 하지 않고 그냥 이대로 있고 싶어요."

이후 일년 반 동안 칼라피가 회복하는 과정을 지켜보면서 때로는 그가 실족하는 것도 지켜보았다. 칼라피와 타푸는 예전으로 돌아가려고 함께 노력했다. 그러나 성공하지 못했다. 그들은 이제 포기한다고 말하고는 이혼했다. 칼라피는 다시 조금씩 술을 마시기 시작했다. 또다시 찾아가자 그는 자기를 홀로 있도록 내버려둬 달라고 부탁했다. 얼마 후에 그가 재혼했다는 것을 들었다. 그의 새 부인 리다는 그리스도인이 아니었다.

이런 모든 일이 진행되는 동안에 우리는 마치 외줄타기를 하는 기분이었다. 어느 때 강경한 태도를 보여줘야 할지, 또 언제 관대하게 용납해야 할지 조심스럽게 판단해야 했다. 칼라피는 훈련 학교가 시작되기 전에 YWAM에 있었기 때문에 지도자로서 일하기 전에 그 훈련을 받은 적이 없었다. 어떻게 보면 지금 이 시기는 칼라피만을 위한 단기간의 집중 훈련 과정인지도 모른다.

어느 날 밤 거실 바닥에 엎드려서 칼라피를 위해 기도하고 있을 때 나는 달린에게 말했다. "과연 그가 그 과정을 통과할 것인지 나는 때때로 의심이 된다오." 칼리파가 재혼했다는 소식을 들은 지 9개월이 지난 어느 특별한 날 우리는 전화를 받았다.

"나와 리다가 방문해도 될까요?" 칼라피가 물었다.

우리를 방문할 수 있느냐고? 그가 물어볼 필요가 있는가? 그것보다 더 우리 마음을 흥분시킬 만한 것은 없었다. "그럼, 그럼." 나는 말했다. "금요일 밤은 어떤가?"

그래서 칼라피와 임신 중인 리다가 함께 와서 저녁 식사를 했다. 조이 도우슨은 빅 아일랜드의 우리 학교에서 가르치고 있었는데, 이 저녁이 우리와 함께하는 마지막 시간이었다. 식사한 후에 달린이 리다와 얘기하는 동안 조이는 칼라피를 한쪽 구석으로 데리고 갔다. 꽃이 태양을 향해 봉우리를 피우는 것같이 리다는 즉시 마음을 열어 예수님을 영접했다. 우리는 매우 흥분했다.

나는 거실 한 구석에서 조이가 칼라피와 솔직한 대화를 하고 있는 것을 바라보았다. 그의 굽어진 어깨와 찡그린 이마를 보면서 나는 그가 하나님께 전적으로 순복하는 것에 대해 깊이 숙고하고 있다는 것을 알 수 있었다. 그날 밤 나는 칼라피의 미래가 아직도 주님께 붙잡혀 있다는 것을 알았다. 그는 하나님을 너무 잘 알고 있었고 그분을 깊이 체험해 보았기 때문에 평범하게 살 수 없었다.

몇 주 후에 칼라피가 다시 전화하였다. 이번에는 그가 나를 개인적으로 만날 수 있는지 물었다. 다행스럽게도, 칼라피는 머리를 숙이고 두 손을 모은 채 하나님께 순종할 준비가 되어 있다는 듯이 앉아 있었다. 그는 수년 동안 마음에 품어 왔던 상처와 죄책감 등을 쏟아냈다. 슬프고도 흔히 있는 정욕과 교만에 대한 내용이었다.

사실 그는 한 번도 완전히 그것을 고백할 수 있었던 적이 없었다. 우리 둘 다 울었다. 내가 칼라피와 함께 기도하려고 그 옆에 섰을 때 나는 그의 갈등에도 불구하고 하나님은 아직 그를 사용하기 원하신다는 것을 알았다.

칼라피는 그가 수년 동안 섬겨 오던 모든 교회와 YWAM 지부들에게 편지를 쓰기로 결심했다. 그래서 그들에게 솔직하게 죄를 고백하고 용서를 구하기로 결단을 내렸다. 그는 또 타푸와 통가에 있는 가족에게도 편지를 써서 용서를 구했다.

그때 흥미롭게도 인도하심을 알 수 있는 일이 일어났다. 칼라피의 조경 사업이 갑자기 내리막길을 걷기 시작했다. 칼라피는 중요한 일거리 두 가지를 맡았다. 그런데 도저히 납득할 수 없는 일이 일어나 자꾸 연기가 되었다. 불도저가 고장 나서 또 다른 불도저를 빌렸다. 1시간이나 2시간 후에 또 다른 불도저가 고장 났다. 불도저들이 5번이나 부서진 후에 칼라피는 하나님이 자신에게 무언가 말씀하시려고 하는 것은 아닌지 의아해하기 시작했다!

그때 한 친구가 전화로 근처에 있는 교회에서 토요일 저녁 성경공부 시간에 말씀을 전해달라고 부탁했다. 처음에 그는 가고 싶지 않았지만 리다가 가야 한다고 설득했다.

"그들이 당신보고 설교하라는 것이 아니에요. 칼라피, 그들은 그저 당신의 삶에 무슨 일이 일어나고 있는지 나누어 주기를 원하는 거예요."

그래서 칼라피는 그 모임에 가게 되었다. 토요일 밤, 그는 그 교회 본당의 강단에 서 있었다. 그가 얼마나 주님께로부터 돌아서려고 노력했었는지 말하고 있었다. 그리고 간음한 것과, 결혼생활이 파괴되는 과정과, 지금 하나님께서 어떻게 그를 다시 그분의 품으로 돌아오도록 인도하고 계시는지 말했다.

칼라피는 이 간증을 나누면서 울기 시작했다. 그런데 놀랍게도 첫 줄에 앉아 있던 한 남자가 의자 곁에 무릎을 꿇었다. 또 다른 사람들도 그렇게 하였다. 교회에 있던 모든 사람들이 울고 있었다. 몇 사람은 그날 밤 예수님께 자신의 삶을 드렸고 또 다른 사람들은 깨어졌던 결혼생활이 회복되었다.

강력한 역사가 있던 날 밤 이후로, 칼라피는 하나님이 그의 사역을 돌이켜주신 것을 알았다. 그와 리다는 매주 금요일 밤 정기적으로 우리를 방문했다. 그들은 새로운 사건들로 활기차 있었다. 마침내 고장난 불도저 운전사들로부터 소식을 받고 칼라피는 사업을 포기했다. 그와 리다는 현재 하나님이 공급해 주시는 것에 의존해서 살고 있다. 그들은 매주 금요일 밤 그리스도인의 교제 모임을 인도하기 시작하면서 예수님께로 사람들을 인도하고 상처받은 몸과 마음이 고침 받는 것을 보았다.

나는 이혼과 재혼 후 칼라피의 사역에 대해 궁금했다. 하나님은 칼라피의 사역을 회복시키셨고, 그것을 통해 비록 이혼이 하나님의 완전한 계획에 포함되어 있지 않더라도 용서받을 수 없는 죄는 아니라는 것이 분명해졌다. 만약 완벽하게 하나님의 뜻 한가운데 있는 것이 사역을 하는 조건이 된다면 우리 중 몇 사람이나 자격이 있을까? 다행스럽게도, 우리가 실패할 때도 하나님은 그가 주신 은사들과 부르심을 다시 취해 가지는 않으신다.

칼라피가 열매를 맺는 삶으로 돌아오는 것과 동시에, 무성하게 자라난 열대성 식물 아래서 미래의 대학이 천천히 모습을 드러내는 것을 지켜보는 것은 정말 신나는 일이었다.

솔직히 말해 이 모든 것이 진행되는 동안, 약 4년 전 카네오히에서 철야기도 시간에 받았던 것들 중 아직 이루어지지 않은 한 가지를 잊고 있었다. 그중에는 코나 항구에 배가 떠 있는 예언도 있었던 것이다.

그러나 그것은 그리 오랫동안 내 기억 속에 잠자고 있지 않았다.

17   배를 포기하지 마라

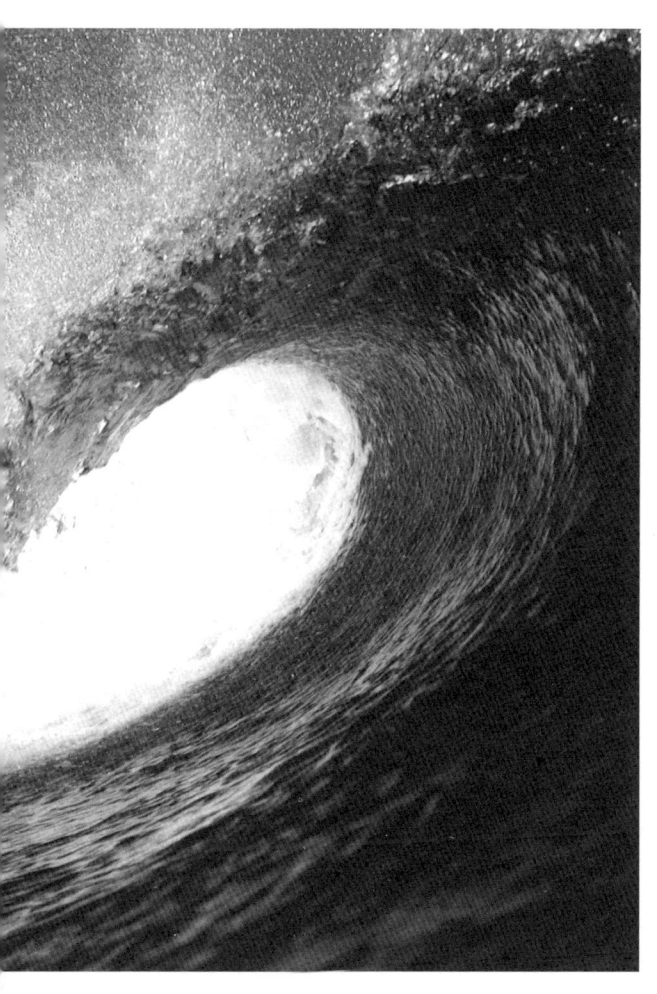

하나님, 정말 당신이십니까? · Is that really you, God?

배를
포기하지
마라

코나의 호텔로 이사한 지 약 2개월이 지난 어느 날 돈 스티븐스를 방문했다.

"로렌." 돈이 말했다. "하나님께서 배에 대한 비전을 다시 일으키고 계신 게 아닌가 궁금해요."

내 반응은 즉각적이었다. "오! 아니기를!" 나는 중얼거렸다. "배에 대한 것이 아니기를!" 그렇게 되면 '학교'와 '배'라는 두 가지 중요한 과제가 동시에 생기는 것이다.

그는 내가 중얼거리는 소리를 듣지 못하고 곧 이탈리아의 베니스에 있는 배에 관해 설명하기 시작했다. "빅토리아 호라는 배예요." 그의 눈동자는 반짝이고 있었다. "내가 왜 그랬는지 때때로 나 자신도 궁금하지만 유럽 팀원 몇 명을 데리고 그 배를 보러 갔었어요. 그 배는 크고 오래된 것이었고 전등 기구가 하나도 없었어요. 발전기는 돌아가지도 않고 있었어요. 그것은 그저 물 위에 죽은 것 같이 떠 있는 11,000톤짜리 여객선이었어요."

"그러나 로렌." 그는 들뜬 채로 계속 얘기했다. "배의 상태가 좋지 않기 때문에 틀림없이 아주 싼 가격으로 구입할 수 있을 거예요. 손봐야 될 부분은 많겠지만 우리가 해낼 수 있을 거라고 생각하지 않으세요?"

나는 두려워서 아무 말도 않고 있었다. 내가 별로 반응을 보이지 않자 그는 기가 꺾여서인지 더듬으면서 말을 끝냈다.

"그런데 그 빅토리아 호에는 특별한 무엇인가가 있어요."

무엇인가 할 말을 찾으면서 내가 물었다.

"돈, 배가 무슨 색깔이에요?"

"하얀색이요."라고 그가 말했다.

이 대화를 나누며 처음으로 카네오히에서 철야기도를 가질 때 본 항구에 떠 있던 배도 하얀색이었음을 생각했다.

약 2달 후에 한 남자가 여기저기 수소문한 끝에 우리를 찾아왔다. 그 사람은 내 사무실에 앉아 지금은 창문 너머로 단정하게 정리된 열대성 초목들을 내다보고 있었다.

"제 이름은 폴 아인스워트이고 토론토에서 왔습니다."

그는 접는 의자가 불편한 듯 자꾸 자리를 고쳐 앉기 시작했다. 나는 미소를 지으며 그를 편하게 해주려고 노력했다.

아인스워트 씨는 이야기를 시작했다.

"선생님, 솔직히 말씀드리면 사실 내가 왜 여기 왔는지 저도 몰라요. 그런데 한 가지는 내가 아주 이상한 경험을 했다는 것과 그것이 혹시 당신과 관련된 것일지 모른다는 거예요. 아시겠지만 선생님, 나는요, 음…, 나는 환상을 보았어요."

나는 관심이 가기 시작했다. 아인스워트 씨는 말을 더듬거렸다. 그의 말을 간추려 보면 며칠 전 토론토의 한 기도 모임에 참석하고 있었는데 갑자기 그의 눈앞에 남태평양 지도가 나타났다. 그가 보는 환상 가운데 하얗고 커다란 배가 떠 있었다. 그 배는 하와이 섬들로부터 출발해 남쪽으로 향하는 것처럼 보였다고 했다.

갑자기 그의 이야기에 관심을 기울이게 되었다.

"나는 지도 위에 있던 섬들의 이름까지도 볼 수 있었어요." 아인스워트 씨는 말했다. "그 기도 모임에서 어떤 사람이 지도를 꺼내서 내가 환상에서 본 것을 말하는 대로 짚어가기 시작했지요. 모든 것이 그대로 들어맞았어요."

나는 이제 의자 모서리 끝에 걸터앉아 있었다. 아인스워트 씨의 다음 말을 듣자 온몸에 전율이 왔다. 그는 또 말했다.

"배가 태평양을 통과할 때마다 부흥이 일어났어요. 수천 명의 남태평양 연안의 섬 주민들이 예수님을 믿게 되었고 또 그들 자신이 전도자가 되어 동남아시아, 인도, 중국까지 갔습니다. 수백만 명이 주님을 알게 되었지요."

그 환상은 2시간 동안이나 계속되었다고 폴 아인스워트 씨가 말했는데 그가 내게 말한 어떤 내용들은 우리에게 적용되지 않는 것처럼 보였다.

"주님, 지금 제가 무엇하기를 원하십니까?"라고 그가 하나님께 물었을 때 대답하시기를 "하와이로 가라."고 하셨다. 아인스워트 씨는 하와이에 아는 사람이 아무도 없었지만 순종함으로 여행 계획을 세웠다. 그가 떠나기 전에 한 친구가 종이쪽지를 그에게 건네주면서 말했다. "이 사람이 당신을 도와줄지도 모르겠소. 그는 하와이에 살고 있소." 폴 아인스워트 씨는 그 쪽지를 비행기 안에서 펼쳐 보았다. 그곳에 쓰여 있는 것이라고는 '로렌 커닝햄'이라는 이름뿐이었다.

나는 내가 듣고 있는 사실을 거의 믿을 수 없었다. 아인스워트 씨는 확실히 이 모든 것이 들어맞는다는 어떤 확답의 말을 기다리면서 내 얼굴을 자세히 살피고 있었다. 나는 눈물이 쏟아질 것 같았지만 일어나서 어머니가 주신 팻말을 집어 들었다. 그것을 그에게 보여주었다. 그리고 순종으로 여기까지 찾아온 남자에게 우리의 얘기를 모두 다 들려주면서 좀처럼 갖기 어려운 특별한 기쁨을 맛보았다. 우리는 둘 다 폴리네시아인들이 웃는 식으로 웃기 시작했다. 그것은 하나님이 이제 어떻게 배를 현실화시키실 것인지 하는 기대감에서 나온 웃음이었다. 물론 어머니가 주신 팻말에는 '배를 포기하지 마라'고

씌어 있었다.

모든 일이 너무 빨리 극적으로 일어나고 있었다. 놀라움은 계속되었다. 아인스워트 씨가 다녀간 후에 달린의 옛 친구로부터 편지 한 통을 받았다. YWAM을 위해 많은 시간을 중보기도 하는 사람이었는데 그는 이렇게 썼다. "주님께서 제게 말씀하시기를 당신과 로렌이 쌍둥이를 낳을 것이라고 하셨어요. 내가 확신하기로는 문자 그대로의 아기를 말하는 것이 아니고 사역에 관한 것이라고 믿어요. 하나는 배에 관한 것이고 또 하나는 무엇인지 확실히 잘 모르겠어요."

어디서나 우리는 쌍둥이에 관해 듣고 있었다! 어떤 것들은 하나님의 인도하심이라고까지 부르기에는 좀 걸맞지 않았지만 그래도 어쨌든 그것에 대해 생각해 보는 것은 재미있었다. 몇 달 전의 일도 즐거웠다. 제니스가 1977년 7월 7일에 7분 간격으로 남자 쌍둥이를 낳았을 때 우리 모두는 너무나 놀랐다 하나님이 쌍둥이에 관해서 우리에게 무엇인가를 말씀하시는 것 같았다.

성경 이야기와 같이 이러한 놀라운 일들로 격려를 받은 후 우리는 바로 빅토리아 호를 사기 위한 협상에 들어갔다. 나는 하나님이 나에게 확실하게 행하시지 않으면 내가 포기하리라는 것을 아시기 때문에 그렇게 하셨다는 생각이 들었다. 어떻게 그분이 그러한 과제를 달성시키기 위해 충분한 돈을 공급하실 것인가?

돈이 처음으로 빅토리아 호에 관해 이야기 한 지 3개월 후에 그 소유주들과 협상을 시작했다. 배의 계약금과 지불 완료 기간과 조건부 증서 같은 이야기를 하는 것과, 달린이 우리 방의 화장실에 있는 개수대에서 설거지하는 것을 보는 것이 너무 대조적으로 보여서 웃지 않을 수 없었다.

돈은 배의 투시도와 함께 배의 사진을 보내왔다. 그러나 마오리의 경험 후라 나는 투시도를 그냥 책상 서랍에 넣어두었다.

한 달 후, 1978년 4월에 돈 스티븐스를 만나기 위해 베니스로 갔다. 두 가지 목적을 가진 방문이었다. 베니스에서는 400명의 YWAMer들이 예수님에 관해 사람들에게 이야기하며 전도하고 있었다. 그들이 머무는 곳은 교외의 야영지였다. 그곳에는 나의 또 다른 관심 대상인 빅토리아 호가 정박해 있었다.

돈이 공항에서 나를 안내하면서 협상에 관한 내용을 간략히 들려주었다. 소유주들은 우리의 제안을 검토해 보고 있는 중이었다. 우리는 한 달 전에 그 제안을 제출했다. 그리고 만일 그들이 팔기로 결정했을 경우를 생각해서 파는 데 필요한 정부의 승인을 구하는 일까지 진행시키고 있었다.

"처음에는 이 사람들이 우리의 말을 심각하게 듣지 않았어요." 복잡한 길을 이리저리 빠져 나가며 돈이 말했다. "그렇지만 그들을 탓할 수도 없어요. 배에 대해 아는 것이 없어서 어떤 질문을 해야 하는

지를 오히려 그들에게 물어봐야 할 정도였으니까요. 우리 주소가 야영지였기 때문에 그들에게 주소를 건네줄 때는 좀 부끄러웠어요."

우리는 베니스와 본토를 연결하는 둑길을 달렸다. 돈은 부둣가 기중기 쪽을 가리켰다.

"저기 있어요."

그렇게 하지 않으려고 노력해도 내 가슴은 뛰고 있었다. 오렌지색과 검은색의 굴뚝을 가진 배가 거기 있었다. "그리고 그 굴뚝에 있는 상징은 전도자 성 마가의 사자예요. 베니스의 수호 성인이죠. 흥미 있지 않아요?" 돈이 말했다.

돈이 알아차렸는지 모르겠지만 그 순간, 배 위로 오르고 싶지 않았다. 내가 너무 흥분할지도 모르는 것이 문제였다. 마오리의 경험 이후 절대로 또 다른 금속 조각을 숭배하고 싶지는 않았다.

나는 주님이 돈과 다른 사람들을 통해서 일하시도록 완전히 맡겨 놓았다. 그것이 개인적으로는 마오리를 통해 배운 영적인 신중함과 폴 아인스워트 씨의 비전을 듣고 가진 담대함 사이의 균형을 유지하는 일이었다.

그래서 나는 돈이 계속 그 일을 추진하도록 격려했다. 돈이 해야 할 일이 엄청나다는 이야기를 할 때, 내가 해줄 수 있는 말이 별로 없었다. "돈, 그 일을 여러 개 작은 분야로 나눕시다. 그래야 우리가 처리할 수 있겠어요. 하나님은 우리가 한 번에 한 걸음 이상 밟는 것을 기대하지 않아요."

나는 흥분과 걱정이 혼합된 느낌을 가지고 집으로 돌아왔다. 달린과 나는 계속 같은 질문을 하기에 이르렀다. "하나님, 정말 당신이십니까?" 큰 전환점이 올 때마다 이렇게 묻는 것이 도움이 되었다. "우리가 받는 인도하심에 얼마만한 초자연적인 요소가 있을까?" 우리가 표적을 구하고 또 극적인 무엇을 구하는 것도 아닌데 이러한 표적들과 극적인 일치가 일어나고 있었다. 그런데도 그것에 주의를 기울이지 않는다면 영적인 어리석음을 범하는 것이다. 하나님이 이렇게 말씀하시는 것인지도 모른다. "이 길이 올바른 길이니 이리로 행하라."

한 달 후에 협상을 끝낸 돈은 베니스에서 전화를 걸었다. 아주 흥분되어 있었다. 배의 소유주들이 우리의 제안을 받아들였고 정부 당국자도 동의했다는 것이다.

"우리를 봤어야 해요, 로렌!" 돈은 보고했다.

"모든 사람이 함께 가서 보고 싶어 했어요. 계약서에 서명을 하기 위해 좁은 차에 5명이나 타고는 야영지를 출발했어요."

우리는 계약을 했다. 계약금을 지불하기 위해 YWAM에서 모은 헌금을 전부 다 긁어모았다. 그러나 여기서 재정 이외의 어떤 것이 실현되고 있었다. 바로 YWAM 최초의 설립 정신의 중심 개념이었다.

정말 하나님이 인도하시는 일인지 알 수 있는 가장 믿을 만한 시험이 있다. 그 일이 관련된 모든 사람들을 주님 안에서 자유와 성숙으로 한 걸음 더 이끄는 것인가? 만일 그렇지 않다면 의심해 보아야 한다. 그러나 그러한 결과로 이끄는 것이라면 그 인도하심은 하나님께로부터 온 것이다. 이 특별한 일에 있어 돈 스티븐스는 사역을 위해 구별된 주요 인물이었다. 그는 뮌헨에서 일을 잘 해냈고 이제는 훨씬 더 어려운 과제를 받게 된 것이다.

이러한 일들이 진행되는 동안에도 마치 쌍안경의 초점이 맞춰지는 것과 같이 우리의 대학교에 대한 개념이 점점 더 분명해지고 있었다. 우리 집까지 찾아온 하워드 맘스타드 박사는 하나님이 지시하신 그대로 정말 우리 집에서 계속 머무르고 있었다. 우리는 바닥에 엎드려 기도하며 계획을 짜고 서로의 생각을 내고 최선의 결정을 내리며 여러 시간을 보냈다. 하워드는 내게 건축가 한 사람을 소개시켜 주었다. 그는 열방대학의 관계를 중요시하는 생활양식에 대해 여러 가지 질문을 했다. 우리는 학생들과 간사들과 초청 강사들과 그 가족들 280명이 이곳에서 함께 살게 될 것이라고 설명했다.

대부분의 학생들이 아시아나 태평양 연안에서 올 것인데, 이곳에서 편하게 머물 수 있도록 특별한 양식이 필요했다. 사회와 문화를 형성하는 데 중요한 역할을 하는 각 영역별로 단과대학을 구성하는 것을 건축가에게 설명해 주었다. 대학에서 삶을 통해 배울 수 있도록 설계할 필요가 있었다. 건축가는 이러한 내용에 도전을 받았다. 그는 본토로 돌아가서 캠퍼스의 설계도를 그리기 시작했다. 사랑의 수고로써 그것을 우리에게 기증하려는 것이었다.

나는 우리가 직면하고 있는 어마어마한 두 가지 일에 대해 염려했다. 물론, 돈에 대한 걱정도 있었지만 사실 그것은 문제가 아니었다.

주님의 인도하심을 받으려면 우리의 노력을 통해 위험스러운 면이 무엇인가를 이미 알고 있었다. 하나님의 인도는 아주 험난하고 극적인 것이어서 주님보다 일 자체에 영광을 돌리게 될 위험이 있다는 것이다. 우리는 마오리 때 그런 실수를 저질렀고 이제 다시 똑같은 일이 일어나도록 내버려두지는 않을 것이다!

그러나 이제 두 번째 위험 지역이 나타났다. 하나님이 우리를 인도하실 때 그분도 역시 모험을 하시는 것이다. 만일 우리가 잘못된 선택을 한다면 하나님에게서 영광을 빼앗는 것뿐만 아니라 그분이 마땅히 받아야 할 첫 번째 관심까지도 도적질하는 결과가 될 수 있다. 이것을 깨닫지 못한 채 나는 두 번째 실수를 저지르려던 참이었다. 뮌헨 올림픽 이후로 우리는 주요 국제 운동경기 때마다 가려고 노력해 왔다. 그 경기장들은 세계의 축소판이었다. 때때로 복음의 문이 닫힌 나라에서 온 사람들을 만날 기회까지 주어졌다. 1978년 6월에 그런 기회 중의 하나인 월드컵이 아르헨티나에서 4주에 걸쳐 열릴 예정이다. 앞으로 8주밖에 남지 않았다. 하나님이 그곳에 가기를 원하신다는 사실에 만족하면서 나는 준비를 했다.

그때 아르헨티나를 향해 떠날 날짜를 며칠 앞두고 한 친구가 본토에서 전화를 했다.

"로렌, 좋은 소식을 전해 줄게. 기독교 대학을 위해 많은 돈을 헌금하고 싶어 하는 부동산 개발 전문가를 만났어." 그는 흥분해서 말했다. "그가 자네를 만나고 싶어 하네. 그는 지금 덴버에 있어."

이런 큰 헌금은 우리의 생각보다 더 빨리 대학교 설립을 진행시킬 수 있었다. 그렇게 되면 아마도 월드컵 경기에는 하루나 이틀 늦게 도착하게 될 것이다. 그러나 나는 "그럼 내가 아르헨티나에 가는 길에 그를 방문하지."라고 흥분된 목소리를 진정시키려 애쓰며 대답했다.

그래서 부에노스아이레스로 가기로 되어 있던 날, 나는 비행기를 타고 덴버를 향해 갔다. 그리고 덴버에서의 일을 마치고 며칠이 지난 후 마침내 아르헨티나에 도착했다. 축구 경기는 이미 2/3 가량 진행되었다. 나는 팀들을 만났고 내가 빠진 시간들을 보상하려는 듯 더 열정적으로 그들을 격려했다. 청년들은 중요한 모임이 있다면서 아들의 결승전 운동 경기에 늦게 나타난 아버지를 대하듯, 공손하기는 했지만 맥빠진다는 듯한 태도로 나를 맞았다. 우리 간사들의 사기도 걱정스러웠다. 내가 무엇을 하고 왔는지 설명했는데 모두 시큰둥한 반응이었다. 이 일은 단지 나에게만이 아니라, 모두에게 놓인 중요한 일이다. 단도직입적으로 불만을 말하는 사람은 없었지만 나는 좀 더 생각할 필요가 있었다.

그날 밤 아주 늦게 700명이 합숙하고 있는 부에노스아이레스 학교의 내 방에서, 나는 이 경험에 비추어 보면서 인도하심을 받는 원칙에 대해 생각해 보았다. '대학교'가 하나님으로부터 와서 우리의 마음에 새겨진 소중한 꿈이라는 사실에 대해서는 의심의 여지가 없었다. 이것은 새로운 선교현장인 사회의 각 영역으로 세계관을 형성하는 젊은이들을 보내는 새로운 파도가 될 것이다. 그러나 마오리도 역시 하나님 마음에 맞는 도구였다. 나는 아직도 그렇게 믿는다. 그럼에도 불구하고 그분은 그 배를 죽게 하셨다. 왜냐하면 배 자체가 영광스러운 일이 되어가고 있었기 때문이다.

대학교 설립에 있어서 하나님께 드려야 할 우리의 관심은 더 심각한 면에서 위협을 받았다. 하나님은 내게 아르헨티나에 있으라고 말씀하셨다. 나는 아주 분명히 그 지시를 들었다. 그러나 나는 그렇게 하는 대신 결국 돈을 따라갔던 것이다. '인도하심을 받는 것에 있어서 가장 중요한 것은 인도자와의 친밀한 관계다.'라는 표어를 벽에 달고 있었더라면….

인도하심의 첫 번째 목표는 우리를 예수님과 더 친밀한 관계가 되도록 이끄시기 위해서다. 다른 모든 목표들은 부차적인 것이다.

하나님이 배나 대학교와 같은 도구로 우리를 인도하실 때 우리는 특별히 조심해야 한다. 도구들 자체가 문제는 아니다. 그러나 주님의 자리를 그 도구들이 차지하는 것은 커다란 비극이다.

18 아무도 돌보는 사람이 없는가?

하나님, 정말 당신이십니까? · Is that really you, God?

아무도
돌보는 사람이
없는가?

우리가 빅토리아 호를 사기 위해 협상을 시작한 지 7개월 후 어느 날, 돈이 저녁 늦게 전화를 했다. 달린은 코나 호텔의 우리 방에 일 년 동안 살면서 3개의 방을 아담한 가정으로 정성을 다해 꾸몄다. 그녀는 이곳저곳에서 의자들과 조명기구 등을 모으기 시작했다.

"로렌, 다 됐어요." 돈의 목소리가 위성 전화로 들려왔다. 아주 흥분한 것 같으면서도 한편으로는 이상할 정도로 차분하게 느껴졌다.

"배를 샀나요?" 내가 물었다. 건너편 방에 있던 달린이 고개를 들어 나 있는 곳을 바라보았다. 지금까지 4개월 동안 격려가 될 만큼 헌금이 정기적으로 들어왔다. 그것은 우리가 인도하심을 받는 데 있어서 중요한 요소 중 하나이다.

"배를 샀어요. 배는 아직 항해하기에 적합하진 않지만 이제 우리가 갖게 됐어요. 소유주들은 우리에게 배를 넘겨주기 전, 마지막 잔금이 치러질 때까지 기다렸어요."

돈은 배 안의 식당에서 촛불 감사 연회를 연 다음, 갑판으로 가서 전에 달려 있던 깃발을 내리고 우리의 기(旗)로 바꾸어 달 것이라고 했다.

"문제는 지금부터죠, 로렌." 돈이 말했다. 그가 한편으론 흥분했지만 다른 한편으론 착잡했던 이유가 있었다. "우리 중에는 조합에 속한 선원이 한 명도 없기 때문에 조만간에 베니스를 떠나야만 해요. 어느 곳이든지 배를 끌어다 육지에 올려놓아야 하는데 아마도 그리스가 될 것 같아요."

"돈." 대화를 바꾸어야겠다고 느끼면서 내가 말했다. "배의 새 이름에 대해서는 벌써 생각해 놓았죠?"

"아나스타시스가 어때요?" 그것은 우리가 좋아하는 이름이었다. "그게 잘 어울리는 것 같아서요." 돈이 설명했다.

"그러면 그 배의 이름은 아나스타시스 호로 정하죠." 나는 다른 수화기로 같이 듣고 있다가 자기도 동의한다는 뜻으로 웃음지어 보이는 달린을 쳐다보고 기뻐하면서 말했다.

아나스타시스ANASTASIS는 헬라어로 '부활' 이라는 뜻이다.

인도하심을 받는 것의 어려움 중 하나는 지속적으로 하나님의 관점을 갖는 것이다. 하나님의 인도하심이 펼쳐지기 시작하면, 우여곡절을 겪어야 하는 일도 항상 함께하는 것 같다. 처음 인도하심을 받을 때의 긴장감은 사라지지만 마지막에 인도하심의 결실을 보리라는 흥분감은 여전히 있다. 그 사이에 남는 것은 정신없이 힘든 노동뿐이다. 그래서 하나님의 관점을 계속 유지하는 것이 매우 중요한 시기가 바로 이때인 것이다.

1979년 6월이었다. 내가 처음으로 '우리의 배'를 본 지 1년이나 지났다. 나를 태운 알리탈리아 비행기가 베니스의 운하를 돌며 날아갈 때 나는 목을 길게 빼고 그 배의 모습을 보았다. 60명이 베니스에 모였다. 돈은 지원과 격려를 위해서 전 세계에서 온 YWAM의 지도자들을 가능한 많이 만나야 할 필요가 있었다. 또한 우리는 배에 대한 우리의 비전이 예수님의 이름으로 이루어지도록 다시 불붙일 필요가 있었다.

나의 눈은 반짝이는 바닷물을 자세히 살펴보고 있었다. 베니스의 눈부신 태양 아래 여전히 낡은 흰색의 그 배가 있었다. 그러나 굴뚝은 푸른색과 녹색으로 칠해져 있었다. 우리는 30분 후에 작지만 멋진 배를 타고 출렁거리는 파도를 헤치고 나아갔다. 나는 굴뚝에 새롭게 칠한 YWAM이라는 글씨를 금방 알아볼 수 있었다. 옛 이름은 이제 새로 칠한 페인트로 인해 지워졌고 배 뒤편에는 아나스타시스라는 이름이 검은색으로 씌어져 있었다.

내가 갑판에 오르자 돈과 대부분의 젊은 봉사자들이 따뜻하게 맞아주었다. 나는 더 이상 하나님 나라에서 단지 도구일 뿐인 것에 영광을 돌리지 않겠다고 결심했고, 다시는 반복될 일이 없다는 것을 알기까지는 그 배에 타기를 꺼려해었다. 그러나 나는 159미터나 되는 배 안의 식당들, 휴게실, 조그만 병원, 5개의 큰 화물 창고 등을 돌아보면서 지금 여기 있는 것이 기뻤다. 나는 젊은이들이 문지르고, 갈고, 수리하고, 칠한 곳을 알아볼 수 있었다. 취사실 하나만 해도 청소하는 데 25명이 3주 동안 일해야 했다고 돈이 말해 주었다.

곧 다른 지도자들도 배에 오르고 있었다. 우리 60명은 이전에 여행객들이 오랜 바다 여행 동안 태양을 쬐던 선체 갑판 위에 모였다. 돈은 배를 아테네로 끌고 가서 고치는 일이 얼마나 복잡한지 말했다. 우리는 이 문제를 놓고 기도했다. 또한 하나님의 관점을 유지하는 원칙에 따라 우리의 원래의 비전과 장차 전도와 구제 사역을 감당하게 될 배를 위해 기도했다. 앞으로 다가올 어렵고 긴 몇 달 동안을 잘 견뎌 내기 위해서 우리는 꼭 하나님의 확인이 필요했다.

아나스타시스 호를 방문하는 일이 끝났다. 우리가 탄 조그만 배가 육지로 향하기 시작했을 때 우리 모두 하나님께서는 그의 백성들이 구제 사역에 참여하기를 얼마나 원하시는가에 대해 다시금 새롭게 인식할 수 있었다.

다음 단계는 도움이 필요한 분야에 YWAM을 보내는 것인데 그 생각이 새로운 세대, 짐과 조이 도우슨 부부의 스물일곱 살 난 아들인 존으로부터 나왔다는 것이 기뻤다.

내가 미국으로 돌아왔을 때 존 도우슨이 내게 말했다. "로렌, 하나님께서 내게 계속 말씀해 주시는 것이 있는데요. 내 생각에는 YWAM에 있는 우리 모두를 위한 메시지 같아요."

나는 곧 그의 말에 관심을 기울였다. 이 젊은이는 자라면서 하나님의 음성을 듣는 많은 경험을 했다. 존은 최근에 《타임》지에서 베트남을 빠져나온 피난민에 관한 기사를 읽었다고 말했다.

존은 "로렌, 이 보트 피플은 물이 새는 보트를 엄청나게 많은 돈을 주고 사서 베트남을 빠져 나오다가 중간에 해적을 만나거나 총에 맞아 죽기도 하고 아니면 뗏목을 타고 표류하게 돼요."라고 말했다. 그는 이웃 나라들에 있는 초만원인 난민 수용소에 대해서도 설명했다. "로렌, 나는 그 기사의 제목을 머리에서 지워버릴 수가 없어요. 이것은 그리스도의 몸에게 던져주는 세상의 질문이에요. 그것은 틀림없이 하나님께서 이 사람들에 대해 느끼시는 마음일 거예요. 그분은 울고 계세요. '아무도 돌보는 사람이 없는가?'라고 하시면서요."

존의 도전이 내 뇌리에서 떠나지 않았다. 결국 이것이 15년 전에 클레오 태풍을 만난 이후로 내가 꿈꾸어왔던 구제 선교 사역의 시작일까?

나는 직접 피난민 수용소를 둘러보기로 결심했다. 몇몇 다른 YWAM 지도자들과 함께 홍콩에 들러 태국으로 갔다. 우리가 첫 번째로 방문한 난민 수용소는 홍콩에 있는 것이었다. 홍콩의 주빌리 수용소에서 우리가 보고 듣고 냄새 맡았던 그 광경은 어떤 잡지나 글을 읽고서도 전혀 예상할 수 없는 충격적인 것이었다.

먼저 냄새가 풍겨왔다. 사람들이 배설한 오물의 악취가 그곳에 들어서기도 전에 코를 찔렀다. 정문으로 들어가서 복도로 걸어갔을 때 어디에서 냄새가 나고 있는지 알게 되었다. 그 건물의 지하실에는 사람들의 배설물이 8인치나 쌓여 있었다. 우리는 눈에 띄는 대로 조심스럽게 더듬으며 들어갔다. 수용소 관리자들은 벽을 따라 놓인 부서진 하수관들을 가리켰다. 기술자를 쓸 돈이 없고, 그 일을 할 줄 아는 사람도 없고, 치우려고 자발적으로 나서는 사람도 없었다.

주빌리 난민 수용소는 본래 900명을 수용하도록 지어진 경찰 막사였다. 그런데 이 낡아빠진 건물에 8,000명을 수용하고 있었다. 엄청난 수의 난민들을 수용할 만한 다른 장소가 없었던 것이다. 각 방에는 자투리 공간도 없이 3층으로 된 간이침대가 빽빽이 들어차 있었다. 한 층에는 여러 가족이 함께 머물고 있었다. 한 가족이 두 칸의 간이침대를 사용할 수 있었다. 자는 것뿐만 아니라 음식을 만드는 것까지 모든 것을 위한 장소였다. 측은하게도 이미 과로로 지친 야영장의 의사들은 자다가 높은 간이침대에서 떨어져 상처가 생기는 어린 아이들을 매일 치료해 주어야 했다.

벌써 내 마음은 분주해지기 시작했다. 우리가 기다려야만 할까?

아나스타시스 호가 항해를 시작하기 전에 봉사자들을 이곳에 파송할 수 있을 것이다. 지저분한 것들을 청소하고, 아픈 사람들을 도와줄 수 있을 것이다. 그리고 이 사람들에게 예수님이 그들의 고통을 돌아보시고 그에 대해 무엇인가 해주기를 원하신다는 소식을 전해 주는 기회를 가질 수 있을 것이다. 한 손으론 그의 사랑을, 또 다른 한 손으로는 그의 진리를 전해줄 수 있을 것이다.

우리는 홍콩에서 느꼈던 관심과 흥분을 태국에서도 똑같이 느꼈다. 뼈와 가죽만 남은 엄마가 몸에 비해 너무 큰 머리를 뒤로 늘어뜨린 남자아이를 안고 있었다. 슬프게도 엄마의 젖은 너무 늦게 나왔다. 그 아이의 가느다란 목에서 꼴깍거리는 소리를 들었을 때 내 속이 뒤틀리는 것 같았다. 그가 떨면서 마지막 숨을 몰아쉬었을 때, 그리고 엄마가 죽은 아이를 확 안았을 때 내 눈에는 눈물이 고였다.

'어디에?' 나는 마음속으로 외쳤다. '예수 그리스도의 교회는 어디에 있는가?'

조금 후에 나는 젊은 크메르 루지 군인의 눈을 들여다보았다. 이 사람이 아기를 공중에 던져 총검으로 찔러 죽인 그런 사람 중 하나일지도 몰랐다. 그 젊은이의 눈은 멍하니 지옥을 향해 열려진 것 같았다. 그러나 예수님은 이 사람을 위해서도 돌아가셨다. 통역을 통해 그 수용소에 있는 1,200명의 크메르 루지 군인들에게도 말씀을 전했다. 많은 사람들이 하나님의 사랑과 용서, 회개하기를 원하시는 그분의 부르심을 심각하게 들었다. 신변에 일어날 수도 있는 위험을 무릅쓰고 24명이 따로 나와 함께 기도했다.

내가 코나로 돌아왔을 때 나는 마음이 몹시 무거웠지만 또한 큰 흥분과 성취감도 맛보았다. 마침내 YWAM에서의 구제 사역이 제대로 구실을 하게 된 것이다. 오랫동안 준비했던 하나님을 향한 더 깊은 사랑과 이웃에 대한 더 깊은 사랑이라는 복음을 가지고 마침내 세상으로 나아갈 수 있게 된 것이다.

몇 주 후에 우리는 젊은이들을 난민 수용소로 보냈다. 돈의 남동생인 게리 스티븐스가 30명을 이끌고 주빌리 수용소로 갔다. 그들은 난민들도 하기 싫어하는 일들을 하기 시작했다. 사람들의 오물을 삽으로 퍼냈고, 부서진 하수관과 화장실을 고쳤다. 게리는 난민들이 무척 감탄하고 있다고 보고하였다. 이 젊은이들이 자비(自費)로 수용소까지 와서 아무도 생각지 않은 일들을 하는 것이다. 드디어 YWAMer들이 관심을 끌게 된 것이다. 잘 되어가고 있다! 시간이 흐를수록 바라던 기회들이 주어졌다. 그들이 왜 왔는지에 대해 질문을 받기 시작한 것이다.

곧이어 수용소 담당자들로부터 학교를 열고, 성경 공부 시간을 갖고, 상담을 해도 좋다는 허락을 받았다.

그때 놀라운 일이 일어났다. 하나님이 그의 창고를 열기 위해서 이 특별한 순종을 기다리고 계셨던 것처럼 보였다. 복음의 두 번째 측면-이웃을 향한 우리의 사랑을 실제적인 도움으로 드러내는 것-에 대한 소식이 널리 퍼지면서 많은 일꾼들이 몰려들었다.

그것은 마치 수백 명의 젊은 남녀들이 오랫동안 열리기만을 기다려 온 문을 열어준 것과도 같았다. 경험 있는 사람들도 많이 왔다. 의사, 간호원, 숙련된 기술자뿐 아니라 붕대를 감는 작은 일도 기쁘게 할 사람들과 난민 청소년들을 가르칠 사람들도 오게 되었다. 얼마 지나지 않아 우리는 많은 기회를 발견했다.

예를 들면, 그들이 사회에서 자활할 수 있도록 직업 훈련을 시킨다거나, 가내수공업을 할 수 있게 하거나, 또 음식과 옷을 나눠주고, 영어 교실을 열기도 하며, 다른 나라로 나가야 하는 사람들에게 문화적인 적응을 위해 재교육하는 일이었다. 이 모든 일을 하는 동안 행동과 말을 통해서 그 사람들을 하나님 아버지께로 인도하는 복음의 메시지를 전하고 있었다.

하나님의 복은 다른 곳에서도 역시 넘치고 있었다. 칼라피는 새로운 사역을 잘 해내고 있었다. 옛날의 불타던 마음이 타락 후에 얻어진 새로운 부드러움과 함께 다시 돌아왔다. 칼라피는 호놀룰루, 싱가포르, 자카르타 등에서 젊은 전도자들을 훈련시키는 학교를 시작했다. 그곳에서 수백 명의 사람들이 구원받았다는 소식을 전해왔다. 그리고 병 고침의 역사도 일어났다. 말레이시아에서는 귀머거리 소녀가 즉시로 들을 수 있게 되었고, 인도네시아에서는 칼라피가 기도한 후 오래된 절름발이가 껑충껑충 뛰는 역사가 일어났다. 그리고 복음이 전파된 적이 없는 마을에 교회가 세워졌다는 소식도 들려왔다. 우리는 칼라피가 완전히 회복됐음을 보여주는 이런 소식들에 무척이나 기뻐했다.

하나님은 이제 복 위에 복을 더하시는 듯했다. 짐과 제니스의 가정이 그 한 예다. 나는 혼자 미소 지었다. 그들은 아이를 갖기 위해 11년 동안을 기다렸다. 그리고 쌍둥이를 갖게 되었다. 이제 그들은 세 번째 아이를 갖게 된 것이다. 특별히 추가된 선물이었다.

YWAM도 역시 하나님의 넘치는 복이 계속 되었다. 전 세계에 걸쳐 하나님이 재능 있는 사람들을 점점 더 많이 보내주셨고, 사역의 문도 열어주셨다.

1980년에 YWAM 지도자 중 한 사람인 앨 아키모프는 복음을 전파하기 위해 2,000명의 사람들을 소비에트 연방에 보냈다. 또 다른 지도자인 플로이드 맥클랑과 그의 가족은 창녀와 남창들이 있는 암스테르담의 홍등가로 온 가족이 옮겨갔다. 또 다른 사람들은 세계의 다른 지역, 즉 아프리카나 남북 아메리카와 같은 지역을 책임지게 되었다. 인도하심의 배가 원칙이 실현되고 있었다. 브라질에 있는 YWAMer들의 보고에 따르면 전도 학교에서 훈련 받은 젊은이들이 개척지로 나아가기 위해 헌신했고, 소외된 인디언 부족에게 복음을 전하기 위해 아마존에 가기도 했다.

달린과 나는 하와이에서의 환상대로 우리의 관심을 아시아에 두었다. 각 사역 장소를 방문하기도 하고, 전도하는 일에 참여하기도 하며, 1,800명의 전임 사역자로 자라는 우리 가족들을 훈련시키는 일을 하였다.

나는 대학교 비전이 아직도 하나님의 마음 안에 있다는 것을 확고히 믿으면서 여전히 나의 본 중심지인 코나 지부의 책임을 맡고 있었다. 그러나 결국 건물들은 도구에 불과할 뿐이기 때문에 교정이나 건물이 생길 때까지 기다리는 것이 아니라 '우리가 있는 그곳'에서부터 학교를 시작했다. 그래서 열방대학교가 시작되었다. 여기저기서 모임 장소와 가르칠 장소를 빌려 시작했다.

이렇게 사역하는 동안 우리의 쌍둥이 사역 중 나머지 다른 한 사역도 활발히 움직이는 것을 나중에 발견하게 되었다.

19 물고기 이야기

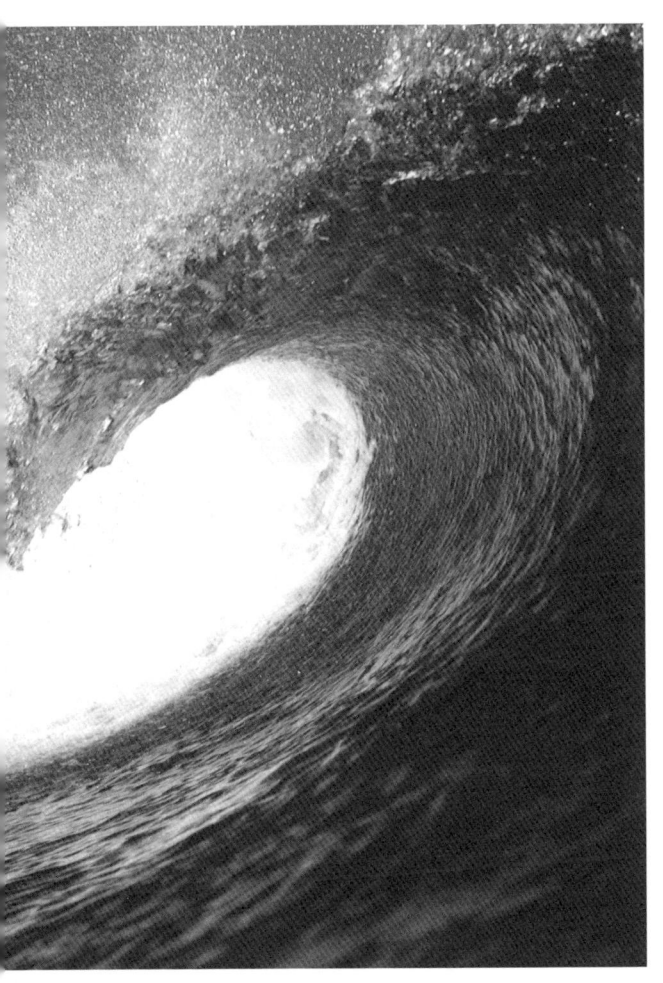

하나님, 정말 당신이십니까? · Is that really you, God?

물고기
이야기

지구 반대편에서는 돈 스티븐스와 175명의 선원과 학생들이 아나스타시스 호의 항해 준비를 위해 최선을 다하고 있었다. 1981년 초, 아테네에서 돈이 전화했다. 나는 코코야자나무 사이로 푸른 해안을 바라보면서 학교에 있는 우리 집의 난간에 서 있었다. 나는 돈이 아테네의 한 공중전화 앞에서 전화하며 서 있는 모습을 그려볼 수 있었다. 그는 간단하게 어떻게 일하고 있는지 보고했다.

"그들은 영웅들이에요." 돈은 언제나 그렇듯이 자랑스러워하면서 말했다. 돈과 함께하는 청년들은 냄새나는 배의 밑바닥을 깨끗이 치우기 위해 그 속으로 기어들어가서 문지르고, 녹슨 것을 벗겨내고, 윤을 내며 페인트를 칠했다. 그들은 돈이 넉넉하지 않아 한 번에 구입할 수 있는 기름으로는 고작 몇 시간 정도만 발전기를 돌릴 수 있었다. 그들의 주식은 주로 땅콩버터와 쌀과 콩이었다. 아테네 항구 담당자가 배에서 살도록 허락하지 않았기 때문에 그들은 최근에 지진 피해를 입은 오래된 호텔에 머물게 되었다. 하와이에서 건물이나 캠퍼스 같은 도구를 기다리지 말고 대학교를 시작하라는 하나님의 부르심에 순종했던 것처럼 돈과 다른 사역자들도 그들의 도구인 배를 기다리지 않고 구제 사역에 대한 하나님의 부르심에 순종하기로 했다. 그들은 기회가 있는 대로 나와서 지진으로 피해 입고 고생하는 그리스 사람들을 도왔다. 또 매일 사람들이 있는 곳에 가서 복음을 전하는 데도 아주 열심이었다.

나는 아주 만족해하며 말했다. "돈, 이제는 우리가 하나님은 우리의 관심이 도구가 아니라 부르심에 있기를 원하신다는 말씀을 이해하고 있는 것 같지 않나?"

모든 YWAM 사람들이 엄청난 액수의 배 값을 치르기 위해 도움을 주었다. 그러나 돈과 디온의 지도를 받는 젊은이들은 계속해서 자신의 생활비를 책임졌다. 본국의 가족이나 친구들에게 정기적으로 기도 편지를 보냈고, 헌금을 요청하지 않았지만 자신의 상황을 있는 그대로 알리는 내용의 기도 편지를 통해 그들의 필요가 채워졌다.

아나스타시스 호가 항해할 수 있는 시간이 가까워 올수록 기본적으로 필요한 것들이 많아졌다. 왜 젊은이들이 배의 갑판 사이로 기어 들어가 깨끗이 청소하는가? 그들이 전도자이기 때문이다. 그들은 수천, 수만 명의 사람들이 더 많은 도움을 받으며 추수되어 하나님의 나라에 갈 수 있도록 구했다. 문이 열리도록 준비하던 돈은 금식하며 기도하는 것과 인도하심을 받고 풍성한 추수를 거두는 것의 관계에 대해 흥미를 갖기 시작했다. 예수님도 광야에서 금식하신 후에 놀라운 열매를 맺는 사역을 시작하였다. 아마도 배에 있던 다른 사람들도 같은 일을 해야만 할 것이다!

그래서 돈과 디온과 175명 모두가 40일 금식을 시작했다. 그들은 돌아가면서 금식을 하기로 했다. 그래서 항상 몇 사람씩은 금식하고 기도하는 영적인 노동을 하게 되었다. 나는 올바른 기초 위에 새로운 사역을 시작하려는 그들의 열심에 감탄하였다. 그리고 뉴질랜드의 도우슨 부부 집에서 가졌던 금식 기도를 기억했다. 그 일이 있은 바로 직후에 많은 YWAM 사역자들이 생겨났다.

아테네에 40일간의 영적 훈련이 막 끝나가던 어느 날 전화가 울렸다. 돈이었다.

"로렌, 들을 준비가 되었나요?"

"준비가 되었어요!" 돈의 목소리가 밝은 걸 보니 좋은 소식이 있는 것 같았다. "조금 주의해서 들어야 해요." 돈이 말했다. "우리에게 이 일이 일어나기 시작하자마자 아주 정확하게 숫자를 세었고, 결코 과장된 것이 아니에요. 들어보세요." 돈은 간사들이 풍성한 수확을 위해 금식하며 기도하고 있을 때 일어난 일에 대해 말해 주었다.

배의 선원 한 사람이 그들이 살고 있는 호텔 근처 해변을 걷고 있었다. 갑자기 중간 크기의 물고기 12마리가 바위 위로 튀어 올라 바로 옆 아주 얕은 조그만 웅덩이로 들어왔다. 그는 그 물고기들을 잡아서 다른 이들에게 보여주기 위해 호텔로 달렸다. 그것은 몇 명의 간사들이 그날 저녁 음식을 보충하기 위해 생선튀김으로 먹을 수 있을 만큼 충분한 양이었다. 며칠 후에는 아주 큰 참다랑어 한 마리가 바다에서 튀어나와 바닷가에 떨어졌다. 이번에는 더 많은 YWAMer들이 저녁식사로 먹을 수 있게 되었다.

또 며칠 후에 다시 한 번 텍사스 주 댈러스에서 온 우리의 젊은 간사 한 명이 바닷가 바위 위에 앉아 아침 묵상 시간을 갖고 있을 때, 갑자기 물고기들이 튀어 오르기 시작했다. 그녀는 놀라서 어쩔 줄 몰라 하며 소리를 질렀다. 그 지방 그리스도인 가족들도 그 광경을 지켜보고 물고기를 잡기 위해 뛰어갔다. 그 자매는 210마리의 물고기를 주웠고, 함께했던 가족들은 두세 배 정도를 집으로 가져갔다.

그러나 가장 큰 물고기의 기적은 이제부터다.

"로렌, 바로 지난 화요일 아침 8시에 물고기들이 다시금 튀어 오르기 시작했어요!" 돈과 디온과 여러 사람들이 바닷가로 소리를 지르며 달려갔다.

해안가 약 137미터에 걸쳐서 고기들이 육지로 튀어 오르는 것을 볼 수 있었다.

그들은 호텔로 뛰어가 플라스틱 양동이, 큰 주발, 큰 자루 등 가능한 모든 그릇들을 집어 들었다. "우리들이 할 수 있는 한 빨리 고기를 주워 담았는데 45분이 걸렸어요." 돈이 말했다. 그날 무엇이 물고기들을 그 바닷가로 뛰어 오르게 했을까? 아무도 몰랐다. 그리스인들도 그와 같은 일은 한 번도 본적이 없다며 "하나님께서 당신들과 함께하신다."라고 말했다.

큰 물고기 파티가 끝난 후에 그들은 특별하게 얻은 이 물고기가 모두 몇 마리인지 세어보기 시작했다. "로렌, 얼마나 되는지 믿지 못할 거예요! 8,301마리였어요. 1톤도 넘는 물고기죠, 로렌! 우리가 바로 그 바닷가에서 가졌던 찬양 시간을 상상할 수 있겠죠? 아나스타시스 호의 사역이 매우 특별할 것이라는 꼭 필요한 격려였어요."

아나스타시스의 구제 사역에 대한 풍성한 수확의 신호로써 물고기가 튀어 올라온 것만큼이나 갑작스럽게 조선소에서 기술적인 일이 매듭지어지기 위해 필요한 마지막 돈이 들어왔다. 기금은 세계 각국에서 들어왔다. 수십만 달러가 YWAMer들에 의한 희생과, 100 헌틀리 스트리트, 700 클럽, PTL 클럽, 빌리 그레이엄 전도협회, 데이비드 월커슨의 청소년선교회, Last days Ministries 등을 통해 들어왔다.

하나님의 놀라우신 공급으로 우리는 배를 통한 구제사역에 대해 확신을 갖게 되었다. 배를 통한 사역이 태어나고 있었던 것이다.

그렇다면 열방대학은? 우리는 마침내 장기간을 위한 재원을 갖게 되었지만 그렇다고 해서 일반 사람들이 퍼시픽 엠프레스 호텔의 오래된 땅 주위를 돌아본다면 이곳을 대학교라 부르기는 어려울 것이다. 어쨌든 우리는 계속 추진해 나갔다. 기다리지 않기로 했다. 한 산부인과 의사 친구로부터 이런 말을 들었기 때문이다.

그 친구는 인도하심을 받기 위해 기도하는 시간에 경고를 해주었다. 쌍둥이 출산에 있어서는 그들이 '하나'로 취급되어야 한다는 것이었다. 쌍둥이 중 한 명이 먼저 태어났으면 다른 하나도 곧바로 뒤따라 나와야 하는데 그렇지 않은 경우에는 어머니와 두 번째 아기의 생명이 위태롭게 된다는 것이다. 그는 거듭거듭 "쌍둥이의 두 번째 아기인 열방대학교가 태어나는 것을 곧 보아야만 한다. 그렇지 않으면 엄마인 YWAM이나 두 번째 아기가 다 죽을 것이다."라고 말했다.

그 친구의 말은 우리에게 빌딩이나 캠퍼스가 있든지 없든지 우리의 일을 계속해 나가는 데 격려가 되었다. 예를 들어, 옥스퍼드 대학도 수년 동안 무명의 선생님들과 학생들이 장소를 가리지 않고 모여 학교를 진행시켰다.

코나에서 우리는 몇 가지의 훈련 프로그램을 벌써 시작했고, 상담, 성경에 바탕을 둔 심리학 훈련, 응급 간호 훈련, 학령 전 아동을 위한 교사 훈련, 과학, 제3세계로 가기 위한 발판이 될 기술학, 뿐만 아니라 성경연구학교, 선교학, 교회사역 등의 과정을 시작했다. 대학

형성 초기 단계에 있는 이 학교들은 코나 해변을 따라 장소가 될 만한 모든 곳에서 진행되고 있었다.

이 두 가지 사역은 서로 밀접하게 뒤따르면서 진행되었다. 첫 번째 출산의 소식은 좋았다. 아테네에서 실행되었던 아나스타시스 호의 시험 항해는 별 다른 문제없이 잘 진행되었다. 마지막 과정은 몰타의 국기 아래 그 배를 등록하는 것이었다. 그렇게 함으로써 우리는 조합에 가입하지 않고도 국제 선원으로 항해할 수 있도록 허락이 되었다. 아나스타시스 호의 선원들도 필요한 것을 공급받음에 있어 하나님께 의지하는 YWAM 원칙에 따르기로 했기 때문에 오직 조합에 가입한 선원들만 인정해 주는 이탈리아의 규정을 따르지 않아도 되었다. 마침내 그날이 왔다. 아나스타시스 호의 닻을 끌어올리고 1982년 7월 7일에 그리스에서 출발하여 항해를 시작했다. 이날이 짐과 제니스의 쌍둥이 자녀의 다섯 번째 생일이었던 것은 우연이었을까?

배는 캘리포니아로 오고 있었다. 달린과 나와 열네 살의 캐런, 열한 살의 데이비드는 아나스타시스 호의 환영식을 위해 로스앤젤레스에 있었다. 얼마나 특별한 행사인가? YWAM을 처음에 시작한 바로 그 도시로 배가 들어오고 있었다.

나는 침실을 사무실로 바꾼 곳에서 꿈을 가지고 시작한 지 22년 만에 얼마나 많은 일이 일어났었는지 생각해 보았다. 우여곡절이 많은 출발이었다. 그러나 너무나 많은 것이 완전한 형태로 나타났다. 나는 하나님의 성회에 있을 때 나의 전 지도자였던 토머스 짐머만과의 최근의 만남을 뒤돌아보면서 미소를 지었다. 내 인생의 중요한 시기에 그가 해주었던 역할에 대해 감사하면서 내가 얼마나 그분을 사랑하고 귀하게 여기는지 말해 주었다. 그는 그도 깨닫지 못한 상태에서 하나님이 나에게 주신 비전을 굳게 하는 데 나를 도와주었다.

그 비전은 젊은 사람들로 된 파도가 한 교파만이 아니라 '모든' 교파로부터 나가기를 원하신다는 비전이었다. 헤어지기 전에 짐머만 형제는 코나의 학교에서 설교를 해달라는 나의 부탁에도 동의해 주었다. 나는 그에게 악수하면서 말했다. "감사합니다. 짐머만 형제님." 그는 실로 귀한 형제였다.

나는 이제 2,000명이나 되는 사람들 사이에 서 있었다. 여러 교파와 교회에서 온 많은 사람들은 배가 도착하는 것을 보기 위해 로스앤젤레스 항구의 51번 정박지로 모였다. 재미있는 것은 내가 군중의 한 사람으로 구경꾼처럼 서 있다는 것이었다. 돈은 내가 18년 전에 받은 이 비전을 실현시키기 위해 일을 아주 효과적으로 해냈다. 그는 지도자로 성장했고, 또 그로부터 양육 받은 많은 사람들이 아나스타시스 호 사역의 탄생을 도왔던 그 모든 과정은 바로 인도하심의 배가 법칙이 무엇인지 잘 보여주었다.

유명한 가수였으나 최근에 비행기 사고로 죽은 키스 그린의 미망인 멜로디 그린은 이동식으로 설치된 무대에서 키스가 아나스타시스 호의 사역이 시작되는 것을 얼마나 보기 원했었는지 이야기하였다. 그리고 녹음된 키스의 노래가 대형 스피커를 통해 흘러나왔다. "거룩, 거룩, 거룩!" 그의 목소리가 51번 정박지를 가득히 채울 때 우리의 큰 하얀 배가 눈앞에 보이고 부두 쪽으로 서서히 다가왔다. 사람들도 키스의 노래를 따라 부르기 시작했다.

거룩 거룩 거룩 전능하신 주여!
이른 아침 우리 주를 찬양합니다!

나는 내 주위를 둘러보았다. 모든 사람들은 미소를 짓거나 기뻐하거나 울면서 찬양하고 있었다. 나는 달린을 쿡 찌르면서 속삭였다.
"얼마나 다른지 모르겠소."
"다르다니요?"
"지금 우리가 하나님을 찬양하는 이 장면과, 예전에 우리들이 배로 인해 흥분해서 소리치면서 그늘에 서 계신 예수님을 외면했던 9년 전에 본 무서운 환상 말이오."
"네, 맞아요." 달린이 말했다. 그녀는 내 손을 잡으면서 말했다.
"이것이 하나님의 음성을 듣는 것의 전부가 아니겠어요? 하나님 그분을 더 알아가는 것 말이에요."

20 하나님을 알아 간다는 것

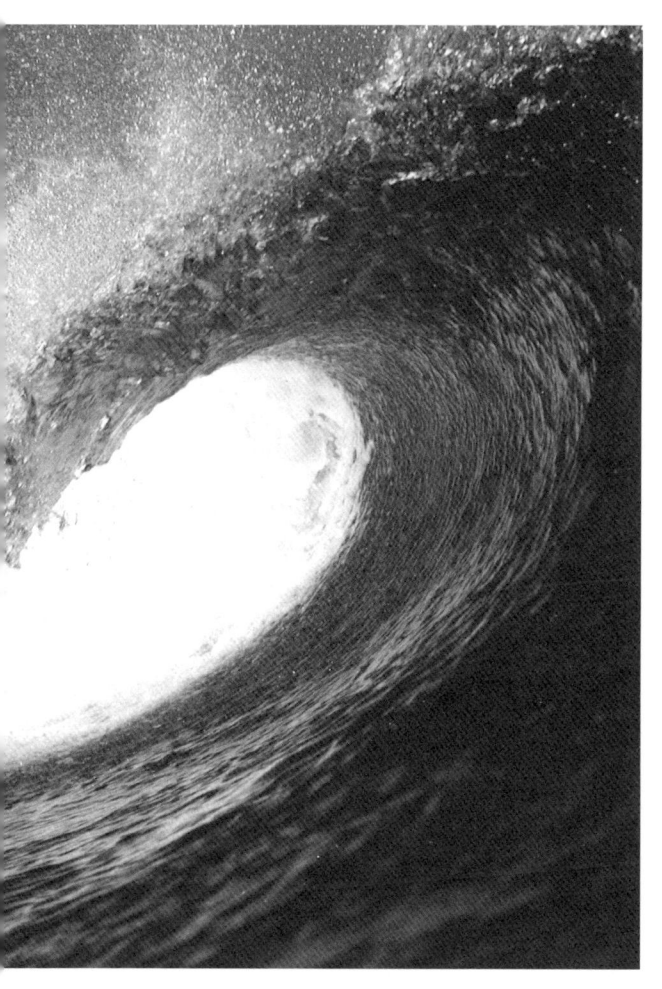

하나님, 정말 당신이십니까? · Is that really you, God?

하나님을
알아간다는
것

때는 봄이었고 우리는 코나에 있었다. 몇 주째 불도저가 땅에서 쿵쿵 소리를 내며 열방대학교를 위한 첫 번째 건물을 짓기 위해 돌들을 치우고 땅을 고르고 있었다. 열두 살이 된 데이비드에게는 그것을 보는 것이 큰 기쁨이었다.

로스앤젤레스의 항구 51번 정박지에서 공식적으로 배의 환영식을 가진 이후로 지난 8개월 동안 많은 일이 일어났다. 아나스타시스는 남태평양을 항해하면서 많은 가난한 자를 도와주었다.

인도하심의 배가 원칙은 활발하게 일어나고 있었다. 우리 YWAM 선교사들 각자가 배가시킬 수 있는 가능성을 가진 사람들이었다. 짐 로저스, 르래드 파리스, 플로이드 맥클랑, 돈 스티븐스, 칼라피 모알라 등 많은 사람들은 이제 YWAM에서 그들 자신의 사역을 추진하고 있었고, 그것이 내게 큰 만족을 주었다. 하나님이 수천 명으로 그 비전을 늘려가고 계셨다.

그러는 동안 나는 넘어지기도 하면서 어떻게 하나님의 음성을 듣는지 배우고 있었다. 그렇게 순종하는 것을 배우는 데에는 더 많은 실수가 있었다. 이제 우리가 초기에 행했던 실수와 성공 등을 발판으로 삼아 선교사들 각자가 일한다면 얼마나 큰 능력이 역사하겠는가!

우리가 기도했던 그 능력이 벌써 드러나고 있었다. 1983년 5월에 세계 각국에서 우리의 주요 지도자들이 연례 전략 회의를 위해 코나로 왔다. 한방에 나의 가장 사랑하는 친구들, 동역자들이 모였다. 그들은 차례로 하나님이 우리 삶 속에 무슨 일을 하고 계시는지 나누었고 우리는 다음과 같은 것을 알게 되었다.

- 1983년 12월에 이르면 YWAM은 전 세계 223개국 중 193개국에서 사역하게 될 것이다.
- 금년에 적어도 15,000명의 단기 지원자들이 사역지에 나갈 것이다.
- 1983년 12월까지 전임 사역자는 3,800명이 될 것이다. 그중의 1/4은 제3세계에서 올 것이다.
- 금년 말까지 113개국의 영구적인 지부와 40여 개국에 70개의 학교를 두게 될 것이다.
- 우리는 특별한 도움이 필요한 곳마다 모든 공급 물품을 싣고 갈 수 있게 되었다. 배를 통한 사역 외에도, 전쟁이나 가난으로 인한 희생

자들에게 5대륙 12개국에서 도움이 베풀어지고 있다.
- 태국 한 나라에서만 YWAM 사역자들이 매일 700명의 난민 아이들을 가르친다.
- 1982년에 우리는 30,000명의 난민들에게 새 옷을 주었다.
- 1년 동안에 30여 개국의 다른 나라에서 온 1,000명의 젊은 전도자들이 소련(현 러시아)로 파송되었다.
- 할리우드에 있는 YWAM 사람들은 10대가 대부분인 가출 소년소녀, 창녀들의 상담 전화를 매달 2,000건씩 받고 있다.

우리의 젊은 선교사들이 히말라야 산지에 있는 나라들과 아마존 상류지역, 일본의 펑크족들에게 가고, 프랑스의 거리에서 드라마를 통해 복음을 전하고, 또 홍콩의 빈민촌 사람들에게 음식을 공급하며, 전쟁으로 폐허가 된 레바논에 의료품을 전달하고, 굶주림으로 죽어가는 아프리카 부족민들을 돕고, 여러 멕시코 도시에 성경을 공급하고 있다는 이야기를 보고받았다.

내 친구들이 자신들이 맡은 선교지에서 하는 일을 나눌 때 나는 큰 파도같이 흥분된 마음이 일어나는 것을 느낄 수 있었다. 나는 아주 젊을 때 아프리카를 방문했던 일을 기억했다. 구릿빛 얼굴의 추장에게는 내가 사람을 만드신 크신 하나님에 대해 이야기한 첫 번째 선교사였다. 그러나 나는 비행기를 타고 떠날 때 수천 개의 모닥불로부터 위로 솟구치는 연기를 보았다. 각각의 모닥불은 아직 복음이 들어가지 못한 마을들을 의미했다. 나는 그때 지상명령의 어마어마함을 다시금 절감했었다. "온 천하에 다니며 만민에게 복음을 전파하라." 하지만 아프리카에서 보았던 모닥불 연기의 수는 아시아의 아직 복음이 필요한 사람들의 숫자에 비할 바가 못 된다. 아시아에서는 한 아파트 단지 안에 4만 명 정도가 사는 곳도 있으며, 세계 인구의 60%를 차지하고 있는 아시아인 중 대부분이 예수님에 대해 들어본 적이 없었다!

우리는 1년에 15,000명의 봉사자들을 파송하지만 그러나 필요에 비하면 너무나 부족하다. 이 사역자들 각자가 100명을 상대한다고 해도 40억의 인구 중 150만 명밖에 상대하지 못한다! 일꾼이 아직 부족하다. 오직 하나님만이 파도의 비전을 이루실 수 있고 지구상에 있는 모든 사람들이 그들을 향한 하나님의 사랑을 개인적으로 듣게 하실 수 있다.

그 전략 회의의 마지막 날 밤에 우리는 대학교 부지를 하나님께 바치기 위한 예배를 드리려고 밖으로 나갔다. 우리는 불도저로 갈고 다듬은 거칠었던 땅을 밟고 함께 모였다.

우리는 '세계의 광장'이 될 그곳에 둥글게 섰다. 우리 뒤로 태양이 푸른 태평양 위로 지고 있었다. 나는 우리가 일하고 있는 나라들의 국기를 바라보았다. 국기들이 어두운 코발트색 하늘에서 휘날릴 때 나는 젊은이들로 이루어진 파도가 밀려나가는 것을 볼 수 있었다. 나는 본래 1,000명을 꿈꾸지 않았던가! 나는 이제 모든 대륙이 '온 마음을 다해 주님을 사랑하고, 이웃을 네 자신과 같이 사랑하라.'는 복음의 두 가지 내용을 들고 그들에게로 들어가고 수십만 명의 사람들로 덮이는 것을 상상할 수 있다.

오직 한 가지 남아 있는 일은 이제 7개월 안에 일어날 것이다.

1983년 12월 27일, 토요일 아침이었다. 해가 뜰 때, 우리 전체 이야기를 최종적으로 상징해주는 시금석이 될 만한 것이 나타났다.

달린과 나, 캐런과 데이비드와, 어머니와 아버지, 달린의 부모님은 열심히 바다 쪽을 바라보고 있는 2,000명 사이에 서 있었다. 꼬마들은 그들 부모의 어깨 위에 앉아 있었다. 그때 서서히 하얀 배가 수평선 위에 나타나기 시작했다. 사람들이 박수치고 있었다. 외침 소리도 있었다. '영광!' '하나님을 찬양하라!' 하와이식 찬송가가 항구에 퍼져 나가는 것과 동시에 카누가 그 배를 마중하기 위해 급히 나갔다.

10년 전, 10대들이 여기 하와이에서 함께 기도하는 동안 미래를 예언하는 주님의 놀라운 일을 경험했을 때 우리는 거대한 흰색의 배가 항구로 들어오는 것을 보았다. 비록 당시의 조건과 상황을 벗어난 일이었지만 우리는 그 배가 구제 선교 사역을 위해 코나 항구로 들어오는 배라는 것을 믿음으로 알았다. 그리고 이제 그 배가 여기 있다.

아나스타시스, 부활, 너의 꿈을 제단 위에 올려놓아라. 그것이 도리어 더 큰 것이 되어 부활할 것이다.

말로 할 수 없는 이 기쁨을 맛보지 못한 사람에게 내가 어떻게 설명할 수 있을까! 실패할 수밖에 없는 인간과 더불어 일하시면서 이처럼 귀하게 인도하시는 주님을 지켜보는 이 표현할 수 없는 기쁨! 우리 뒤에 있는 대학교와 우리 앞에 있는 배는, 예수님으로부터 오는 기쁨과 승리라는 사실이 내 마음에 너무나 확실하게 새겨졌다.

우리는 마침내 인도하심을 받는 모든 가르침 중 가장 큰 것을 배웠다. 그것은 달린이 내 손을 잡고 속삭인 말, 바로 그것이었다.

"이것이 하나님의 음성을 듣는 것의 전부가 아니겠어요, 로렌? 그분을 좀 더 깊이 알아간다는 것 말이에요."

부록

하나님의 음성을 듣기 위해 꼭 기억해야 할 12가지 요점

하나님의 음성을 듣기 위해
꼭 기억해야 할
12가지 요점

만약 당신이 주님을 안다면 이미 그분의 음성을 듣고 있는 것이다. 당신을 그분께로 처음 이끈 내적인 인도하심이 바로 그것이다. 예수님은 언제나 하나님 아버지와 함께 의논하셨다(요 8:26-29). 그래서 우리도 그렇게 해야 한다. 하늘에 계신 아버지의 음성을 듣는 것이 자녀 된 우리의 기본적 권리다. 이 책에서 우리는 하나님의 음성을 듣는 여러 방법 중 몇 가지를 선정하려고 노력했다. 정리된 것들은 결코 이론만이 아니라 우리의 경험에서부터 나온 것이다.

1. 인도하심을 받는 것을 복잡하게 하지 마라

만약 당신이 정말 하나님을 기쁘시게 하고 그분께 순종하기 원한다면 하나님의 음성을 듣지 않는 것이 더 어려운 일이다. 만약 당신이 겸손하다면 하나님은 당신을 인도하신다고 약속하셨다(잠 16:9).

당신이 하나님 음성 듣는 것을 도와줄 세 가지 단계를 제시한다.

첫 번째, 주 되심에 복종하라.-마음에 가득한 자신의 생각, 소망, 다른 사람들의 의견들을 잠잠하게 해달라고 주님께 도움을 구하라(고후 10:5). 당신이 아무리 좋은 생각을 가지고 있을지라도 먼저 가장 좋은 생각을 갖고 계신 그분의 생각을 듣도록 하라(잠 3:5, 6).

두 번째, 사탄을 대적하라.-사탄이 지금 당신을 속이려 할 때 예수 그리스도께서 사탄의 목소리를 잠잠케 하기 위해 주신 권위를 사용하라(약 4:7, 엡 6:10-20).

세 번째, 응답을 기대하라.-당신 생각 속에 있는 질문을 한 후에 그분이 대답하시도록 기다리라. 사랑하는 하늘의 아버지께서 당신에게 말씀해 주시기를 기대할 때 그분은 말씀하실 것이다(요 10:27, 시 69:13, 출 33:11).

2. 하나님이 원하시는 방법대로 당신에게 말씀하시도록 하라

하나님께 당신이 원하는 인도하심의 방법에 대해 지시하려고 노력하지 마라. 당신은 그분의 종일뿐이다(삼상 3:9). 그러므로 순종하는 마음을 가지고 들으라. 순종과 듣는 것에는 직접적인 연관이 있다. 하나님은 성경을 통해서 당신에게 말씀하시거나(성경을 읽은 중에 떠오르거나, 특별한 구절로 인도하시는 것. 시 119:105), 들을 수 있는 '음성'(출 3:4), '꿈'(마 2장)이나 '환상'(사 6:1, 계 1:12-17)등을 통해서 말씀하실 수 있다.

그러나 가장 흔히 볼 수 있는 것은 조용하게 내적으로 들려오는 음성(사 30:21)을 통한 것이다.

3. 용서받지 못한 죄가 있다면 고백하라
하나님의 음성을 듣기 원한다면 깨끗한 마음은 필수이다(시 66:18).

4. 도끼머리 원칙을 사용하라
열왕기하 6장에 나온 내용이다. 당신이 나아가야 할 방향을 잃어버린 것 같다면 하나님의 분명한 음성을 가장 마지막으로 들었다고 확신하는 그곳으로 돌아가라. 그리고 순종하라. 열쇠가 되는 질문은 '하나님이 당신에게 명령하신 마지막 일에 순종하였는가?'이다.

5. 당신 자신이 인도하심을 받아야 한다
하나님은 다른 사람을 사용하여 당신의 방향을 확인시키실 수도 있다. 분명한 것은 당신이 직접 하나님께 들어야 한다. 하나님의 음성을 듣는 데 다른 사람을 의지하는 것은 위험한 일이다(왕상 13장).

6. 하나님이 허락하실 때까지는 다른 사람에게 당신이 인도함 받은 것을 말하지 마라
때때로 이 일은 즉시 일어날 수도 있고, 기다려야 할 때도 있다. 기다리는 목적은 인도하심에 따르는 네 가지 함정을 피하기 위함이다.

1) 하나님이 당신에게 말씀하신 것 때문에 교만할 수 있다.

2) 아직 내가 완전히 이해하기 전에 말한다면 추측이 된다.

3) 하나님의 때와 방법을 놓치기 쉽다.

4) 마음의 준비가 필요한 사람들에게 혼란을 줄 수 있다(눅 9:36, 전 3:7, 막 5:19).

7. 동방박사의 원칙을 사용하라

세 동방박사는 각각 별을 따라왔으나 모두 다 똑같이 그리스도에게로 인도함을 받은 것과 같이, 하나님은 때때로 둘이나 그 이상의 더 영적으로 민감한 사람들을 사용하여 하나님이 당신에게 말씀하신 것을 확인시키실 것이다(고후 13:1).

8. 속임수에 대해 조심하라

위조지폐에 대해 들어본 적이 있는가? 있을 것이다. 혹 종이 봉지를 위조했다는 소리를 들어본 적이 있는가? 아마 없을 것이다. 그 이유는 위조할 가치가 있는 것만 위조하기 때문이다.

사탄은 그가 할 수 있는 한 하나님의 모든 것을 모조하려고 한다(행 8:9-11, 출 7:22). 예를 들면 점괘, 강신술, 운수, 점성학 등을 통해(레 20:6, 19:26, 왕하 21:6) 가짜 인도하심을 나타낼 것이다.

성령님의 인도하심은 당신을 예수님께로 가까이 이끌고 진정한 자유를 얻게 하실 것이지만, 사탄은 당신을 하나님에게서 멀어지게 하고, 속박할 것이다. 진정한 인도하심인가를 시험해 보는 한 가지는 당신이 받았다고 생각하는 그 인도하심이 성경의 원칙을 따르고 있는가를 확인해 보는 것이다. 성령님은 결코 하나님의 말씀에 어긋나도록 인도하시지 않는다.

9. 사람의 반대가 때때로 하나님의 인도하심일 수 있다 (행 21:10-14)

우리는 나중에야 그것을 깨달았다. 우리 교파로부터 떠나야 했던 것이 사실은 하나님이 더 넓은 규모의 사역으로 우리를 인도하시기 위한 것이었다. 여기서 중요한 것은 주님께 복종하는 것이다(단 6:6-23, 행 4:18-21).

거역하는 것은 결코 주님께로부터 온 것이 아니다. 그러나 때때로 주님은 지도자로부터 잠시 떠나 있기를 원하실 때가 있다. 반항 때문이 아니라 그분의 계획의 일부로써 그렇게 해야 할 때가 있다. 하나님이 당신 마음에 이 둘이 어떻게 다른지 알려주실 것을 신뢰하라.

10. 예수님의 모든 제자들에게는 각자의 독특한 사역이 있다

(고전 12장, 벧전 4:10-11, 롬 12장, 엡 4장)

하나님의 음성을 더 자세히 듣기를 구할수록 효과적으로 부르심

안에 있게 될 것이다. 인도하심을 받는 것을 장난스럽게 여기지 않아야 한다. 그것은 하나님의 사역에 있어서 우리가 무엇을 하기를 원하시는지, 그리고 어떻게 하기를 원하시는지 배우는 매우 심각한 것이다. 하나님의 뜻은 올바른 사람과 함께, 올바른 일의 순서로, 올바른 지도력 아래서, 올바른 마음의 태도를 가지고, 올바른 수단을 사용할 때, 옳은 일을 옳은 장소에서 행하고 말하는 것이다.

11. 하나님의 음성은 들을수록 더욱 쉬워질 것이다

이것은 마치 전화를 받자마자 가까운 친구의 음성을 아는 것과 같다. 당신이 그분의 음성을 많이 들어왔기 때문에 아는 것이다. 어린 사무엘과 나이가 들었을 때의 사무엘을 비교해 보라(삼상 3:4-7, 8:7-10, 12:11-18).

12. 주님의 음성을 듣는 가장 중요한 이유는 하나님과의 관계다

하나님은 무한하실 뿐만 아니라 인격적이시다. 만약 하나님과 대화를 하지 않는다면 당신은 하나님과 개인적인 관계를 갖고 있는 것이 아니다. 진정한 인도하심을 받기 위해서는 인도자에게 더욱 가까이 가야 한다. 하나님이 우리에게 말씀하시고, 우리가 하나님께 귀를 기울이고 순종하여 그분의 마음을 기쁘시게 해 드릴수록 주님을 더욱 잘 알아가게 될 것이다(출 33:11, 마 7:24,27).

하나님 정말 당신이십니까?

지은이 로렌 커닝햄 · 제니스 로저스
옮긴이 예수전도단

1989년 2월 24일 1판 1쇄 펴냄
2015년 3월 3일 1판 104쇄 펴냄
2015년 11월 26일 개정판 1쇄 펴냄
2025년 4월 18일 개정판 12쇄 펴냄

펴낸곳 도서출판 예수전도단
출판 등록 1989년 2월 24일(제2-761호)
주소 서울특별시 관악구 신림로7나길 14
전화 02-6933-9981 · **팩스** 02-6933-9989
이메일 ywam_publishing@ywam.co.kr
홈페이지 www.ywampubl.com

ISBN 978-89-5536-487-3

책값은 뒤표지에 있습니다.
잘못된 책은 바꾸어 드립니다.